20

백제학연구총서 쟁점백제사

백제의 불교 수용과 전파

Acceptance and Propagation of Buddhism in Baekje

한성백제박물관
SEOUL BAEKJE MUSEUM

백제학연구총서 쟁점백제사 20

백제의 불교 수용과 전파

총괄 유병하(한성백제박물관장)
기획 · 진행 조영훈(백제학연구소장) · 이장웅(학예연구사)
편집교정 이장웅(학예연구사) · 전미정(연구원)
행정지원 임석진 · 최에스더 · 양재연(총무과)

한성백제박물관
05540 서울특별시 송파구 위례성대로 71
Tel. 02-2152-5800
http://baekjemuseum.seoul.go.kr

발행일 2022년 8월 31일

디자인 · 제작 학연문화사
Tel 02-6223-2301

ISBN 979-11-86012-92-5 94910
978-89-969903-7-6(세트)
값 10,000원

발간등록번호 51-6113103-000076-01

20

백제학연구총서 쟁점백제사

백제의 불교 수용과 전파

Acceptance and Propagation of Buddhism in Baekje

한성백제박물관
SEOUL BAEKJE MUSEUM

발 간 사

한성백제박물관 백제학연구총서 『쟁점백제사』 제20권은 지난 2022년 4월 29일 개최한 학술회의 「백제의 불교 수용과 전파」를 정리한 것입니다. 이번 학술회의는 포스트 코로나 시기를 준비하면서 대면 학술회의와 실시간 온라인 송출 방식을 병행하여 진행하였습니다.

백제의 불교 수용은 한성백제 때인 침류왕 원년(384)에 이루어졌으나, 실제 백제 한성 도읍 시기와 웅진 도읍 시기의 불교 유물이나 유적은 거의 발견되지 못했습니다. 사비 도읍 시기에는 부여 능산리사지와 왕흥사지, 익산 미륵사지에서 매우 화려한 금동대향로와 사리기 등이 발견되어 융성한 백제 불교의 모습을 볼 수 있는데 비하여, 한성과 웅진 도읍 시기의 불교와 관련된 연구를 많이 진작시키지 못한 것은 매우 아쉬운 일입니다.

이번 학술회의는 이러한 부분을 염두에 두면서 "백제와 중국의 불교 교류", "불교가 백제 사회에 끼친 영향", "백제 불교 사원의 전개와 주변 국가의 교류"라는 3가지 큰 주제를 중심으로 하여 그동안 백제 불교의 연구 동향과 쟁점을 살펴보는 데 관심을 기울였습니다.

종합토론은 오후 1시부터 4시간 40분 동안 이어졌는데, 백제 불교사 전체를 아우르면서 쟁점이 되는 부분을 조목 조목 짚어보았습니다. 먼저 백제 한성기와 관련된 불교 수용의 배경, 불교 사찰의 문제, 고층 목조 건축물 건립과 기와 사용 문제, 도림의 성격에 대하여 살펴보았습니다. 이어 백제 웅진기의 왕궁의 위치와 관련된 대통사의 위치와 창건 배경, 겸익에 대한 기록 문제도 살펴보았습니다. 또한, 백제 불교에서 고구려적 요소, 부여 정림사지 석탑과 익산 미륵사지 석탑의 건립 시기 문제, 백제 불교의 남조적 성격과 북조적 성격, 백제 불교와 동남아시아까지 다각도의 토론이 이루어졌습니다.

쟁점백제사는 학계의 연구현황과 한계를 정확하게 진단하고 허심탄회하게 토론함으로써 앞으로 어떻게 연구하고 이해하면 좋을지 전문가와 일반 시민이 함께 앞길을 모색하는 시리즈 방식의 학술회의 및 총서입니다. 학계 발전과 시민의 이해 제고라는 두 가지 큰 목표에 더욱 가까이 다가설 수 있도록 한성백제박물관은 지속적으로 노력하겠습니다.

이번 학술회의를 위해 종합토론 좌장을 맡아주신 최연식 선생님께 깊이 감사드립니다. 주제 발표를 맡아주신 소현숙, 길기태, 이병호 선생님과 토론에 참여해주신 조경철, 주경미, 강희정 선생님께도 깊이 감사드립니다.

2022년 8월

한성백제박물관장 유병하

목 차

주제발표 1

백제와 중국의 불교 교류

소 현 숙 덕성여자대학교

Ⅰ. 머리말

Ⅱ. 한성시기(384~475년

Ⅲ. 웅진시기(475~538년)

Ⅳ. 사비시기(538~660년)

Ⅴ. 맺음말

Ⅰ. 머리말

백제는 인도에서 탄생한 불교를 4세기 말 중국으로부터 처음 수용했다. 6세기 이래 불교는 백제에서 국가 통치의 중요한 사상적 기반이자 신앙으로, 상하층을 불문하고 백제인의 삶 속에 깊은 영향력을 발휘하였다. 겸익의 사례를 제외하고 백제는 대부분의 불교문화를 중국으로부터 수용했다. 그러므로 백제의 불교문화를 이해하기 위해서는 중국의 그것에 대한 이해가 선행되어야 한다.

수당隋唐 통일제국이 성립하기 전까지 중국은 여러 왕조가 번갈아 들어서는 분열의 시대였으며, 우리 역시 고구려 · 백제 · 신라가 치열한 각축전을 전개했던 삼국 정립鼎立의 시대였다. 호족胡族 출신 황제를 중심으로 한 북조 정권과 이에 밀려 남하한 한족 정권인 동진(317~418) · 남조 정권의 대립은 고구려 · 백제 · 신라의 삼국 분열과 맞물리며 한중관계를 더욱 복잡한 양상으로 만들었다. 고대 동아시아 불교는 정치적 성격이 강하며, 황권과 밀접한 관계 속에서 전개되었다. 특히 삼국에게 불교는 선진문화로 인식되어 왕권에 의해 적극적으로 수용되었으므로, 삼국시대 불교문화는 정치 · 외교적 대중관계에 부수하는 성격이 강했다.

백제불교의 대중교류 역시 마찬가지였다. 공식적인 외교의 일환으로 불교가 전래되었다. 비록 승려들에 의한 민간 교류도 있었지만, 중국 유학 승려의 왕래 역시 공식 사절과 함께 이루어지는 경우가 많았다. 근초고왕대(346~375)인 372년 동진에 처음 사절을 보냄으로써 첫 대중교류를 시작한 백제는 그로부터 10여 년 후인 침류왕 원년(384) 동진으로부터 불교를 수용했다. 이후 6세기 전기까지 주로 중국 남조와 밀접한 정치적 교류를 진행했으며, 이 과정에서 자연스럽게 남조 불교문화가 전래되었다. 그런데 553년 신라에게 한강유역을 빼앗기고, 또 고구려 및 신라와의 첨예한 대립이라는 국내 위기를 타개하기 위해 6세기 후반부터 북조와도 적극적인 교류를 시도했다. 현존 기록에 의하면 위덕왕(재위 554~598)은 567년 북제에 사신을 보내 북조와의 교류에 적극적으로 나서는데, 북제와 4회, 북주와 2회 교류했으며,[1] 수隋와는 무왕 때까지 모두 10차례 관계를 가졌다.[2] 이를 계기로 백제 불교에 대한 북조의 영향이 점진적으로 미쳤을 것이다.

지금까지 대중교류를 통해 형성된 백제 불교문화의 성격 및 특징에 대한 논의는 백제사 전반에서 다양하게 진행되었다. 상당한 연구 성과가 축적되었는데, 본 발표에서는 쟁점을 중심으로 백제 불교의 대중교류 양상을 한성시기, 웅진시기, 사비시기 등 세 시기로 나누어 살펴보고자 한다.

---

1 梁起錫, 「百濟 威德王代의 對外關係-對中關係를 중심으로-」, 『先史와 古代』 19, 2003, 235-237쪽.

2 신형식, 『백제의 대외관계』, 주류성, 2005, 64쪽; 박윤선, 「무왕대 전반기 삼국의 각축과 백제의 외교」, 『한국고대사연구』 53, 2009, 259쪽.

Ⅱ. 한성시기(384~475년)

한성시기 백제 불교의 대중교류에서 가장 중요한 논의는 동진으로부터 수용한 초전 불교의 성격과 관련한 것이다.[3] 한성시기 불교 관련 기록은 침류왕 원년(384)과 2년의 기사, 그리고 아신왕阿莘王의 불법숭신佛法崇信 조서, 개로왕대의 고구려 승려 도림의 등용 등 네 건에 불과하다. 동진으로부터의 불교 수용을 전하는 기록은 『삼국사기』(1145), 『해동고승전』(1215), 그리고 『삼국유사』(1281)에 수록되어 있는데, 다음과 같다.

『삼국사기』 권24 백제본기2, 침류왕 원년(384)과 2년

---

3 백제의 불교초전과 관련한 주요 논문은 다음과 같다. 김복순, 「백제 불교의 초전 문제」, 현성스님환력기념논총간행회, 『현성스님환력기념논총 현대불교의 향방』, 1999(김복순, 『한국고대불교사연구』, 민족사, 2002, 47-50쪽에 재수록); 오순제, 「백제 불교에 대한 재고찰—마라난타와 초전지를 중심으로—」, 『명지사론』 13, 2002; 신종원, 「삼국의 불교 初傳者와 초기불교의 성격」, 『한국고대사연구』 44, 2006; 신종원, 「불교의 수용과 그 전개」, 『백제문화사대계 연구총서13-백제의 제의와 종교』, 충남역사문화연구원, 2006; 조경철, 「백제 불교의 중국 영향에 대한 비판적 검토」, 『한국사상사학』 36, 2010; 길기태, 「한성백제의 대외교류와 불교」, 『백제연구』 55, 2012; 조경철, 「『삼국유사』 흥법 난타벽제조와 백제의 불교 수용」, 동국대학교 신라문화연구소, 『신라문화제학술발표논문집』 35, 2014, 171-200쪽; 조경철, 『백제불교사연구』, 지식산업사, 2015; 안성진, 「高句麗와 百濟의初期 佛教 受容 過程」, 『한국고대사연구』 85, 2017, 193-230쪽.

(원년) 九月 胡僧摩羅難陁自晉至, 王迎之, 致宮內禮敬焉. 佛法始於此.

(二年) 春二月, 創佛寺於漢山, 度僧十人.

『해동고승전』 권1

釋摩羅難陀胡僧也. 神異感通 莫測階位 約志遊方 不滯一隅. 按古記, 本從竺乾入于中國. 附杙傳身 徵烟召侶 乘危駕險 任歷艱辛 有緣則隨 無遠不履. 當百濟第十四枕流王即位元年九月 從晋乃來 王出郊迎之 邀宮中敬奉供養 禀受其說 上好下化 大弘佛事 共賛奉行 如置郵而傳命. 二年春 刱寺於漢山 度僧十人 尊法師故也. 由是百濟次高麗而興佛教焉. 逆數至摩騰入後漢二百八十有年矣.

『삼국유사』 권3 「難陁闢濟」 조

百濟本紀云, 第十五(僧傳云十四, 誤)枕流王即位甲申, 胡僧摩羅難陁至自晉, 迎置宮中禮敬. 明年乙酉, 創佛寺於新都漢山州, 度僧十人. 此百濟佛法之始. 又阿莘王即位大元十七年二月,[4] 下教崇信佛法求福. 摩羅難陁譯云童學

고려시대의 세 기록은 모두 백제 불교의 수용을 침류왕 원년으로 적고 있다. 반면, 『일본서기日本書紀』 추고推古 32년(624)조에 기록된 백제 승려 관륵이 올린 상표문에 근거하여 수용 연대를 침류왕 원년이 아닌 5세기, 혹은 6세기로 파악하는 일본 학자들의 견해도 존재한다. 그러나 고려시대 세 기록을 불신할 타당한 이유가 없다는 점에서 본 발표에서는 5·6세기 전래설은 다루지 않는다.[5]

---

4 2월은 아직 아신왕이 즉위하기 전으로 아신왕의 전왕인 진사왕은 392년 11월 행궁에서 사망했기 때문에 2월은 12월의 오류로 추정하고 있다.

5 조경철은 상표문을 律의 수용과 관련해 해석함으로써 384년 백제 불교 수용설과 모순이

호승 마라난타의 출신지에 대해서 『해동고승전』에서 언급한 '축건竺乾'을 장휘옥이 동서同書의 번역에서 '간다라'로 지목하면서 마라난타가 간다라 출신으로 이해되어 왔지만, 이주형의 고증에 의해 축건이 '간다라'를 지칭하는 단어가 아니라 인도의 또 다른 명칭임이 확인되었다.[6] '호승' 마라난타의 출신에 대해서는 인도를 포함하는 서역인임이 확인될 뿐, 더 이상의 정보는 알 수 없다. 마라난타의 행로와 관련하여 백제 불교의 초전지로 영광의 법성포설이 제기되었지만, 신종원과 조경철의 고증대로 이 설이 주로 후대의 전승에 기초하고 있다는 점에서 신뢰하기 어렵다.[7] 그리하여 이 또한 본고에서 다루지 않는다.

동진에서 온 마라난타를 침류왕이 교외까지 나가 맞이하고 궁중에서 환대한 점, 그리고 5개월 만에 한산에 사찰을 건립하고 10인을 도승했다는 점 등은 백제 왕권의 적극적인 불교 수용 의지를 드러내고 있다. 그리하여 마라난타의 입국이 동진 왕조의 불교 하사가 아닌, 백제의 공식 요청에 의한 적극 수용임은 한국 학계가 대부분 동의하고 있다. 다만 불교 수용의 목적, 한성시기 불교의 기능과 역할 등에 대해서는 다른 의견들이 존재하고 있다. 초기 백제 불교의 성격 구명은 동진 불교의 성격과 기능, 그리고 불교 수용에 대한 백제의 필요성 등에 대한 이해를 전제로 하고 있다. 이 두 가지는 별개가 아니라 밀접하게 관련되어 있기 때문에, 한국 학계는 주로 이 두 점을 연동하면서 연구를 진행해오고 있다. 아래에서는 한성시기 백제 불교를 초전 불교의

없다고 설명하고 있다(조경철, 「백제 한성시대 불교수용과 정치세력의 변화」, 『한국사상사학』 18, 2002; 조경철, 「『삼국유사』 흥법 난타벽제조와 백제의 불교수용」, 동국대학교 신라문화연구소, 『신라문화제학술발표논문집』 35, 2014, 190-198쪽).

6 이주형, 「마라난타의 출신지와 축건, 간다라」, 『中央아시아硏究』 24-2, 2019, 1-32쪽.

7 신종원, 「삼국의 불교 初傳者와 초기불교의 성격」, 『한국고대사연구』 44, 2006, 69-72쪽; 조경철, 「백제 한성시기 영광불법초전설의 비판적 검토」, 『향토서울』 65, 2008; 조경철, 『백제불교사연구』, 지식산업사, 2015, 49-64쪽.

성격 및 한산의 사찰 창건과 도승, 그리고 5세기 유물로 추정되는 뚝섬 출토 금동불상에 대한 쟁점 등을 중심으로 살펴본다.

1. 불교의 수용 목적과 한성시기 불교의 성격에 대해

침류왕은 왜 동진으로부터 불교를 수용했던 것일까. 동진불교는 격의불교, 혹은 청담불교 등으로 정의되고 있지만, 이는 불교학적 견지에서 바라봤을 때이다. 동진 불교는 다양한 형태로 존재했으며, 신불자信佛者의 계층에 따라 불교에 대한 바람도 달랐다. 그러므로 백제 왕권의 수용 목적에 따라 한성시기 백제 불교의 성격도 결정되었을 것이다.

이런 문제의식 아래 백제 왕권의 불교 수용 목적에 초점을 맞춘 연구가 진행되었다. 고구려와 신라 왕권의 불교 수용 시기가 전반적으로 중앙집권적 국가체제의 정비가 이루어지는 시기임에 주목하여 백제 불교 역시 중앙집권적 고대국가의 사상적 기반으로서, 혹은 왕권을 뒷받침하는 왕권 강화의 이념으로써 수용되었던 것으로 파악해왔다.[8] 내부적 요인 이외에 당시 대외관계에 주목해 전진前秦과 우호관계를 유지하던 고구려와 대립하던 백제가 동진과의 결속을 통한 외교적 우위를 확보하기 일환이라는 견해도 함께 제기되었다.[9]

내부적 요인에 의한 불교 수용의 필요성이 왕권 강화와 중앙집권적 고대국가체제의 확립과 연동되었음은 대부분 동의하지만, 그 구체적인 이유에 대한 견해는 다르다. 특히 372년 동진과 처음 교섭하면서 불교의 존재를 이미 알고 있었을 근초고왕이 불교를 수용하지 않은 점, 그러다가 침류왕대에

---

8 이기백과 노중국 등의 견해로, 이에 대한 자세한 논의는 길기태, 「한성백제의 대외교류와 불교」, 『백제연구』 55, 2012, 68쪽 참조.

9 안성진, 「高句麗와 百濟의 初期 佛教 受容 過程」, 『한국고대사연구』 85, 2017, 193-230쪽.

이르러 갑자기 불교를 수용한 이유, 불교 전래 5개월 만에 신속하게 사찰이 건립되고 10인의 도승이 이루어진 점, 그리고 아신왕대에 불교숭신의 조서가 내린 이유 등을 정치사적 관점에서 조명한 다양한 연구들이 발표되었다.

노중국과 길기태는 침류왕의 아버지 근구수왕近仇首王의 죽음을 비정상적인 정변政變으로 보고 그의 죽음으로 지배층이 동요되는 것을 막고 왕권을 강화하기 위해, 혹은 영토 확장으로 인한 지방민까지 통합하는 국가차원의 공동체 의식의 확립을 목적으로 침류왕이 불교를 수용했다고 보았다.[10] 조경철은 침류왕의 불교 수용을 왕의 질병 치료라는 개인적 목적과 관련시켰다. 즉 침류왕이 집권 2년 만에 사망한 이유를 정변이 아닌 질병으로 추정하고, 불교를 신봉하던 모친 아이阿尒 부인이 아들의 치유를 위해 불교의 수용을 적극 주도했으며, 그 결과 한산에서의 창사와 10인 도승도 유례없이 신속하게 이루어졌다고 보았다.[11] 이후 그는 불교 수용을 정치적 관점에서 논의하며 기존과 다른 관점을 제시했다. 즉, 근초고왕대에 백제 왕실의 복잡한 계보상系譜上의 갈등을 정리하고 왕실의 위상을 일신하기 위한 새로운 사상으로서 불교 수용의 필요성이 대두했으며, 침류왕의 불교 수용은 바로 그 결과로 인식했다.[12]

길기태는 중앙집권화를 추진한 근초고왕대에 불교가 수용되지 않은 이유를 이미 도가와 유가사상이 그 역할을 충실히 이행하고 있었기 때문으로 보고, 근구수왕대부터 약화되기 시작한 왕권 강화를 위해 새로운 사상으로서 불교가 주목받았으며, 그 결과가 침류왕대의 불교 수용과 신속한 창사 및 도

10 노중국, 『백제사회사상사』, 지식산업사, 2010; 길기태, 「한성백제의 대외교류와 불교」, 『백제연구』 55, 2012.

11 조경철, 「『삼국유사』 흥법 난타벽제조와 백제의 불교수용」, 동국대학교 신라문화연구소, 『신라문화제학술발표논문집』 35, 2014, 185-186쪽.

12 조경철, 『백제불교사연구』, 지식산업사, 2015, 24-25쪽.

승이라고 보았다.[13] 길기태의 연구에서 주목할 것은 백제 왕권의 불교 수용을 중국의 상황과 연동해서 파악한 것이다. 근초고왕이 불교를 수용하지 않은 이유를 동시기 동진의 간문제簡文帝(재위 371-372)가 봉불군주가 아니었던 점, 그리고 당시 동진 황제와 귀족들이 도가에 더 관심을 가졌던 때문으로 보았다. 즉 백제 내부적으로는 유가와 도가사상이 중앙집권화와 관련해 일정한 역할을 하고 있었고, 동진 황권도 불교가 아닌 도가에 더 관심이 있어 대내외적으로 불교가 필요하지 않았다고 본 것이다. 반면 근구수왕대부터 시작된 왕권의 약화를 만회할 대체물로서, 동진 승단과 효무제孝武帝의 불교 신앙의 특징인 '신이성을 강조한 불교'에 주목했다고 추정했다. 그리고 동진 불교가 귀족불교임에도 불구하고 근구수왕과 침류왕이 왕권강화를 위해 불교를 수용하고 신속하게 정착시키고자 했던 것은 마라난타가 가진 신이한 능력 때문이라고 보았다. 승려의 신이가 불교 확산에 중요한 역할을 했고, 이는 곧 왕권의 확대와 연결된다고 본 것인데, 불교 확산이 왕권의 확대로 연결되는 인과관계는 구체적으로 설명하지 않았다. 한편, 불교의 평등사상이 국왕을 중심으로 하는 일원적 지배체제를 가능케 하는 이데올로기적 기반을 제공해주었고, 삼세인연설이 현세의 차별적 신분질서를 긍정하는 점도 불교 수용의 기초가 되었다고 보았다.

안성진은 근초고왕대와 근구수왕대에 재해 관련 기사가 급증한 점, 그리고 당시 백제와 고구려의 전쟁 상황 등을 주목, 외교를 통한 대외 균형 유지 및 사회체제의 불안정과 민심을 무마하기 위한 방편으로 불교가 수용된 것으로 해석했다.[14] 백제 지배층은 전쟁에 지친 민심을 무마하기 위해 동진의 민중불교가 가진 구복적求福的 특성에 주목했으며, 그 결과 아신왕의 불법

13 길기태, 「한성백제의 대외교류와 불교」, 『백제연구』 55, 2012, 67-90쪽.

14 안성진, 「高句麗와 百濟의 初期 佛敎 受容 過程」, 『한국고대사연구』 85, 2017, 193-230쪽.

숭신의 교서가 내려졌을 것으로 추정한 것이다.

일반적으로 동진 불교는 귀족불교로 알려져 있다. 길기태는 이런 통설에 기초하여 동진불교의 귀족적 성격이 백제 왕권으로 하여금 불교 수용에 소극적이게 했던 요인이었을 것으로 추정하였다.[15] 반면, 백제 불교 수용에서 왕권 이외에 귀족의 역할을 강조한 것은 조경철이다. 그는 진사왕 이후 정국 변화를 진씨眞氏를 대신한 해씨解氏 세력의 등장이라는 지배세력의 변화로 보고, 해씨 세력이 왕실과 밀착하여 불교수용에 적극적이었으며 이것이 아신왕대의 불법숭신의 조서로 표현되었다고 보았다. 그리고 논의를 진전시켜 개로왕이 귀족불교를 수용한 해씨 세력을 견제하기 위해, '왕즉불王卽佛' 사상을 특징으로 하는 북조 불교에 익숙한 고구려 승려 도림을 중용한 것으로 추정했다.[16] 이와 같은 논점은 한성시기 백제 불교가 동진·남조 불교의 특징인 귀족불교의 연장선상에 있다고 본 것이며, 또한 남북조 불교를 '귀족불교 대 왕즉불 사상'의 차이로 보는 일반론에 기반해서 내린 결론이다.

백제의 동진 불교 수용과 초전 불교의 성격을 구명하는 과정에서 동진 불교의 성격에 대한 일반론을 비판적으로 검토할 필요가 있다. 동진불교는 일반적으로 귀족불교, 격의불교, 청담불교 등으로 규정하고 있다. 귀족불교란 승단의 지도자가 대부분 귀족계급 출신으로 왕권과 대립적 입장을 보이며 승단의 독립성을 유지했다는 점에서 제기된 주장이며, 청담불교는 불교의 강론이 대부분 도가의 청담논의와 유사한 형식과 내용으로 전개되었다는 점에서, 그리고 격의불교는 도가적 개념을 통한 불교의 이해라는 점에서 나온 주장이다. 그런데 이와 같은 논의는 불교학과 불교사상, 혹은 승단의 상층에 한정해서 일반화한 것임을 유념할 필요가 있다. 동진 불교의 양상은 이보다

---

15 길기태, 「한성백제의 대외교류와 불교」, 『백제연구』 55, 2012, 74쪽.

16 조경철, 「백제불교의 중국 영향에 대한 비판적 검토」, 『한국사상사학』 36, 2010, 51-78쪽.

더욱 복잡다단하였다.

일반적으로 남조불교의 특징은 '사문불경왕자론沙門不敬王者論'에서 전형적으로 보이는 귀족불교로 규정하고 있다. 동진과 남조의 황권이 매우 미약하여 귀족이 권력을 농단하고 상층 승려들 가운데 귀족 출신이 많았다는 점 등에서 나온 주장으로, 북조와는 다른 동진·남조 불교의 특색으로 인식되었다. 승단의 독립적 지위를 주장하고 왕법을 불법의 아래 놓고자 하는 귀족출신 사문들은 황제에게 경배할 필요가 없었기 때문에 승단의 독자성을 유지할 수 있었다. 이와 같은 동진 불교의 귀족불교적 성격이 백제의 왕권 강화에 어떤 도움을 주었을지는 매우 회의적이다.

'백제 왕권이 왜 불교를 필요로 했는가'라는 점을 상기한다면, 동진 불교의 일반적 특징이 아니라 백제 왕권이 주목했을 만한 동진 불교의 특징에 관심을 가져야 한다. 특히 왕권에 의해 불교 수용이 적극적으로 추진되었던 만큼, 당시 동진 황권의 불교 동향에 대한 이해가 선행되어야 한다. 동진시대가 비록 황권이 미약했던 귀족사회였지만 황제는 밖으로 드러나는 최고의 권력이었으므로, 백제 왕권이 가장 주목한 것은 동진 황제를 위시한 궁중의 숭불행위였을 것이다. 특히 침류왕이 불교를 수용하던 그 즈음의 간문제와 효무제는 동진 황제 가운데서도 숭불황제로 알려졌던 인물이므로 두 황제의 봉불 행위를 주목할 필요가 있다.

신종원은 동진불교의 양상에 대한 구체적인 연구는 발표하지 않았지만, 백제 왕권의 필요성이라는 측면에서 초전 불교의 성격을 언급하였다. 그는 불교를 수용한 왕권의 입장에서 고답적인 격의불교가 수용되었을 가능성은 적으며, 『해동고승전』에서 마라난타를 평하여 '신이감통神異感通'하다고 하였던 것에서 보듯 초기 백제 불교는 '신이적' 성격을 갖고 있다고 추정했다.[17] 신종원은 이를 마라난타에 국한해 설명하고 있지만, 당시 동진 간문제와 효무제가 접촉한 승려 대부분은 그들이 가진 신이한 능력을 높이 평가받았던 점을 상기할 때 매우 경청할 만한 견해라 할 수 있다. 침류왕은 두 황제와 마찬가지로 신이승의 이적을 통해 당시의 재해와 재난을 물리치고자 했을 가능성이 크고, 그런 의미에서 이런 일들을 담당할 승단의 존재가 매우 필요했을 것이다. 고구려 및 신라와 달리 백제에서는 불교 수용 5개월 만에 도승이 신속하게 이루어진 것도 이와 관련이 있었을 것으로 생각한다.

2. 한성기 백제 불교미술의 대중교류-뚝섬 출토 금동불상을 중심으로

384년 침류왕의 불교 수용으로 한산에 사찰이 건립되었고, 아신왕이 '불법을 숭신하여 복을 구하라'고 하였으므로, 백제에는 4세기 말부터 불상이 전래되거나 제작되어 예배되었음이 확실하다. 그러나 한성시기 불교 미술을 알려줄 만한 유물은 거의 없다. 1959년 한강 홍수 때 뚝섬에서 발견된 높이 5cm 정도의 금동여래좌상(국립중앙박물관 소장)이 이 시기 미술의 양상을 알려줄 유물로서는 거의 유일하다.

뚝섬 출토 금동상은 작지만 세부 표현이 정확하여 5세기경의 중국제 상으로 보기도 하고,[18] 주조기법 면에서 중국상과 달리 내부가 비지 않은 통주식인 점에서 삼국시대 불상으로 보기도 한다.[19] 후자의 경우 양식적으로는 북

17 신종원, 「삼국의 불교 初傳者와 초기불교의 성격」, 『한국고대사연구』 44, 2006, 72쪽.

18 김원룡, 「纛島出土금동불좌상」, 『역사교육』 5, 1961(김원룡, 『한국미술사연구』, 일지사 150-154쪽에 재수록).

19 곽동석, 「製作技法을 통해 본 三國時代 小金銅佛의 類型과 系譜」, 『佛敎美術』 11, 1992, 9-13쪽.

〈그림 1〉 뚝섬 출토 금동상

조의 양식을 잘 반영했다는 점에서 고구려 제작설이 일반적이다. 비록 소형 금동불은 이동이 가능해 출토지로 제작국을 단정할 수 없지만, 이 상이 제작되던 당시 한강 유역이 백제 영역이었을 수도 있으므로 이 상이 백제 불상일 가능성도 전혀 배제할 수 없다. 좀 더 신중하게 6세기 백제 불상 가운데 부여 신리 출토 금동여래좌상이나 군수리출토 납석제여래좌상 같은 선정인 형식의 여래좌상이 있어 백제 불교 수용초기에 선정인 불상이 조성되었을 것으로 보고, 이 금동상이 백제 초기 불상의 양태를 전하고 있음을 지적하기도 한다.[20]

뚝섬 출토 불상을 고구려 제작으로 본 이유는 북조 불상의 양식을 잘 보여주고 있기 때문이다. 두 손을 앞에 모은 선정인, 사각 대좌 좌우에 각각 배치된 사자, U자형의 통견대의通肩大衣 등은 현존하는 중국의 4·5세기 화북 지역 불상들과 매우 흡사하다. 후조後趙 건무建武 4년(338) 금동여래좌상과 하북성 석가장石家莊 출토 5세기 금동여래좌상(하북성박물관 소장) 등 북방에서 출토된 4~5세기 전기 불상들은 대부분 통견의 U자형 대의, 선정인, 사각대좌, 대좌 좌우에 정면형의 사자 배치[21] 등이 공통으로 출현한다.

동진시대 불교조각으로 현존하는 유물은 없다. 고개지의 유명한 유마상도, 대규戴逵가 새로운 양식으로 만들었다고 전하는 회계會稽 산음山陰 영보

20 김춘실, 「제1장 제2절 '불상': 1. 불교수용 초기(4~6세기) 불상」, 충청남도역사문화연구원, 『백제문화사대계 연구총서14: 백제의 미술』, 2007, 67쪽.

21 후조 건무 4년 여래좌상의 대좌에는 세 개의 구멍만 남아 있는데, 가운데는 화병을, 좌우에는 각각 사자를 배치한 것으로 추정하고 있다.

사靈寶寺의 목조 장육무량수상도 기록만 전할 뿐이다. 현재 5세기 남조 유물로 가장 이른 것은 모두 유송 원가 연간에 제작된 것으로, 현재 세 구가 알려져 있다. 원가 14년(437) 여래좌상(영청문고永青文庫 소장), 원가 28년(451) 미륵불좌상(프리어 갤러리 소장), 유송 원가 25년(448) 무량수불상이다. 앞의 두 상은 금동상으로, 모두 U자형의 통견 대의를 걸치고 선정인을 한 좌상으로 뚝섬 출토 상과 유사하다. 그러나 대좌는 사각 대좌가 아니라 수미좌형 대좌이며, 대좌에 사자 표현은 없다.

유송 원가 25년(448) 무량수불상은 사천성 성도 만불사지 출토로 전하는 석제 좌상으로 1955년 이래 북경 고궁박물원이 소장하고 있다.[22] 원래 탁본만 떠돌 뿐 조상과 그 소재지를 알 수 없었는데, 1995년 이정걸李靜杰의 『석불선수石佛選粹』를 통해 처음으로 상의 모습과 소장처가 공개되었다.[23] 현재 두부와 광배, 그리고 목 아래 통견 대의의 옷깃, 두 손 등은 모두 보수한 것이다. 그러나 대의를 통해 선정인 불상임이 확실하고, 목 아래 U자형 통견 대의를 걸치고 있어 원가명의 두 금동상과 동일 형식의 조상임을 알 수 있다. 사각 대좌의 정면에는 가운데 향로를 두고 두 마리의 사자가 꼬리를 길게 치켜 올린 채 측면형으로 묘사되어 있으며, 왼쪽에는 공양인의 행렬이 묘사되어 있다. 보수된 주존主尊의 두부, 두광 이외에 주존 우측에 아주 조그맣게 표현된 협시보살, 대좌의 두 마리 사자 등이 남조의 보살과 사자 등의 형상과 완전히 다른 점을 근거로 위작 가능성을 제기하는 학자도 있다.[24] 이 상은 65자

22 石松日奈子, 「南北朝前期の佛教美術」, 『世界美術大全集-東洋編 第3巻 三國・南北朝』, 東京: 小學館, 2000, 296쪽.

23 李靜杰(1995), 『石佛選粹』, 北京: 中國世界語出版社, 도56 및 220쪽 설명.

24 「二. 兩件存疑造像-2.故宮博物院藏存疑造像」, 四川博物院 成都文物考古硏究所・四川大學博物館 編著, 『四川出土南朝佛教造像』, 北京: 中華書局, 2013, 272쪽. 한편, 石松日奈子(2000)는 이 상을 사천지역 출토 남조 조상의 가장 이른 사례로 보고, 불상에서 포의박대식의 중국식 복제가 처음 출현하는 것을 유송 이후의 남제부터로 추정하고 있다.

〈그림 2〉 유송 원가25년 무량수석상

의 조상기를 가지고 있는데, 상의 발원주인 □웅□熊은 시강군始康郡 진풍현晉豊縣 사람이다.[25] 『송서宋書』에 의하면 시강군은 익주益州(현재의 사천성 성도)의 속군屬郡으로 진晉 안제安帝 때 설치되었으며, 진풍현은 시강군의 4개의 속현屬縣 가운데 하나다.[26] 이 조상기는 이와 같은 당시의 역사적 사실을 비교적 잘 반영하고 있으므로, 이 석상이 위작일 가능성은 매우 적다.

현존하는 조상의 사례로 보면, 5세기 중반까지 북조와 남조의 불좌상은 선정인을 하고 U자형 통견 대의를 걸치고 있는 점에서는 공통하며, 대좌의 형식에 차이가 있다. 금동불의 경우 북조 대좌는 모두 사각대좌인 반면, 남조의 경우 수미좌형인 점이 다르다. 다만 원가 25년 조상에서 보듯 사자 두 마리를 배치한 사각대좌도 존재하는 만큼, 두 지역 불교 조상의 형식상의 차이는 크지 않았을 것이며, 공통점이 많았을 것으로 추정한다. 고구려 장천1호분에 그려진 선정인의 불 좌상의 대좌가 남조에서 나타나는 수미좌인 점은 이를 잘 보여준다.

---

25 "元嘉廿五」年太歲□」子, 始康□」晉豊縣□」熊造一□」亮佛相, □」光坐高三」尺一石佛」. □父母幷」熊身及兒」子起, 願無」亮壽」佛國生. 七月廿三日」立." 이 상의 조상기에 대한 자세한 논의는 소현숙, 「〈劉宋元嘉二十五年(448)□熊造像記〉」, 홍승현 주편, 『석각을 통해 본 동아시아 고중세사회: 중국 고중세 석각자료 연구』, 신서원, 2018, 506-513쪽.

26 『宋書』 卷38, 「志28 · 州郡4」, "始康太守, 關隴流民, 晉安帝立. 領縣四. 戶一千六十三, 口四千二百二十六. 寄治成都: 始康令, 晉安帝立; 新城子相, 晉安帝立; 談令, 晉安帝立; 晉豐令, 晉安帝立." 한편, 『南齊書』에는 시강군 아래 설치된 현으로 진풍현의 이름이 빠져 있어 남제에 이르러 폐치된 것으로 보인다(『南齊書』 卷15, 「志7 · 州郡 下」, "始康郡: 康晉, 談, 新成.")

화북지역 불상과의 유사성을 들어 뚝섬 출토 조각을 고구려작으로 추정하는 논점 이외에도, 장천 1호분의 불상 그림과의 비교를 통해 이 금동상을 고구려 조각으로 단정하기도 한다.[27] 그러나 장천1호분 불상의 대좌가 당시 북방 지역의 사각대좌와는 다른 수미좌형 대좌라는 점에서, 뚝섬 출토 상을 장천1호분 상과 비교하여 고구려설로 추정하는 논의는 수용하기 어렵다.

당시 한강 지역이 백제와 고구려의 교계交界였고, 475년까지 백제 영역이었다는 점에서 뚝섬 출토 불상을 한성기 백제 조각으로 볼 가능성은 열려 있다. 특히 양식만을 가지고 이 상을 고구려작으로 추정하는 것은 신중할 필요가 있다. 현존하는 백제 조각으로 가장 연대가 이른 보원사지 출토 금동불(6세기)이 북조 조각의 특징을 강하게 띄고 있는 점은, 이와 관련하여 시사하는 바 크다.[28]

27 국립중앙박물관, 『고대불교조각대전』, 2015, 167쪽 사진설명.

28 이 상은 통상 고구려의 연가 7년 금동불입상과 비교되며, 이 상에서 나타나는 소발의 머리, 둥글고 큰 육계, 길쭉한 얼굴, 좁고 처진 어깨와 세장해 보이는 신체, 두터운 대의와 왼쪽 발목에 걸리는 대의자락, 그리고 주름이 정연하게 잡힌 대의의 하단 표현 등은 북위 정광 연간의 불상 등과 비교되었다. 이 상에 나타나는 북조적 특징은 고구려를 통한 북위의 영향으로 추정하고 있다(金理那, 『韓國古代佛教彫刻比較研究』, 문예출판사, 2003, 109~111쪽). 김춘실은 허리 아래로 늘어지는 U자형 옷주름의 폭이 넓고 길쭉하여 차분한 인상을 주는 것을 백제 특수의 조형성이 반영된 것으로 보고, 이런 조형성이 남조에서 왔을 가능성을 거론하고 6세기 전반 중국의 남북조 불상양식을 공유하고 있는 것으로 추정하기도 한다(「제1장 제2절 '불상': 1. 불교수용 초기(4~6세기) 불상」, 충청남도역사문화연구원, 『백제문화사대계 연구총서14: 백제의 미술』, 2007, 70쪽). 한편 소현숙은 대의 하단 표현에 대한 남북조 조상의 비교분석을 기반으로, 보원사지 출토 상이 북조의 옷주름 형식과 유사함을 지적하였다(「백제(百濟) 불교미술과 북조(北朝)」, 『中央아시아研究』 25-2, 2020, 126-129쪽).

Ⅲ. 웅진시기(475~538년)

고구려와의 전쟁에서 대패하여 475년 웅진으로 남천한 백제는 무령왕(재위 501~523)에 이르러 안정과 융성의 기틀을 다짐으로써 재위 21년(521) 마침내 다시 강국이 되었다는 '갱위강국更爲强國' 선언을 할 수 있었다. 무령왕은 즉위 초기 고구려와의 전쟁을 성공적으로 수행하고, 국내 정권의 불안정성을 양과의 교류를 통한 남조 문물의 적극적인 섭취를 통해 극복하고자 했다. 무령왕 사후 왕위를 계승한 성왕聖王(재위 523~554) 역시 양과 적극적으로 교류했다. 무령왕과 웅진시기의 성왕은 모두 다섯 차례 양과 교류했으며, 이 과정에서 양의 문물과 인력이 백제에 유입되었다. 공주 송산리 6호분에서 발견된 "양관와위사의梁官瓦爲師矣" 명문전[29]과 2022년 1월 확인된 송산리 29호분 발견 "조차시건업인야造此是建業人也" 명문전은 웅진시기 양나라 장인들의 활동을 웅변하고 있다.[30]

웅진시기 불교문화의 대중교류와 관련하여 가장 쟁점이 되는 것은 대통사이다. 대통사 관련 기록은 『삼국유사』 권3, 「원종흥법염촉멸신原宗興法猒髑滅身」조의 다음과 같은 짧은 내용이 유일하다.

---

29 조윤재는 이 명문을 "梁宣以爲師矣" 로 읽고 "양나라 사람 宣을 스승으로 삼았다"로 해석했다(「공주송산리 6호분 명문전 판독에 대한 管見」, 『호서고고학』 19, 2008, 58-73쪽).

30 〈경향신문〉 2022년 1월 27일 전자판(https://www.khan.co.kr/culture/scholarship-heritage/article/202201271109001/검색일 2022.04.20),

又於大通元年丁未, 爲梁帝創寺於熊川州, 名大通寺(熊川即公州也, 時屬新羅故也. 然恐非丁未也, 乃中大通元年己酉歲所創也. 始創興輪之丁未, 未暇及於他郡立寺也)

또 대통 원년인 정미년에 양나라 황제를 위해 웅천주에 사찰을 건립하고, 그 이름을 대통사라 하였다(웅천은 곧 공주로 당시 신라에 속했다. 그러므로 정미년이 아니라 중대통 원년인 기유년에 창건되었을 것이다. 처음 흥륜사를 창건하던 정미년에는 다른 군에 사찰을 세울 만한 겨를이 없었다).

일제시대 일본인 가루베 지온輕部慈恩에 의해 공주 반죽동 일대에서 '대통大通'명銘 기와가 발견되고, 부여 부소산성 등에서도 동일한 명문와가 출토되었으며, 2018년 '대통사지로 추정되어온' 반죽동 일대의 구제성 발굴에서 소상과 함께 '대통'명 기와가 출토됨으로써 『삼국유사』 기록의 신빙성을 높여주었다.[31] 또한 대통명 기와가 남조에서 전래된 기술로 제작되었음이 확실해[32] 문헌 속 '웅진 대통사'가 남조와 깊은 관련이 있음도 확실해졌다.

그런데 상술한 『삼국유사』 기록의 부정확함으로 인해 대통사와 관련한 다양한 주장이 제기되었다. 일연은 이차돈의 순교와 법흥왕의 불교 공인 등 신라 불교사를 길게 설명한 후 말미에 『국사國史』를 인용해 '527년 양 무제를 위해 지금의 공주인 웅천주에 대통사를 건립했다'고 적고 있다. 그리고 소주小注(본문의 괄호 속 내용)를 통해 당시의 웅천주가 신라의 영토였음을 언급하고, 527년이 아닌 529년 창건설을 주장하였다. 그런데 527년 당시 웅천

---

31 〈연합뉴스〉 2018년 4월1일 전자판(https://www.yna.co.kr/view/AKR20180331053100005).

32 '대통'명 기와는 뒷면의 회전물손질 흔적과 접합방식 등 남조에서 전래된 제와 기술로 제작되었다고 한다(淸水昭博, 「百濟「大通寺式」수막새의 성립과 전개-中國 南朝系 造瓦技術의 전파」, 『百濟研究』 38, 2003, 61~62쪽).

주는 백제의 영토에 속했기 때문에 기록의 신뢰성 여부를 둘러싸고 대통사의 창건 연대 및 사찰의 성격에 대한 다양한 견해들이 제기되었다.

대다수 학자들은 대통사의 창건을 『삼국유사』의 기록대로 527년으로 보고 있다. 그런데 527년은 무령왕의 대부인大夫人이자 성왕의 모후인 태비의 국상國喪 기간이었으므로 양 무제를 위해 대통사를 건립할 여유가 없었으며, 대통 연호가 527년 3월부터 사용되었기 때문에 백제 성왕이 이와 같은 소식을 접한 후 대통사를 창건했다면, 이 사찰이 527년에 완성되기는 어렵다는 현실적 이유 등으로 대통사는 527년보다 이른 시기에 창건되었다는 주장이 제기되었다. 그리하여 장수남은 무령왕이 양으로부터 작호를 받는 521년을 상한으로 추정하였으며,[33] 길기태는 무령왕이 재위 21년(521) '갱위강국' 선언의 기념비적 조치로서 대통사의 창건을 추진하였다고 추정하고, 527년을 완공 시점으로 보았다.[34] 두 견해는 대통사 착공 시점은 각기 달리 보았지만, 완공 시점은 『삼국유사』의 기록대로 527년으로 본 것이다. 조경철은 성왕이 무령왕의 3년상이 끝나고 아들 위덕왕이 탄생한 해로 추정되는 '525년 즈음'에 대통사를 건립한 것으로 추정했으며,[35] 시미즈 아키히로清水昭博는 대통사 수막새가 남조계에 속함을 논증하고, 대통 연간에 양에 사신이 파견되지 않았음에 주목하여 대통사의 창건 시점을 백제가 양에 견사遣使한 중대통 6년(534)으로 추정했다.[36]

박현숙과 노중국은 대통사 창건시기 논란과 관련한 많은 주장들이 『삼국

---

33 張守南, 2013, 「熊津~泗沘初 百濟의 南朝文化 受用 研究」, 연세대학교 박사학위논문, 133쪽.

34 길기태, 「무령왕의 '更爲强國' 선언과 大通寺」, 『韓國古代史探究』 34, 2020, 279-314쪽.

35 조경철, 「백제 대통사 창건의 불교사상적 배경」, 『韓國史研究』 155, 2011, 231-265쪽.

36 清水昭博, 「百濟「大通寺式」수막새의 성립과 전개-中國 南朝系 造瓦技術의 전파」, 『百濟研究』 38, 2003, 65쪽.

유사』의 기록을 불신할 만한 충분한 근거를 제시하지 않은 점을 비판하고, 『삼국유사』의 기록을 불신할 만한 이유가 없음을 들어 527년을 대통사 창건 연대로 보아야 할 것을 주장했다.[37] 대통사 창건 시기와 관련된 논의는 '527년 창사'를 완공 시점으로 볼 것인지, 아니면 착공 시점으로 볼 것인가와도 관련되어 있다. 대부분의 연구자는 527년을 완공 시점으로 보았는데, 소현숙은 착공 시점으로 추정했다. 중국과 한국의 국가대사國家大寺 등 대형 사찰의 창건 관련 기록에서 '창사' 시점을 착공과 완공 등으로 특정하지 않고 혹은 착공 시점으로, 혹은 낙성 시점으로 자유롭게 기록한 점에 주목하고, 대통사의 경우 황룡사처럼 착공 당시 성왕에 의해 양 무제의 연호를 딴 사명이 사여된 것으로 보았다.[38]

대통사의 성격에 대해 대다수 연구자들은 『삼국유사』의 내용을 근거로 양 무제와의 관련 속에서 추론해왔다. 527년 동태사同泰寺의 완공 이후 동태의 반어反語를 취해 대통으로 개원했음에 주목하여 대통사의 성격을 추론한 것이다. 양 무제가 양친을 추복하기 위해 대애경사大愛敬寺와 대지도사大智度寺 등을 건립하고 527년에 불교적 통치를 위한 동태사를 완성했으므로, 성왕 역시 '갱위강국'을 선언한 부친 무령왕을 추모하고 그의 뜻을 계승하는 한편, (대승적)불교 통치를 통한 왕권 강화와 불국토 건설을 위한 불교치국의 일환으로 대통사를 창건했다고 추론하였다.[39]

---

37 대통사의 창건 시기에 대한 여러 논의와 이에 대한 비판은 朴賢淑, 「百濟 熊津時期의 정국과 大通寺 창건」, 『韓國史硏究』 155, 2011, 180~183쪽; 노중국, 「백제 성왕과 대통사-대통사지의 역사적 의미-」, 『百濟文化』 60, 2019, 143-144쪽을 참조.

38 소현숙, 「聖王의 大通寺 創建과 梁 武帝」, 『百濟文化』 60, 2019, 121-140쪽.

39 朴賢淑, 「百濟 熊津時期의 정국과 大通寺 창건」, 『韓國史硏究』 155, 2011, 171-196쪽; 노중국, 「백제 성왕과 대통사-대통사지의 역사적 의미-」, 『百濟文化』 60, 2019, 141-157쪽; 소현숙, 「聖王의 大通寺 創建과 梁 武帝」, 『百濟文化』 60, 2019, 121-140쪽; 길기태, 「무령왕의 '更爲强國' 선언과 大通寺」, 『韓國古代史探究』 34, 2020, 279-314쪽.

대통사를 양 무제와 연관시키는 것에 회의적인 주장도 제기되었다. 조경철은 『삼국유사』 「원종흥법염촉멸신原宗興法猒髑滅身」 조 기록에서 웅진에 소재한 대통사의 존재만 역사적 사실로 간주하고, 사찰의 창건 시기와 목적은 사실이 아니라 일연이 사찰의 이름으로부터 추정해 낸 것으로 보았다. 그리고 '대통사'의 '대통'이 양 무제 시대의 연호가 아닌 『법화경』 「화성유품」에 나오는 '대통지승여래'의 줄임말인 '대통불'에서 유래하는 것으로 보고, 성왕이 부친 무령왕을 추모하고 아들 위덕왕의 탄생을 기념하면서 성족관념을 확립하기 위해 대통사를 창건했을 가능성을 제시했다. 즉 전륜성왕으로 자처한 성왕이 『법화경』에 언급된 전륜성왕의 아들 대통지승여래를 모시기 위해 대통사를 창건했다고 추정하고, 경전의 고사를 토대로 백제 왕실의 계보를 '(父)전륜성왕/성왕→(子)대통불(=大威德世尊)/위덕왕→(孫)석가모니불과 지적불/법왕 및 사택지적沙宅智積'으로 계통화했다.[40] 그러나 다수의 학자들은 이와 같은 설정이 의자왕대에 활약한 사택지적이라는 인물이 없었다면 나오기 어려운 결과론적 해석이고, 성왕계 왕실의 성족 계통에 대신大臣인 사택지적이 대통지승불의 제1자子로 나오는 것도 무리가 있으며, 법왕은 위덕왕의 아들이 아니라 조카인 점, 위덕이라는 명칭이 여래 뿐 아니라 여러 왕들에게도 사용된다는 점 등에서 위덕왕을 대통여래에 비견하기 어렵다고 비판하였다.[41] 2021년 발표한 논문에서 조경철은 대통사가 양 무제를 위해 건립한 절이라는 『삼국유사』 기록과 이에 근거한 기존학계의 주장을 일부 수용하면서도, 백제에서 대통을 양 무제의 연호로만 받아들이지는 않았으며, 대통사의

---

40 조경철, 「백제 웅진 大通寺와 大通信仰」, 『百濟文化』 36, 2007, 45-66쪽.

41 朴賢淑, 「百濟 熊津時期의 정국과 大通寺 창건」, 『韓國史硏究』 155, 2011, 183-184쪽; 최연식, 「法王의 동아시아적 변용과 百濟 法王의 성격」, 『百濟學報』 30, 2018, 42-43쪽; 노중국, 「백제 성왕과 대통사-대통사지의 역사적 의미-」, 『百濟文化』 60, 2019, 141-157쪽.

대통은『법화경』의 대통지승불과 관련이 있다는 기존의 입장을 견지했다.[42]

한편, 중국의 피휘避諱 제도를 잘 알고 있었던 백제에서 양 무제의 연호인 '대통'을 사용하기는 어렵기 때문에 대통사의 창건을 양 무제와 직접 연관시키기 어렵다는 견해도 제출되었으나,[43] 6세기 초 북위 낙양성의 국가대사인 경명사와 신료들이 황제를 위해 건립한 정시사 등이 당시의 연호를 채택한 사찰이라는 점에서 반론이 제기되기도 했다.[44] 즉, 연호는 피휘의 대상이 아니었다.

---

42 조경철,「백제 대통사와『법화경』「화성유품」 신앙」,『한국사상사학』68, 2021, 41-74쪽.

43 조윤재,「百濟와 梁의 교섭과 大通寺」,『韓國史硏究』155. 2011, 190-194쪽, 298-299쪽.

44 소현숙,「聖王의 大通寺 創建과 梁 武帝」,『百濟文化』60, 2019, 121-140쪽.

IV. 사비시기(538~660년)

백제 부흥의 기틀을 다진 성왕은 재위 16년(538), 협소한 웅진을 벗어나 너른 평원이 펼쳐진 사비로 천도하였다. 성왕은 여전히 양나라와 밀접하게 교류했으며, 재위 19년(541) 양에 사신을 보내 모시박사毛詩博士와 열반涅槃 등 경의經義, 공장工匠과 화사畵師를 요청했으며, 무제가 요청을 수용함으로써 백제에 양나라 문화의 영향력이 확대되었다.

양이 멸망하고 6세기 후반 한국과 중국은 모두 대격변의 시대였다. 557년 진陳이 건국했으며, 북조에서는 556년 북주北周 정권이 들어서 동쪽의 북제北齊(550~577)와 대치했다. 577년 북주는 북제를 멸망시켜 북조를 통일했지만, 581년 외척이었던 양견楊堅에 의해 멸망당했으며, 북주의 선양을 받은 수隋(581~618) 문제文帝가 589년 진을 정복하고 중국을 통일함으로써, 400여년에 이르는 분열시대가 마감되고 통일 중국이 등장했다.

위덕왕(재위 554~598) 시기 백제는 내부적으로는 왕권의 약화, 그리고 외부적으로는 영토 확장전쟁으로 인한 고구려 및 신라와의 첨예한 대립 등, 안팎으로 위기국면에 처해 있었다. 위덕왕은 이런 형세를 타개하기 위해 남조 일변도의 외교정책에서 벗어나 북조와의 교류에 적극 나섰다. 백제 역사상 가장 활발한 대중교류를 실시했는데, 북제와 북주, 그리고 남조 진 등 남북조 동시 교류를 전개했다. 581년 수 건국 이후에는 삼국 가운데 가장 먼저 사신을 보내 이를 축하하며 교섭을 청했으며, 이듬해에도 수와 교섭을 가졌다. 584년과 586년에는 진에 사신을 보내어 남북조 동시 교섭을 펼쳤으며, 589년 수가 진을 멸망시키자 사신을 보내 수의 중국 통일을 축하했다. 이후 10년 동안 관계가 소원해졌지만, 598년 수 문제의 고구려 정벌을 계기로 위덕왕은 수와 교류를 재개했다.

598년 12월 위덕왕의 죽음 이후 무왕 8년(607)까지 백제의 대중교류는 소강 상태였다. 607년 고구려의 백제 침공 이후 백제는 다시 수와 교류를 재개하고 지속적인 관계를 유지했으며, 618년 당이 건국하자 621년 이후 해마다 당에 사신을 파견했다. 의자왕(재위 641~660) 4년(644) 고구려 원정길에 오른 당 태종은 신라와 백제에게 원정 성공을 위한 병력 파견을 요구했지만 신라와 달리 백제는 병력을 보내지 않았으며, 오히려 신라를 공격했다. 이 일을 계기로 백제와 당의 관계는 소원해졌으며, 652년 이후 백제는 더 이상 당에 사신을 파견하지 않음으로써 대중교류는 단절되었다.

사비시대의 활발한 대중교류는 고구려 및 신라와의 항쟁에서 우위를 점하기 위한 정치적 · 군사적 목적에 초점을 두었으며, 대내적으로는 선진문물 수용을 통한 왕권 강화의 목적이 강했다. 남조 뿐 아니라 북조의 문화와 문물이 다량으로 유입되었으며, 이후 수당제국의 통일문화가 유입되면서 백제 불교문화는 더욱 다채롭고 풍요로워졌다. 아래에서는 백제 왕권과 불교, 불교 사상, 그리고 불교조각 등 세 측면에서 대중교류와 관련된 연구사를 정리하며, 불교조각의 경우 주요 쟁점을 중심으로 논의한다.

1. 백제 왕권과 대중 불교교류

6세기 후반 백제 왕권의 불교 통치는 양 무제로부터 강한 영향을 받았다. 아버지 성왕의 비참한 죽음을 자초했던 위덕왕은 집권 초반기 귀족세력에 눌려 있었지만, 후반기에 들어와 불교 사상과 계율을 왕권 전제화의 이념적 기반으로 삼았다.[45] 567년 능산리 목탑의 건립과 577년 왕흥사 목탑의 건립은 567년의 남북조 동시 교류 및 577년 북제 멸망을 축하하는 북주에의 사신 파견 등의 외교 정책과 맞물리고 있다. 위덕왕은 588년에는 일본에 불사리를 전해주었다. 위덕왕의 새로운 외교의 전개와 함께 출현하는 사리탑의 건립과 일본에의 사리 분여分與는 전륜성왕의 대표적인 통치 행위로, 이런 그의 행적은 양 무제의 아육왕탑 사리 건립 고사에서 큰 영향을 받았던 것으로 보인다.[46] 위덕왕 재위 후반기에 남조의 힘이 점점 미약해지고 북주를 계승한 수가 589년 진을 멸망시킴으로써 중국에는 통일제국에 어울리는 불교 통치가 전개되었는데, 이는 백제에도 영향을 미쳤을 것이다. 다만 위덕왕 말기 중국의 새로운 변화가 백제에서 어떤 방식으로 나타났는지 현재로서는 불명확하다.

598년 12월 위덕왕이 죽고 동생 혜왕이 즉위했다. 혜왕은 즉위 이듬해에 사망하고, 599년 혜왕의 큰아들인 법왕이 즉위했다. 법왕도 혜왕과 마찬가지로 재위 이듬해인 600년 5월에 사망했는데, 『삼국사기』의 법왕 기사는 2년의 재위기 모두 불교 관련 내용으로 채워져 있다.

법왕은 전륜성왕의 또 다른 이름으로,[47] 백제 법왕이 가장 먼저 시행한 것

---

45 양기석, 「百濟 威德王代 王權의 存在形態와 性格」, 『百濟硏究』 21, 1990, 46쪽.

46 주경미, 「백제 위덕왕의 불교적 치세관 형성과 6세기 중국의 정세 변화」, 『韓國古代史探究』 27, 2017, 179-214쪽; 주경미, 「百濟 王興寺址 出土 舍利莊嚴具와 6세기 동아시아 불교문화」, 『百濟硏究』 67, 2018, 51-86쪽.

47 조경철은 법왕은 석가모니의 이름이며, 전륜성왕을 지칭하는 칭호가 아니라고 하였지만(조경철, 「백제 대통사와 『법화경』 「화성유품」 신앙」, 『한국사상사학』 68, 2021), 『아육왕경』과 『아육왕전』에서 인도 아육왕은 법왕이나 正法王 등으로 불렸다(소현숙, 「梁 武帝의 佛敎政策」, 『韓國古代史探究』 2, 한국고대사탐구학회, 2009, 129쪽). 최연식은 법왕이 처음에는 가르침[法]의 주체이자 최고지도자인 佛을 의미했지만, 불교가 정치권력과 밀접한 관계를 맺은 이후에는 호법 국왕, 즉 전륜성왕을 지칭하였다고 지적했다(최연식, 「法王의 동아시아적 변용과 百濟 法王의 성격」, 『百濟學報』 30, 2018, 30쪽).

은 '금살령禁殺令 조치'다. 법왕의 금살령은 '살생을 금하고 민가에서 기르는 매를 거두어서 놓아 줄 것, 그리고 물고기 잡는 도구와 사냥하는 도구를 불사를 것'을 내용으로 하고 있는데, 이는 침류왕의 불교 수용 이후 가장 주목할 만한 백제 왕권의 불교적 통치였다.[48] 김수태와 김주성은 법왕의 금살령이 4세기 말~5세기 중국에서 성립된 『범망경梵網經』에 근거하고 있으며, '효孝가 곧 계戒'이며, '국왕이 보살계를 받으면 효순심孝順心과 효경심孝敬心을 가져야 한다'는 『범망경』의 구절을 근거로 법왕의 휘가 '효순孝順'인 것도 이와 관련이 있다고 추정했다. 그리고 무령왕 이후 왕족을 중심으로 한 골족의식의 강화와 사비백제기 성왕계 왕실을 중심으로 강조된 효는 불교적인 성격으로서 계율과의 관련성이 크다고 보았다.[49] 소현숙은 금살령 조처가 불법에 의한 정법정치를 통해 중생을 구제하겠다는 대승보살도의 실천이며, 양 무제 이후 북제 문선제와 수 문제 등 전륜성왕 통치를 지향했던 황제들이 이를 실행했음을 지적함으로써 금살령과 전륜성왕의 밀접한 관계를 제시했다.[50] 최연식은 관점을 조금 달리해 법왕의 금살령 조치나 후술하는 오악의 사원 건립이 호법 군주라면 누구나 할 수 있는 조치라고 보고, 법왕은 호법 군주를 넘어 '불교 지도자'로서의 위상을 지향했던 양 무제를 모방한 불교적 통치를 했을 것으로 추정했다. 그리고 부자간인 혜왕과 법왕의 이름인 '혜惠'와 '선宣'의 연원을 양 무제에게 강한 영향을 미친 남제의 문혜태자와 문선왕 형제의 이름에서 찾고, 법왕의 행적은 문선왕과 양 무제를 거치면서 형성된 남조의

---

48 박현숙, 「백제사에서의 興法과 『三國遺事』'法王禁殺'條의 의미」, 『신라문화』 43, 2014, 222쪽.

49 김수태, 「百濟 法王代의 佛敎」, 『先史와 古代』 15, 2000, 7-8쪽; 김주성, 「백제 법왕과 무왕의 불교정책」, 『馬韓·百濟文化』 15, 2001, 48쪽.

50 소현숙, 「北響堂石窟 北洞의 轉輪聖王 상징」, 『美術史學硏究』 255, 2007, 167-196쪽.

정치·종교 문화가 백제에 계승된 것으로 보았다.[51] 이런 추론이 성립하기 위해서는 금살령과 사찰 건립 이외에 '불교 지도자'로서 법왕의 행적이 제시되어야 할 것으로 생각한다.

〈숭암산성주사사적崇巖山聖住寺事蹟〉 등에 의하면, 법왕은 세자 시절 전쟁에서 승리한 원혼들이 불계佛界에 오르기를 바라는 원찰로서 오합사烏合寺를 건립했다. 오합사는 백제 5악 사원의 하나로서 백제의 명운과 매우 밀접한 관계에 있는 호국사찰로 추정하고 있다.[52] 오악사원의 하나로 추정되는 또 다른 사찰은 '가뭄이 들자 법왕이 칠악사漆岳寺에 직접 가서 비가 오기를 빌었다'는 『삼국사기』 속의 칠악사다.[53] 이장웅은 칠악사를 백제 5악 가운데 중악으로 비정했다. 그리고 법왕이 국가 진호와 왕권강화를 위해 5악에 국가사원을 건립하고, 전사한 원혼을 위해 오합사를 건립해 위무한 것은 개황 원년(581) 5악에 각각 승사僧寺를 창건하고 북제 도성 업성鄴城의 소재지인 상주相州에 전사자와 원혼을 위해 사찰을 건립한 수 문제의 행적으로부터 영향을 받은 것으로 추정하였다.[54]

법왕은 강력한 계율을 중심으로 하는 전륜성왕적 통치를 통해 왕권강화를 기도했지만, 실권을 장악한 귀족들의 반발을 불러 재위 2년 만에 사망하고, 무왕이 즉위했다.[55] 무왕은 법왕이 창건한 왕흥사를 완성시켰으며, 『미륵하생경』등에 근거해 익산 지역에 미륵사를 창건하는 등 전륜성왕을 자처하며

---

51 최연식, 「法王의 동아시아적 변용과 百濟 法王의 성격」, 『百濟學報』 30, 2018, 30-46쪽.

52 이도학, 「泗沘時代 百濟의 4方界山과 護國寺刹의 成立 - 法王의 佛敎理念 擴大施策과 관련하여」, 『百濟硏究』 20, 1989, 114-116쪽.

53 이장웅, 「백제 동악 鷄藍山과 玄光의 翁山 梵刹」, 『韓國古代史探究』 23, 2016, 37-77쪽.

54 이장웅, 「백제 五岳 제사와 佛敎寺院 - 北岳 烏含寺(烏會寺·烏合寺)와 南岳 지역을 중심으로」, 『百濟硏究』 66, 2017, 48쪽; 이장웅, 「백제 法王의 정치와 불교」, 『지방사와 지방문화』 21, 2018, 201-234쪽.

55 노중국, 『백제사회사상사』, 지식산업사, 2010, 420쪽.

왕권 강화를 기도했다.

미륵사는 무왕이 사자사師子寺의 지명법사를 만나러 가는 도중에 연못 속에서 출현한 미륵삼존상을 모시기 위한 사찰로서 창건되었다. 미륵이 도솔천에 화생하여 앉았던 사자상좌師子床座를 상징하는 사자사, 미륵이 하생한 시두말성翅頭末城을 연상시키는 도처에 산처럼 쌓인 금, 미륵 성불처인 용화수를 상징하는 용화산, 사찰에 3개의 원院을 만들고 그곳에 각각 불전과 탑을 건립하여 미륵의 용화삼회龍華三會를 상징하는 3원가람을 건립한 점 등, 미륵사는『미륵하생경』에 근거해 창건한 사찰로 보고 있다.[56] 반면, 이 3원이 하나의 가람 속에 통합되어 있다고 보고, 이를 회삼귀일會三歸一에 의한 법화사상의 영향으로 보는 주장도 제기되었다.[57]

사비시기 백제 사지가 대부분 단원식 가람인 반면, 미륵사지에서 3원 가람이 출현한 것을 중국의 영향으로 보고, 양나라 사천성 출토 부조에서 출현한 삼처설법三處說法 장면 및 당대 돈황 벽화의 삼원병렬형 가람 배치와 비교한 연구도 진행되었다. 소현숙은 중국의 삼원병렬형 가람이 모두 사면 폐쇄형이고 좌우의 두 원락이 중원을 향하고 있는 데 비해, 미륵사에서는 동원과 서원의 북쪽이 사찰 후반부의 강당지 쪽으로 열린 점, 그리고 두 원이 중원을 향하지 않고 모두 남쪽을 향한 점, 삼원 모두 1탑1금당의 평면을 가진 점 등은 중국에는 출현하지 않는 백제의 독자적 특징으로 추정하였다.[58]

---

56 김영태,『삼국시대 불교신앙 연구』, 불광출판부 1990, 147-150쪽; 김주성,「백제 법왕과 무왕의 불교정책」,『馬韓, 百濟文化』15, 2001, 52쪽.

57 조경철,『백제불교사 연구』, 지식산업사, 2015, 222-223쪽

58 소현숙,「百濟 寺刹과 中國 寺刹의 비교」,『백제역사유적지구 세계 유산 등재: 백제사찰과 주변국 사찰과의 비교연구-정림사지와 미륵사지를 중심으로-』, 2013, 111-117쪽.

2. 불교사상 및 신앙의 대중교류

성왕이 양 무제에게 『열반경』의 주석서를 요청한 데서 보듯 중국의 불교사상과 신앙은 왕권에 의해서, 혹은 중국 유학승 등을 통해 백제에 유입되었다. 성왕이 특별히 『열반경』의 주석서를 요청한 것은 양 무제의 영향이 크다. 『열반경』에 의하면 모든 중생이 불성을 가진 평등한 존재이므로, 국왕은 귀족부터 노비에 이르기까지 모든 인민을 계율에 의한 정법정치를 통해 교화시킬 수 있게 된다.[59] 그리하여 양 무제는 정법 정치의 사상적 기반을 제공하고 있는 『열반경』을 매우 중시했는데, 이런 무제의 행태가 왕권 강화를 기도하는 성왕에게 하나의 전범이 되었을 것이다.

사비시대 불교 사상의 양대 산맥은 법화사상과 미륵사상이다.[60] 『부상약기扶桑略記』에 의하면 위덕왕 24년(577) 왜가 백제에서 경론 200여 권을 가지고 갔는데, 그 가운데 유일하게 이름이 알려진 것이 『법화경』이다.[61] 이처럼 백제 법화신앙은 일본에도 전래될 만큼 왕권에 의해 지지되었고, 중국에서 수학하고 귀국한 승려들에 의해 백제 지역으로 널리 유포되고 신앙되었는데, 법화신앙을 전하는 기록들이 대부분 사비시대부터 출현하는 점은 주목할 필요가 있다.

법화사상은 대승불교 초기의 대표적인 사상으로, 일승교一乘敎의 입장을 취한다. 일승교는 오직 대승의 가르침인 성불의 가르침 하나만 존재한다고 보는 것으로, 인간의 본질은 평등하다는 인식 위에서 "모든 사람은 성불할 수 있다"라고 설한다. 『법화경』의 일승사상은 『열반경』의 "모든 중생에게는 불성

---

59 길기태, 『백제 사비시대의 불교신앙 연구』, 서경출판사, 2006, 95-108쪽; 소현숙, 「梁 武帝의 佛教政策」, 『韓國古代史探究』 2, 2009, 125-165쪽.

60 노중국, 『백제사회사상사』, 지식산업사, 2010, 411쪽.

61 김영태 엮음, 『동아시아 한국불교사료: 일본문헌 편』, 동국대학교출판부. 2015, 476쪽.

이 있다一切衆生 悉有佛性"라는 사상으로 발전했으며, 이런 이유로 중국 천태종의 개조인 지의智顗는 『법화경』을 『열반경』과 동렬로 보았다.[62] 성왕의 『열반경』 중시 이후 백제에서 법화신앙이 유행하는 것도 이런 사상적 동질성에 기인할 것이다.

백제 법화신앙과 관련해 기록에 최초로 등장하는 인물은 발정發正이다. 그는 천감 연간(502~519) 양에 들어가 30여 년 동안 불교를 배우고, 성왕 말년 귀국해 위덕왕대에 주로 활동했다. 중국의 『관세음응험기』를 통해 그가 법화신앙자임을 추정하고 있을 뿐, 기록의 소략으로 구체적인 신앙 내용은 알 수 없다.

중국 유학을 통해 습득한 법화사상과 신앙을 백제에 유포한 것은 현광玄光이다. 『송고승전』 권10에 '신라국현광新羅國玄光'으로 잘못 기록된 그는 남조 진에 유학하여 573년 천태종의 제2조 남악혜사南岳慧思(514~577)로부터 '법화안락행문法華安樂行門'을 비밀리에 전수받고, 법화삼매法華三昧를 증득해 스승으로부터 인가를 받았다. 법화안락행문은 『법화경』「안락행품」에서 설한 법문으로, 악세에 『법화경』을 널리 펴려는 보살이 지켜야 할 심신身心의 행법으로, 신身, 구口, 의意, 서원誓願 등의 4종의 안락행을 설하고 있다[63]. 현광은 혜사로부터 본국으로 돌아가 좋은 방편을 베풀어서 교화하라는 부촉을 받고 귀국해 고향인 웅진을 중심으로 활동했다. 귀국 후 그의 행적에 대해서는 법화신앙에 근거한 점찰법회를 했을 것으로 추정하거나,[64] 위덕왕의 왕권강화책을 사상적으로 뒷받침해 주었을 것으로 보기도 한다.[65] 한편, 현광

62 平川彰 · 梶山雄一 · 高崎直道 編, 慧學 譯, 『講座 大乘佛教4: 法華思想』, 경서원, 1997, 26-28쪽.

63 안계현, 『한국불교사상사연구』(재판), 동국대학교출판부. 1990, 13-18쪽.

64 이장웅, 「백제 법화신앙과 점찰참회」, 『한국고대사연구』 92, 2018, 125-164쪽.

65 조경철, 『백제불교사 연구』, 지식산업사, 2015, 137쪽.

의 귀국 시기에 대해서는 스승 혜사가 죽기 전에 귀국했다는 주장과[66] 혜사 입적 이후에도 중국 남방에서 『성실론』 등을 강의하고 위덕왕 37년(590) 이후에야 비로소 백제로 귀국하였다고 보는 두 주장이 존재한다.[67] 최연식은 후설後說이 논거로 삼은 '중국 승려 혜민慧旻에게 성실학을 가르친 신라광사新羅光師'를 570년대에 남조에 유학하여 성실학의 대가로 인정받았던 원광圓光을 현광으로 오해한 데서 나온 것임을 지적했다.[68]

발정과 현광이 모두 중국 남방에서 수학하고 활동했다는 점에서 그들의 법화사상을 남조 불교와의 관계 속에서 언급해 왔지만, 현광이 증득하여 백제에서 행한 남악혜사의 법화삼매행법은 교리 연구를 위주로 하는 남조 불교와 달리 관법觀法 실천을 중시하는 북조 불교의 수행법의 한 종류였다. 그리하여 최연식은 현광에 의해 북조의 선법禪法 수행이 백제에 본격적으로 전파되었을 것으로 보았으며, 북조 불교의 영향을 북제에서 유행했던 지론학地論學의 백제 수용과 관련하여 설명했다.[69]

백제 미륵신앙의 성격과 관련하여 현광을 주목한 연구도 발표되었다. 그에게 법화삼매행법을 전수해 준 혜사가 강렬한 미륵신앙자였기 때문에 그의 문하에서 수학하고 온 현광을 통해 백제에 혜사의 미륵신앙이 전해졌을 것으로 본 것이다.[70] 최연식은 혜사가 말법의 위기에서 정법을 지켜내고, 미래

66 조경철, 『백제불교사 연구』, 지식산업사, 2015, 136쪽; 최연식, 「백제 후기 미륵사상의 전개과정과 특성」, 『한국사상사학』 37, 2011, 8쪽.

67 이기운, 「백제 현광의 교화행에 대한 연구-현광의 제자와 그들이 얻은 삼매를 중심으로-」, 『한국불교학』 27, 2000, 224-225쪽; 길기태, 『백제 사비시대의 불교신앙 연구』, 서경출판사, 2006, 185쪽.

68 최연식, 「백제 후기 미륵사상의 전개과정과 특성」, 『한국사상사학』 37, 2011, 8쪽.

69 최연식, 「백제 후기의 불교학의 전개과정」, 『불교학연구』 28, 2011, 205-207쪽.

70 김영태, 『삼국시대 불교신앙 연구』, 불광출판부, 1990, 142~143쪽; 최연식, 「백제 후기 미륵사상의 전개과정과 특성」, 『한국사상사학』 37, 2011, 5-7쪽.

에 미륵이 출세했을 때 바치기 위해 〈금자金字 반야경 동판〉을 만들었으며, 그 영향으로 무왕대 제석사탑에 『금강반야경』이 봉안되었다고 추정했다.[71]

무왕대 불교의 대수당교류對隋唐交流를 잘 드러내주는 것으로는 당시 중국 불교계의 주요 흐름으로 등장한 삼론학과 섭론학의 백제 수용이 제시되었다. 최연식은 법화사상을 가졌던 혜현惠現이 삼론을 강의한 점, 600년 경 백제에서 찬술된 삼론학 문헌 『대승사론현의기大乘四論玄義記』의 존재 등을 근거로 백제에 삼론학이 수용되었으며, 7세기 이후 일본에서 활동한 백제 출신 승려들 대부분 삼론학의 대가로 전해지고 있는 점으로부터 백제에서 삼론학이 매우 유행했다고 보았다.[72] 그리고 새롭게 수용된 삼론학의 입장에서 미륵의 성격을 교학적으로 이해하려는 흐름이 7세기 백제에서 출현한 것으로 보았다. 『대승사론현의기』의 찬자인 혜균慧均이 저술한 『관미륵상생경觀彌勒上生經』의 주석서 『미륵경유의彌勒經遊意』에서 미륵이 이 세상에 출현해 중생을 구제해주는 것을 기대하는 이전 신앙과 달리, 미륵의 성불과 출현에 관한 경전의 가르침에서 대승불교의 진리를 깨달을 수 있으며, 본래 성불한 존재인 미륵이 먼 미래에 용화회상에서 성불하는 것은 단지 방편일 뿐이라는 삼론학파의 사상에 근거해 미륵의 출세를 설명하고 있음을 지적한 것이다.[73]

3. 불교조각을 통해 본 대중교류

1) 백제 불교조각의 연원 논쟁: 남조영향설과 북조영향설

현존하는 백제 불교조각은 대부분 사비시대의 유물이다. 백제 조각의 대중교류는 남북조시대 불상양식의 수용기인 6세기와 수당양식 수용기인 7세

71 최연식, 「백제 후기 미륵사상의 전개과정과 특성」, 『한국사상사학』 37, 2011, 17-18쪽.

72 최연식, 「백제 후기의 불교학의 전개과정」, 『불교학연구』 28, 2011, 211-218쪽.

73 최연식, 「백제 후기 미륵사상의 전개과정과 특성」, 『한국사상사학』 37, 2011, 10-14쪽.

기로 구분해서 고찰하는 것이 일반적이며,[74] 백제 불교조각과 관련한 논쟁은 주로 전자에 집중되어 있다. 이는 백제 불교조각의 연원을 탐구하는 것으로, 중국의 남북 분립 정세를 반영해 두 방향에서 이루어졌다. 하나는 북위 용문석굴, 동위·북제시대의 석불, 그리고 지리적으로 인접한 산동지역 불교조각 등 북조 조각과의 관계 속에서 설명하는 것이며, 다른 하나는 백제와 남조 정권의 밀접한 교류라는 역사적 사실을 토대로 남조와의 관계를 집중적으로 고찰하는 것이다.

백제 불교조각의 남·북조적 요소에 대한 논의는 초기 백제 불상의 독자적 성격 형성과 전통을 이해하는 데 핵심이 된다. 백제 불교조각의 연원 연구는 남조와 북조 유물의 공통성과 차이에 대한 이해를 기초로 이루어지는 만큼 두 지역 불교조각에 대한 이해가 선행되어야만 한다. 그러나 북조의 경우 석굴사원과 석조 조상이 다수 현존하는 반면, 남조의 유물은 매우 적어 남북조 불교 조각의 관계가 명료하지 않았다. 게다가 현존하는 남조 유물마저 도성에서 멀리 떨어진 사천성四川省 성도成都 출토 석상이 대부분이어서, 과연 이것들이 남조의 중앙양식을 대표하는 것인지에 대한 회의도 제기되었다. 이런 한계에도 불구하고 일찍부터 중국 남북조시대 불교조각의 새로운 형식과 양식, 그리고 도상 등의 출현에서 남조 불교조상의 선행성과 북조에의 영향을 주목한 연구들이 알렉산더 소퍼, 마쓰바라 사부로松原三郎, 요시무라 레이吉村怜, 쑤바이宿白, 양홍楊泓 등에 의해 발표되었다. 이 연구들은 비교 유물의 절대적 열세 때문에 '남조의 영향력을 강조하는 한족중심주의적 시각'이라는 비판을 받기도 했지만, 후술하는 것처럼 새로운 유물의 출현으로 그런 비판은 종식되는 분위기다.

---

74 金春實,「百濟彫刻의 對中交涉」,『百濟美術의 對外交涉』, 예경, 1998, 79-129쪽.

새로운 유물의 출현은 백제 불교조각의 대중교류와 관련한 논의를 새로운 차원으로 이끌었다. 21세기 들어 남조 도성 건강성 소재지였던 남경 일대에서 6세기 전기의 금동상과 소상이 발견되고, 사천 성도에서도 새로운 남조 조각들이 발굴됨으로써 백제 불교조각의 대중교류 양상을 보다 정확하게 이해할 수 있게 된 것이다. 두 지역 불교 조상의 형식과 양식, 광배의 장엄의장, 그리고 소상의 제작기법에 이르기까지 다양한 방면에서 남조와 북조의 실증적인 비교분석이 가능해졌으며, 이를 기반으로 백제 불교조각의 연원에 대한 논의들이 좀 더 풍성해졌다. 그리하여 과거 북조의 영향으로 이해해 왔던 많은 요소들이 남조와의 관련 속에서 파악되고 있다.

백제는 남조와 밀접한 교류를 진행했을 뿐 아니라, 성왕 19년(541) 양에 요청한 공장과 화사가 백제에 왔으므로[75] 백제 불교조각에 대한 남조의 영향력이 매우 강했음은 명약관화하다. 그러나 현존하는 남조 유물의 소략함으로 인해 백제 불교 조각의 부드러운 조형성 이외에는 대부분 북조의 영향, 혹은 북조 불교미술의 영향을 받은 고구려의 영향 등으로 설명해왔다.

백제 불교조각에 대한 남조의 영향을 실증적으로 분석한 것은 김리나이다. 그는 백제에서 다수 출현하는 봉지보주보살상을 사천성 성도 만불사지 출토 양 보통 4년(523) 조상과 중대동 3년 조상의 두 손을 위아래로 모아 합盒 등을 들고 있는 보살상과 친연성이 있다고 보고, 백제 봉지보주보살상의 연원을 남조로 추정했다. 나아가 일본에 현존하는 아스카시대 봉지보주보살상에 대한 백제의 영향을 논증했다.[76] 한편, 오니시 슈야大西修也는 성도 출토

75 『三國史記』 卷26, 「百濟本紀」제4, '聖王 19년'.

76 金理那, 「三國時代의 捧持寶珠形菩薩立像 硏究」, 『美術資料』 37, 1985, 1-41쪽(金理那, 『韓國古代佛教彫刻史硏究』, 일조각, 1989, 85-143쪽에 재수록); 金理那, 「宝珠捧持菩薩の系譜」, 『日本美術全集2 法隆寺から薬師寺へ飛鳥·奈良の建築·彫刻』, 東京: 講談社, 1990.

〈그림 3〉 백제 가탑리 불상

〈그림 4〉 양 중대통 원년불상

〈그림 5〉 법륭사헌납보물 143호상

보살상들이 들고 있는 것은 보주가 아닌 합盒 등의 그릇 종류임을 지적하고, 한반도와 일본에서 보주를 든 보살상은 백제의 창안으로 보았다.[77]

백제 불교조각에 대한 남조의 영향을 집중적으로 논의한 것은 김춘실이다. 그는 가탑리 출토 금동여래상의 가슴 부분을 덮으면서 한쪽으로 치켜 올라가고 있는 옷주름 형식이 인도 굽타기 불상의 영향을 강하게 드러내는 양 중대통 원년(529) 석조 불상과 매우 유사함을 지적하였다.[78] 나아가 동일 형식이 일본 법륭사헌납보물法隆寺獻納寶物 143호 여래상에 계승되고 있음을 고찰했는데, 이 상은 백제 성왕 때 일본에 건너간 금동삼존불로 알려진 선광사善光寺 불상을 모각한 '선광사식 불상'이다.[79] 김리나와 김춘실의 연구는 6

---

77 大西修也, 「寶珠捧持菩薩の成立過程について」, 『日韓古代彫刻史論』, 福岡: 中國書店, 2002, 171-189쪽.

78 김춘실, 「중국 북제·주 및 수대 여래입상 양식의 전개와 특징-특히 여래상의 服制와 관련하여」, 『미술자료』 53, 1994; 김춘실, 「제1장 제2절 '불상': 1. 불교수용 초기(4~6세기) 불상」, 충청남도역사문화연구원, 『백제문화사대계 연구총서14: 백제의 미술』, 2007, 76-79쪽.

79 김춘실, 「일본 〈善光寺緣起〉에 보이는 백제 불교 수용의 일예」, 『백제연구』 45, 2007, 81-103쪽. 한편 이 상의 광배와 매우 유사한 광배 단편이 일본 와카야마현(和家山縣) 나치

세기 동아시아 불교조각이 남조에서 백제로, 그리고 일본으로 전파되는 양상을 실증적으로 구명한 것으로 의의가 크다. 한편, 강희정은 호림미술관 소장 두 구의 양류관음 금동상을 백제 6세기 말~7세기 초 작품으로 추정하고, 두 상의 연원을 남조로 추정하였다.[80]

〈그림 6〉 갑인명왕연손광배

법륭사헌납보물 가운데 하나로 현재 도쿄東京박물관에 소장된 갑인명왕연손광배甲寅銘王延孫光背(이하 '갑인명광배'로 약칭)의 원류와 제작국 논의는 백제 불교조각에 대한 학계의 상반된 관점을 잘 보여주고 있다. 북위 말 내지 동위 조각적 요소가 강하다는 점에서, 그리고 일광삼존상의 주조 형식, 광배에 보이는 생동감과 율동감을 들어 고구려 작품으로 추정되기도 했으며,[81] 연호를 사용하지 않는 명문의 특성으로 백제 제작설이 제기되기도 했다.[82] 일본 제작설도 등장하여, 요시무라 레이吉村怜는 광배에 나타나는 비천과 구름 등이 남조계통의 표현법을 계승하고 있음을 들어 이 광배

산(那智山)에서 출토되었는데, 충청도 지역에서 생산되는 동을 이용해 만든 것임이 알려졌다.

80 강희정, 「백제 양류관음상고-호림박물관 소장 양류관음상을 중심으로-」, 『관음과 미륵의 도상학:한국과 중국의 보살상을 중심으로』, 학연문화사, 2006, 40-62쪽.

81 熊谷宣夫, 「甲寅銘王延孫造光背考」, 『美術硏究』 209, 1960, 223-241쪽; 姜友邦, 「金銅日月式三山冠思惟像」, 『美術資料』 30, 1982(『圓融과 調和』, 열화당, 1990, 81쪽에 재수록); 郭東錫, 「金銅製一光三尊佛의 系譜-韓國과 中國 山東地方을 中心으로」, 『美術資料』 51, 1993, 12-13쪽.

82 大西修也, 「百濟佛立像と一光三尊形式-佳塔里廢寺址出土金銅佛立像をめぐって」, 『Museum』 315, 1977, 22-34쪽; 大西修也, 『日韓古代彫刻史論』, 福岡: 中國書店, 2002, 330쪽.

〈그림 7〉 신리 출토 광배편

가 백제를 거쳐 일본에 온 남조인 왕연손에 의해 일본에서 만들어졌다고 추정했다.[83] 남조 영향을 받은 백제에서 제작되었음을 논증한 것은 소현숙이다.[84] 그는 남조와 북조의 보탑문寶塔文과 비천문에 대한 비교연구를 토대로 갑인명광배 상단의 보탑문과 비천의 배치 및 지물이 북조 계통과는 다르며, 사천성 출토 석상의 그것들과 유사함을 지적하였다. 그리고 부여군 신리 출토 보탑문 파편(부여국립박물관 소장)과 연기군 출토 조상 속 비천의 배치와 지물이 동일 계통에 속함을 구명하여 갑인명광배를 남조 영향을 강하게 받은 백제작으로 추정하였다. 소현숙은 또한 남북조시대 조상기造像記와 문헌기록 분석을 통해 갑인명광배의 명문에 등장하는 '봉위奉爲'와 '승乘'의 두 단어가 북조에서는 거의 사용되지 않는 반면, 남조에서 유행했음을 들어 남조의 영향이 백제인의 문자생활에서도 출현함을 후속 연구를 통해 밝혔다.[85] 반면 성윤길은 광배의 화염 형태가 후술하는 관북리광배와 유사한 점, 그리고 비천의 지물이 용문석굴 연화동의 그것과 가장 유사하다는 이유로 북조의 영향으로 추정했다.[86]

2003년 부여 관북리에서 출토된 광배는 광배의 가장 자리에 비천을 꽂았

83 吉村怜, 「法隆寺獻納御物王延孫造光背考」, 『佛敎藝術』 190, 1990. 이 광배가 일본에 현존하고 있다는 이유 때문에 일본 제작설을 제기했는데, 현재 일본에는 고래로부터 유존하는 우리 삼국시대 불상이 다수 남아있다는 점에서 설득력이 없다. 게다가 吉村怜는 왕연손이 중국인으로서 백제에 왔다가 일본에 건너와 이 광배를 제작하였다고 주장하지만, 이에 대한 구체적 논거는 제시하지 못했다.

84 소현숙, 「法隆寺 獻納寶物 甲寅銘金銅光背 硏究-장엄의장을 통한 연원과 제작국 고증」, 『韓國古代史硏究』 54, 2009.

85 소현숙, 「法隆寺 獻納寶物 甲寅銘金銅光背 銘文 연구」, 『백제문화』 44, 2011.

86 성윤길, 「삼국시대 6세기 금동광배 연구」, 『미술사학연구』 277, 2013, 23-26쪽.

을 것으로 추정하는 네모난 결구공이 좌우에 있는데, 이런 형식은 삼국 광배 중 처음이다. 형태가 유사한 것으로 일본 네즈根津 미술관 소장 북위 보태普泰 2년(532) 광배가 있어 관북리광배는 북위 영향으로 추정해왔다. 특히 성윤길은 화염문의 특징과 6세기 전반 북조 삼존상 가운데 광배 주위에 비천을 부착하여 장식한 사례가 많다는 점을 토대로 관북리광배를 북조 영향 아래 제작한 것으로 보았다.[87] 그러나 남경에서 광배 외연에 투조공을 부가한 6세기 전기의 광배편이 발견되었고, 기존의 연구에서 최근 발견된 남조 광배들과의 비교분석이 이루어지지 않아 관북리광배의 연원에 대한 해석은 추후 연구를 기다려야 할 것으로 생각한다.

〈그림 8〉 관북리 출토 광배

〈그림 9〉 남경 출토 광배

백제 불교조상 가운데 압도적으로 다수를 차지하는 것은 소상塑像이다. 일찍이 정림사지에서 백제 소상들이 출토되었는데, 낙양 영녕사 출토 북위 소상과의 유사성으로 인해 북위의 영향으로 인식해왔다. 당시만 해도 이 소상들의 비교 대상으로서 남조의 유물은 존재하지 않았다. 그러나 21세기에 남경 일대 남조 사지에서 소상들이 잇따라 발굴됨으로써 백제 소상과 남북조의 소상에 대한 비교 연구가 가능해졌다. 또한 부여 능산리사지와 익산 제석사지, 공주 대통사지 등 백제 고도지역의 많은 사지에서 소상들이 잇따라 출토됨으로써 백제 소

87 성윤길,「扶餘 官北里出土 金銅光背」,『미술자료』74, 1992, 57-80쪽; 성윤길,「삼국시대 6세기 금동광배 연구」,『미술사학연구』277, 2013, 18-20쪽.

상의 특징이 명료해졌고, 그 결과 백제 소상에 대한 새로운 해석도 가능해졌다. 양은경과 이병호는 형식과 양식의 유사성을 넘어, 소상의 제작기법에 대한 분석을 통해 백제 소상의 연원이 남조일 가능성을 제시했다.[88] 백제 소상은 심목을 사용해 몸통과 두상을 따로 만들어 결합하는 두체별제식頭體別製式 성형, 성형 후 채색 등을 특징으로 하며, 부여지역 소상은 대부분 성형 후 가마에서 소성을 거쳤다. 중국 북위 사찰 발견 소상은 대부분 소성을 거치지 않은 반면, 남조 소상은 대부분 유약 흔적이 있어 소성을 한 것으로 알려지고 있다. 제작 방식의 유사성은 새로운 기술의 유입, 혹은 장인의 유입을 통해 가능한 것인 만큼, 중대통中大通 6년(534)과 대동大同 4년(541) 양나라가 백제의 요청으로 장인들을 보냈다는『양서』의 기록을 주목하고, 백제 소상의 연원으로 남조설을 제시한 것이다.

6세기 남조와 북조의 불교조각은 공유하는 시대적 특징이 많았기 때문에 6세기 말~7세기 전기 백제 불상의 양식적 원류의 탐색에서 남조와 북조를 분리하는 것은 상대적으로 어렵다.[89] 이를 잘 보여주는 사례가 백제 마애불이다. 예산 사면석불의 경우, 남면불에서 처음 나타나는 이중 가사[90]의 연원

---

88 이병호, 「부여 정림사지 출토 소조상의 제작기법과 봉안장소」, 『미술자료』 72.73합집, 2005; 양은경, 「백제 제석사지 출토 소조상의 분석과 목탑지를 통한 봉안원형 추정」, 『호서고고학』 23; 이병호, 「중국 남북조시대의 소조상과 부여 정림사지」, 『한국역사문화연구』 66, 2018, 3-42쪽: 최연식, 「6세기 동아시아 지역의 불교 확산 과정에 대한 재검토」, 『충청학과 충청문화』 13, 2011, 67-90쪽.

89 김춘실, 「삼국시대 여래입상 양식의 전개-6세기 말~7세기 초를 중심으로」, 『미술자료』 55, 1995, 10-41쪽.

90 이런 형식의 불상 복제에 대한 명명은 학자마다 다르다. 일반적으로 한국학계는 오른쪽 어깨에 살짝 걸리는 옷을 '편삼'으로 지칭해왔는데, 편삼에 대한 정의가 매우 다양하여 본고에서는 사용하지 않는다. 그리고 오른쪽 어깨에 걸린 것은 또 다른 가사로 보고, '이중 가사'로 표현하고자 한다. 남면불의 복제와 그 용어에 대한 자세한 논의는 소현숙, 「禮山 四面石佛의 제작 時期와 性格, 그리고 百濟의 對中交涉 -四面像의 형식과 착의법을 중심으로」, 『東岳美術史學』 26, 2019를 참조

으로서 각각 용문석굴 빈양동과 사천성 성도 만불사지 출토 양대 조상을 주목함으로써 북조설과 남조설이 제시되기도 했으며, 이 상이 가지는 복합적 성격으로 인해 남북조 양식의 혼합설이 나오기도 했다.[91] 그리고 목조 전각의 중심부에 사면 불상을 새긴 방주方柱를 배치하는 봉안 방식에 주목해 이런 형식이 6세기 북조에서 유행한 천궁天宮과 매우 유사한 점을 통해 북조의 영향을 언급하고, 남면불의 y자형 내의와 이중가사가 결합한 복제의 특징을 통해 이 상이 수대 장안양식을 반영했다고 보기도 한다.[92] 태안마애상의 경우도 유사하여, 양식적으로는 북제양식과 수대 양식의 연장선상에서 파악하지만,[93] 두 상이 병립하는 도상과 두 불상 사이에 보살상을 배치하는 방식 등은 남조에서 연원했을 것으로 추정하는 견해도 제시되었다.[94] 서산마애삼존상의 경우, 남조적 불교조상의 전통 위에 새롭게 산동성 청주 출토 북제 및 수대 조상이 미친 영향이 거론되기도 했다.[95]

6세기 말 이후로 백제는 북조 불교조상의 영향을 받기 시작했으나, 보주를

---

91 북조 영향설은 文明大,「百濟 四方佛의 起源과 禮山 石柱四方佛像의 硏究」,『韓國佛教美術史論』, 民族社, 1987, 37-71쪽, 남조 영향설은 金春實,「百濟彫刻의 對中交涉」,『百濟美術의 對外交涉』, 예경, 1998. 107-108쪽, 남북조 양식의 혼합설은 大西修也,「百濟佛再考 - 新發見の百濟石佛と偏衫を着用した服制をめぐって -」,『佛教藝術』149, 1983, 11-26쪽 및 정은우,「예산 사면석불의 미술사적 검토」,『백제문화』34, 2005 등에서 볼 수 있다.

92 소현숙,「禮山 四面石佛의 제작 時期와 性格, 그리고 百濟의 對中交涉 -四面像의 형식과 착의법을 중심으로」,『東岳美術史學』26, 2019, 71-95쪽

93 문명대,「泰安 百濟磨崖三尊佛像의 新硏究」,『佛教美術硏究』2, 1995, 1-17쪽; 姜友邦,「泰安白華山磨崖觀音三尊佛攷-百濟 觀音道場의 成立-」, 忠南大 百濟硏究所,『百濟의 中央과 地方』(百濟硏究論叢 5집), 1997, 169-185쪽; 김주성,「죽막동유적의 쇠퇴와 태안 마애삼존불」,『韓國上古史學報』40, 2003, 57-76쪽; 金春實,「中國 山東省 佛像과 三國時代 佛像」,『美術史論壇』19, 2004, 7-47쪽.

94 소현숙,「泰安마애삼존상의 도상과 성격-竝立한 二佛의 존명 추정과 '정치적 서상'으로서 가능성 탐색-」,『백제문화』54, 2016.

95 金春實,「百濟 瑞山磨崖三尊佛像」,『백제문화』34, 2005, 44-50쪽.

든 봉지보주보살상의 지속적인 출현에서 보듯 남조 불교미술의 전통이 오래까지 지속되었다. 이런 경향은 '백제 불교 조상의 남조지향적 성격'으로 규정되기도 하는데,[96] 백제 불교 문화에서 남조의 영향이 지속되는 것은 사리신앙과 사리탑의 구성, 명문 등에서도 볼 수 있다. 577년 건립된 왕흥사지 목탑 사리의 신화神化나 3중 사리기의 조합 등이 양나라 무제의 장간사 아육왕 사리신앙과 밀접한 관련을 가지고 있고,[97] 이는 양 무제 시기에 번역된 『아육왕경』을 기초로 한 것이었으며[98] 미륵사 서석탑 출토 639년 〈사리봉안기舍利奉迎記〉 속 "上弘正法 下化蒼生"의 표현은 남조 양의 법운法雲이 편찬한 『법화경의기法華經義記』에서 유래하고 있다.[99] 이런 정황들은 양의 멸망 이후에도 백제 문화에 강하게 남은 남조 양나라 문화의 영향력을 잘 드러내주고 있다.

2) 백제 불교조각과 산동과의 관계

백제 불교조각의 대중교류에서 매우 중요한 주제는 산동조각과 백제 불교조각의 관계다.[100] 중국 산동지역은 한반도와 지리적으로 인접한 데다 고대

---

96 김춘실, 「百濟彫刻의 對中交涉」, 『百濟美術의 對外交涉』, 예경, 1998, 83-125쪽.

97 주경미, 「백제 위덕왕의 불교적 치세관 형성과 6세기 중국의 정세 변화」, 『韓國古代史探究』 27, 2017, 179-214쪽; 주경미, 「百濟 王興寺址 出土 舍利莊嚴具와 6세기 동아시아 불교문화」, 『百濟研究』 67, 2018, 51-86쪽.

98 門田誠一, 『東アジア古代金石文研究』, 京都: 法藏館, 2016, 108-111쪽

99 瀬間正之, 「新出百濟佛教關係資料の再照明-シンポジウム「佛教と上代文學」を終えて」, 『上代文學』 104, 2010(門田誠一, 『東アジア古代金石文研究』, 156-157쪽서 재인용)

100 관련 연구성과는 다음과 같다. 岡田健, 「佛教彫刻における朝鮮半島と中國山東半島の關係」, 『日韓兩國に所在する韓國佛教美術共同調査研究 研究成果報告書』, 奈良國立博物館, 1993; 郭東錫, 「金銅製一光三尊佛의 系譜~韓國과 中國 山東地方을 中心으로」, 『미술자료』 51, 1993, 1-22쪽; Tanabe Saburosuke, "From the Stone Buddhas of Longxingsi to Buddhist Images of Three Kingdoms Korea and Asuka~hakuho Japan", Transmitting the Forms of Divinity-Early Buddhist Art from Korea and Japan-, Published by Japan Society, New York, 2003; 김춘실, 「中國 山東省 佛像과 三國時代

한국과 중국을 연결하는 연안항로에 위치하고 있다. 게다가 통일신라시대 산동지역에 건립된 신라방新羅坊의 존재에서 보듯 산동성 동남부 지역은 고대 한중교류에서 중요한 역할을 했다.[101] 비록 두 지역의 문화교류를 보여주는 문자 기록은 없지만, 두 지역 불교 유물의 두드러진 유사성으로 인해 한중 문화교류 연구에서 항상 주목을 받아왔다. 반면, 소현숙은 삼국시대 대중교류가 각 왕조의 중앙 권력 사이에서 이루어져 지역적으로 도성 대 도성의 교류 양상을 가지는 점에서 당시 주변적인 산동 문화가 6세기 백제 문화에 끼친 영향에 부정적이다. 그는 백제와 신라가 남조문화에 대한 경도가 강했고, 6세기 후반 북조와 교류했음에도 불구하고 산동을 포함한 북조 불교문화의 영향은 한정적이었을 것으로 보았다. 그리고 북주 정권을 계승한 수隋가 589년 진陳을 멸하고 중국을 통일한 6세기 말~7세기 초 이후가 되어서야 비로소 화북의 문화가 백제에 영향을 주는 것으로 보았다.

백제 불교미술과 산동과의 교류에 대해서는 주로 삼국에서 유행한 금동제 일광삼존상과 반가사유상의 요패수식腰佩垂飾, 그리고 백제 마애불 등 세 가지 방면에서 논의가 진행되었다. 중국에서 금동제 일광삼존상의 실물이 산

佛像」,『美術史論壇』19, 2004, 7-47쪽; 양은경,「중국 산동지역 불상과 한국 삼국시대 불상의 교류 관계」,『강좌미술사』26, 2006, 235-257쪽; 양은경,『중국 산동성 불상』, 주류성, 2010, 301-316쪽; 李靜杰,「山東北朝佛教造像因素向朝鮮半島的傳播」,『石窟寺研究』5, 北京; 文物出版社, 2014, 276-293쪽; 후지오카 유타카(藤岡穣),「중국 南朝 造像의 제작과 전파」,『미술자료』89, 2016, 215-264쪽; 소현숙,「6세기 百濟와 山東의 文化交流에 대한 再考」,『韓國古代史探究』29, 2018, 261-301쪽.

101 남북조시대 산동성의 고대 불교미술은 크게 두 지역으로 구분할 수 있다. 첫째는 한반도와 밀접한 연관이 있다고 거론되는 青州, 諸城, 臨朐 등 동남부 지역이다. 이 지역 6세기 불교미술은 '청주양식'으로 일컬어지며, 북조에 속했음에도 불구하고 남조와의 관련성이 매우 밀접하다. 반면, 산동성 서북부에 위치한 無棣, 惠民 博興의 불교미술은 하북성 定州 지역의 영향이 강하다. 이 가운데 혜민과 박흥은 산동성의 두 지역 불교조상의 특징이 모두 출현하는 交界的 성격도 있는데, 박흥에서 출토된 금동 일광삼존상은 한반도와 관련해 주목받기도 했다.

〈그림 10〉 계미명 일광삼존상

동지역에 집중적으로 분포했기 때문에 한반도의 일광삼존상은 산동과의 관련 속에서 설명되었다. 양은경은 박흥博興과 제성諸城 일대에서 발견된 동위(534~550) 이후의 일광삼존상들이 구조, 제작기법, 양식 면에서 한반도의 그것과 매우 흡사하다고 보고 산동의 영향설을 강조하였으며,[102] 곽동석은 고구려 상들이 산동지역의 일광삼존상보다 완비된 형태를 갖추었기 때문에 고구려의 삼존상이 백제는 물론, 산동에까지 영향을 주었다고 보았다.[103] 그러나 2008년 이래 남경에서 양 대통大通 원년(527) 등의 명문상을 비롯해 6세기 전기 금동제 일광삼존상들이 발견되었는데, 그 양식과 형식이 산동지역의 것들과 매우 유사하여 학계의 주목을 받았다. 남경의 일광삼존상은 존상의 상호는 물론, 연화가 장식된 주존상의 원형 대좌,[104] 반신만 표현된 광배 위 화불의 형태, 꽂 장식을 꽂은 보살상의 보관 등이 한반도의 그것과 매우 유사했다, 그리하여 한반도 일

102 양은경,『중국 산동성 불상』, 주류성, 2010, 301-316쪽.

103 郭東錫,「金銅製一光三尊佛의 系譜-韓國과 中國 山東地方을 中心으로」,『미술자료』 51, 1993, 1-22쪽. 곽동석은 한반도 일광삼존불의 주류를 중국이 아닌 고구려로 보고, 고구려 상들이 산동지역의 그것보다 완비된 형태를 갖추었기 때문에 고구려의 삼존상이 백제는 물론, 산동에까지 영향을 주었다고 보았다. 반면 김춘실은 고구려 일광삼존상이 산동의 동위시기 금동상보다 더 고식이기 때문에 고구려 일광삼존상은 중국의 중원지역에 유행했던 고식 동위양식의 영향을 받은 것으로 추정했다(김춘실,「中國 山東省 佛像과 三國時代 佛像」,『美術史論壇』19, 2004, 30쪽).

104 일광삼존상의 주존 대좌가 원형의 연화좌로 표현되는 형식은 한반도 6세기 불교 조각의 특징이다. 북조 금동상의 대좌가 다리가 넷 달린 榻床에서 유래하는 사각형인데 비해 이런 원형 대좌는 유독 북조에서도 산동에서 출현했다. 그러나 산동에는 이런 원형 이외에도 사각대좌, 혹은 원형과 사각대좌를 혼합한 형식이 골고루 출현한다. 이에 비해 남경지역 일광삼존상의 주존 대좌는 백제와 같은 원형 대좌가 주를 이루고 있다.

광삼존상의 산동 전래설, 그리고 한반도 일광삼존상에 대한 산동의 영향을 주장했던 곽동석과 양은경도 기존의 견해를 수정해 남조 영향설을 제기했다.[105]

〈그림 11〉 산동성 박홍 출토 일광삼존상

〈그림 12〉 남경 출토 일광삼존상

일본의 후지오카 유타카는 남조 조상의 동아시아 전파라는 견지에서 산동과 남조조각의 관계를 들여다보기도 했다.[106] 후지오카는 산동지역 석상이 비교적 옛 양식을 고수하는 것에 비해, 금동상에서 새로운 양상이 출현하고, 그와 같은 경향이 남조 일광삼존상에서 출현하고 있음에 주목해 산동 일광삼존상의 연원으로서 남조 양나라를 지목했다. 새로운 유물의 출현과 이어지는 후속 연구를 통해 고대 한반도 일광삼존상의 연원이 산동이 아니라 남조임이 분명해짐으로써, 일광삼존상과 관련한 대중교류 논쟁은 일단락되는 것으로 보인다.

일반적으로 삼국시대 반가사유상은 북제양식의 영향으로 설명해 왔다. 북

---

105 郭東錫, 「三國時代の金銅一光三尊佛の原型と系譜」, 『奈良美術研究』 16, 2015; 곽동석, 「금동일광삼존불의 기원과 전개양상」, 『고대불교조각대전』, 국립중앙박물관, 2015, 215-217쪽; 양은경, 「南京 출토 南朝 金銅佛像의 특징과 주변 지역과의 관계」, 『東岳美術史學』 20, 2016, 125-154쪽; 후지오카 유타카(藤岡穣), 「중국 南朝 造像의 제작과 전파」, 『미술자료』 89, 2016, 215-264쪽.

106 후지오카 유타카(藤岡穣), 「중국 南朝 造像의 제작과 전파」, 『미술자료』 89, 2016, 215-264쪽.

제에서 반가사유상이 매우 유행했고, 그 조형적 특징을 공유하는 바가 컸기 때문이다. 다만, 삼국시대 반가사유상의 허리 띠 아래로 길게 늘어지는 장신구, 즉 요패수식은 6세기 중후반에 제작된 중국 사유상에는 출현하지 않아 한반도의 창의로 여겨졌다. 삼국시대 반가상과 그 영향 아래 제작된 일본의 아스카시대와 하쿠호시대 반가상에도 어김없이 요패수식이 출현하여 이런 형식이 한반도에서 완성되어 일본에 전래된 것으로 보아왔다.[107] 그런데 20세기 말 이래 산동성 임구臨朐 명도사지明道寺址와 청주靑州 등지에서 요패수식을 한 대형의 반가사유상이 보고되었다. 게다가 일광삼존상과 달리 남조의 반가사유상 조각은 현재까지 한 건도 없어, 이 요패수식은 한반도와 산

〈그림 13〉 국보 78호 및 83호 반가사유상의 요패수식

〈그림 14〉 산동성 임구 출토 반가상의 요패수식

107 大西修也, 「百濟半跏像の系譜について」, 『佛敎藝術』 158, 1985, 60쪽; 정예경, 『반가사유상연구』, 혜안, 1993, 119쪽.

동의 교류를 보여주는 직접적인 증거로 설명되었다. 반면, 오니시 슈야大西修也는 『수서隋書』 권卷11, 「예의지禮儀志」의 '남조 양梁과 진陳의 황태자 및 제왕諸王의 조복朝服에 옥을 차고 끈[조組]을 내린다'는 기록을 근거로 반가사유상의 요패수식이 태자사유상에 새로운 존격尊格을 부여하기 위해 남조에서 황태자나 제왕의 복제를 바탕으로 창안되었을 것'으로 추정했다.[108] 소현숙은 현존하는 유물에 대한 분석을 통해 요패수식을 한 반가사유상이 하북지역 불교미술의 영향이 강한 산동성 서남부지역에는 출현하지 않고,[109] 남조 영향이 강한 동남부지역에서만 나타나는 현상에 주목하고, 한반도 반가사유상의 요패 수식에 대한 산동의 영향을 부정했다. 나아가 비록 남조에는 현존 유물이 없지만, 기록을 통해 남조에서 반가사유상이 서상으로서 신앙되었음을 고찰하고 한반도 반가사유상에 대한 남조 영향설을 제기했다.[110] 그리고 남북조 조상에 대한 비교분석을 통해 백제 및 일본 보살상의 특징적인 천의 착의법, 즉 상의 배면에 U자형으로 길게 늘어지는 형식이 남조를 통해 산동과 북위 낙양에 전래되고, 나아가 백제에도 전래된 것으로 추정했다.[111]

백제 불교조각과 산동과의 연관성은 마애불의 출현과도 관련해서도 논의

---

108 大西修也, 「山東省 青州 出土 石造半跏像と韓國半跏像」, 『文化史學』 11 · 12 · 13號, 1999, 945쪽.

109 현재까지 산동성 발견 반가사유상은 대략 10점 정도로 모두 북제시대에 조성되었다. 이 가운데 산동 서북부에 위치한 無棣, 惠民, 博興 출토 반가사유상은 재질이 白石인 데다 삼존상 형식이 주류를 이루고, 청주, 제성, 임구 등 동남부지역의 반가사유상은 석회암 재질의 단독상이다(梁銀景, 「中國 山東省 出土 東魏~北齊代 半跏思惟像에 대한 研究」, 『강좌미술사』 38, 2012, 285-307쪽). 이런 차이로 미루어 두 지역의 반가사유상은 그 계통이 달랐던 것으로 보인다.

110 소현숙, 「6세기 百濟와 山東의 文化交流에 대한 再考」, 『韓國古代史探究』 29, 2018, 261-301쪽.

111 소현숙, 「백제(百濟) 불교미술과 북조(北朝)」, 『中央아시아研究』 第25號 第2卷, 2020, 129-140쪽.

되었다. 567년 백제가 북제에 사신을 파견한 것을 시발로 북제와 4회, 북주와 2회 교류를 했고, 수 건국 이후에도 무왕 때까지 모두 10차례의 관계를 가짐으로써 6세기 말 이후 불교조각에서 대중교류의 변화가 출현했다. 백제 불교미술에서 대북조 교류를 잘 반영하고 있는 것은 예산, 태안, 서산 등지에 출현한 마애상이다. 석상과 마애상 등 돌을 이용한 불교조상은 북조 불교미술의 특징이었으므로, 백제 마애불의 출현은 북조와의 교섭의 산물임이 일찍부터 지적되었다.[112]

구체적으로는 한중교통로와 관련하여, 혹은 조각의 형식과 마애불감의 제작 방식 등을 통해 백제 마애불과 산동 석굴사원과의 관련성을 논의한 연구가 이어졌다. 박웅준은 백제 마애불의 출현을 대중교섭이 용이했던 교통로에 위치한 지방의 재지세력이 대외관계를 반영하여 왕경보다 민감하게 북조문화에 반응한 결과로 추정했다. 그리고 수대에 다른 지역에서는 석굴사원 조영이 활발하지 않았으나 산동은 타산석굴 등 석굴 조영이 활발했으며, 그 시기가 백제 마애불 조성시기와 겹친다는 점에서 두 지역의 관련성을 언급하였다.[113] 양은경도 백제 마애불의 형식과 양식, 특히 태안 마애상의 불감 유형과 목조 가구의 설치 등의 제작방식이 산동지역 수대 마애상과 유사함을 지적했다.[114]

그러나 수대와 초당대에 조성된 산동 마애불이 백제의 마애불과 상당히 다르다는 점도 지적되었다. 김춘실은 타산석굴 등 산동의 수대 석굴에서는 선정인이나 아미타인의 좌불을 본존으로 하는 아미타삼존불이 유행하여 서

---

112 文明大, 「韓國 石窟寺院의 硏究」, 『歷史學報』 38, 1968, 112-113쪽.

113 박웅준, 「三國時代 磨崖佛 硏究-山東地域과의 關係를 中心으로」, 동국대 석사학위논문, 1999, 26-28쪽, 44쪽.

114 양은경, 『중국 산동성 불상』, 주류성, 2010, 302-309쪽.

산과 태안의 독특한 삼존 조합과는 전혀 다르고, 보살상의 착의법 등에서도 공통되는 형식을 찾기 어려워 상호 영향관계를 찾기 어렵다고 지적했다.[115] 소현숙은 백제 마애불이 단일한 연원을 가진 것은 아니며, 북조에서 이미 조영되었던 석굴사원, 혹은 백제의 사신이 북조 사행과정에서 본 수많은 석굴사원과 조상비造像碑, 단층석탑 등에 대한 인상이 백제 마애불의 출현에 커다란 영향을 미쳤을 것으로 보고, 산동의 직접적 영향에 부정적이다.[116]

예산과 태안 및 서산 마애불상에 대한 개별 연구를 통해 산동의 영향을 강조하는 지적도 잇따랐다. 박형국과 양은경은 예산 사면상의 石柱 형식과 '1좌불3입불'의 구성 및 배치가 산동성 청주박물관 소장의 북위 사면상과 유사하여 산동과의 친연성을 강조했다.[117] 반면, 소현숙은 백제 불상에서 처음 등장하는 예산 사면상의 남면불의 이중가사 착의법이 6~7세기 산동에서 출현하지 않아[118] 산동과의 직접적 연관성을 부정하고, 오히려 수대 장안 양식과의 관련성을 제기했다. 한편, 산동지역 수대 마애불과 백제 마애불과의 유사성을 부정한 김춘실은 태안과 서안마애불을 수대 양식이 아닌 북제 양식으로 파악하고,[119] 장대한 외관과 육계가 작은 머리의 특징 등 다소 이국풍인 점

---

115 金春實, 「百濟彫刻의 對中交涉」, 『百濟美術의 對外交涉』, 예경, 1998, 110-116쪽; 金春實, 「百濟 7세기 佛像과 中國 佛像」, 『先史와 古代』 15, 2000, 27-60쪽.

116 소현숙, 「백제 불상에 나타난 중국 불교예술의 영향-마애불을 중심으로」, 충청남도 · 충청남도역사문화연구원, 『충청남도의 백제유적』, 2018.

117 朴亨國, 禮山花田里四面石佛に關する一試論, 文部科学省科学研究費補助金研究成果報告書: 韓國の浮彫形態の佛教集合尊像(四佛 五大明王 四川王 八部衆)に關する總合調査, 2008, 313쪽; 양은경, 『중국 산동성 불상』, 주류성, 2010, 308쪽.

118 陳悅新, 『5~8世紀漢地佛像着衣法式』, 社會科學文獻出版社, 2014, 83-110쪽.

119 김춘실은 삼국시대에 중국의 불상양식이 우리나라 불상에 수용되어 표현되는 데는 적어도 30년 이상의 시간이 걸리는 것으로 보고, 6세기 말과 7세기 초 제작으로 추정하고 있는 태안과 서산 마애조상을 각각 북제 양식의 범주 속에서 볼 것을 주장하였다(「百濟 7세기 佛像과 中國 佛像」, 『先史와 古代』 15, 2000, 36-38쪽).

〈그림 15〉 정읍 출토 두 구의 편단우견형 불상

에 주목해 이런 인도풍의 장대한 불상이 산동성 청주 용흥사지의 북제 여래입상과 비교할 수 있다는 점에서 산동의 영향을 추정하였다.[120] 즉 산동 수대 석굴과 백제 마애불의 연관성은 인정하지 않지만, 백제 마애상에 대한 북제시기 산동지역 단독석상의 영향은 인정하는 것이다.

7세기 제작으로 추정하는 정읍 출토 두 석상은 발밑의 폭이 좁은 삼각형 족좌足座와 그 밑에 달린 긴 촉의 형태, 그리고 편단우견 대의 등이 산동성 청주 지역 출토 석상과 유사하여 산동과의 관련성이 지적되었다.[121] 특히 편단우견 대의가 몸에 밀착된 작은 불상의 경우, 산동성 청주 용흥사지龍興寺址 출토 북제대 편단우견불상과의 유사성이 현저하다. 편단우견 여래입상은 남인도 안드라왕조에서 유행한 불상 형식으로, 실론과 동남아시아를 거쳐 6세기 전반 남방해로를 통해 중국에 전해진 것으로, 해안에 연한 청주 등 산동 동남부 지역 불교미술의 특징이

---

120 김춘실, 「중국 산동성 불상과 삼국시대 불상」, 2004, 33-34쪽; 김춘실. 「제1장 제2절 '불상': 1. 불교수용 초기(4~6세기) 불상」, 충청남도역사문화연구원, 『백제문화사대계 연구총서14: 백제의 미술』, 2007, 101-102쪽.

121 Tanabe Saburosuke, "From the Stone Buddhas of Longxingsi to Buddhist Images of Three Kingdoms Korea and Asuka-hakuho Japan" Transmitting the Forms of Divinity -Early Buddhist Art from Korea and Japan-, Published by Japan Society, New York, 2003, p.52; 김춘실, 「中國 山東省 佛像과 三國時代 佛像」, 『美術史論壇』 19, 2004, 33-35쪽. 한편 편단우견형 불상이 신라에서 유행한 점에 주목하여 신라의 영향을 받았을 가능성을 지적하기도 한다(김리나, 「제1장 제2절 '불상': 2. 7세기 백제의 불교조각」, 충청남도역사문화연구원, 『백제문화사대계 연구총서14: 백제의 미술』, 2007, 113쪽).

다.[122] 그러나 후지오카 유타카는 신라 숙수사지 출토 편단우견 불입상의 대좌에 둥근 테두리가 있는 점, 그리고 반구형 복련좌의 상부에만 연판이 장식된 점은 남조에서 연원하는 특징임을 들어 남조에도 편단우견형 불입상이 제작되었을 것으로 추정하고, 청주 용흥사지 출토 편단우견형 불상도 남조에서 유래했을 가능성이 있다고 보았다.[123] 당시 6세기 남조와 동남아시아의 밀접한 교류를 고려할 때, 충분히 설득력이 있는 주장이라 생각한다. 만약 남조 건강성에서 편단우견상이 크게 유행했다면 백제의 사비도성을 중심으로 동일한 형식의 불상이 제작되었을 가능성이 큰데, 현재까지 부여 일대에서는 편단우견 불상이 발견되지 않았다.

산동은 410년부터 유송 태시 5년(460)까지 동진과 남조 영역이었으며, 469년 북위 편입 이후에도 여전히 해로와 육로를 통해 남조와 밀접히 교류하면서 남조 문화의 강한 영향 아래 있었다. 이런 역사적 사실을 기반으로 산동에 대한 남조의 영향을 주목한 것은 후지오카 유타카와 소현숙이다. 후지오카는 산동 박흥현 출토 매묘조불입상昧妙造佛立像에 보이는 군의자락을 갈고리형으로 대좌 양쪽으로 길게 늘어뜨린 형식, 동현同縣 승과사지勝果寺址 출토 천보 7년(556) 조상 등에 표현된 사자와 박산향로, 화불과 보주를 표현한 광배 등이 남조 조상과 유사함을 들어 남조의 영향을 지적하였다.[124] 소현숙은 산동지역에서 유행하는 도상과 모티프에 대한 분석을 통해 산동지역 문화가 남북조문화가 서로 융합하는 교계적交界的 특징을 띠는 데 주목하

122 이 시기 편단우견형 불입상에 대해서는 강희정, 「7세기 偏袒右肩 佛立像의 起源과 전개」, 『신라사학보』 36, 2016을 참조.

123 후지오카 유타카(藤岡穣), 「중국 南朝 造像의 제작과 전파」, 『미술자료』 89, 2016, 230-231쪽.

124 후지오카 유타카(藤岡穣), 「중국 南朝 造像의 제작과 전파」, 『미술자료』 89, 2016. 227-228쪽.

고, 실제 사례로서 6~7세기 동아시아 지역의 광배 위 보탑문의 지역적 특징을 탐색함으로써 산동과 백제 불교조각의 유사성은 두 지역의 직접 교류의 산물이 아니라, 두 지역에 대한 남조문화의 영향임을 제시했다.[125] 두 사람의 연구는 백제조각과 산동의 교류 연구에서 두 지역 불상의 비교에 앞서, 산동 불교조상의 북조적 요소와 남조적 요소에 대한 이해가 선행되어야 함을 보여준다.

백제 불교조각에 대한 산동의 영향에 대한 논의가 좀더 효율적이려면 백제 사행단의 교통로 연구도 병행되어야만 한다. 백제 불교조각과 산동과의 관계가 주목받은 것은 두 지역 불교조각의 유사함 뿐 아니라, 산동이 6세기 후반 백제의 대중교통로상에 위치해 있다는 전제 때문이었다. 그러나 당시의 문화교류는 정치교류에 부수되는 경향이 컸다. 게다가 백제 사행단이 산동을 경유했다는 '상식'도 엄밀한 검증이 이루어져야 한다. 당대 『원화군현도지元和郡縣圖志』에 기록된 각 주州와 수도 장안 사이의 거리를 보면, 산동성 등주登州는 3,125리, 양주揚州는 2,567리, 초주楚州는 2,501리다. 다시 말해 양주와 초주에서 장안으로 접근하는 것이 등주에서 접근하는 것보다 가까웠고, 양주와 초주는 대운하를 통해 장안 접근이 가능했기 때문에 이동이 훨씬 편하고 안전하였다.[126] 그러므로 수 양제煬帝의 대운하 개통 이후에는 백제 사행단이 남조에 사신을 파견할 때의 항로를 이용해 먼저 남쪽의 절강으로 간 후, 여기서 운하를 타고 장안으로 갔을 가능성이 크다.

---

125 소현숙, 「古代東亞諸國單層方塔研究-兼探6-7世紀中韓日文化交流」, 『文物』 2010年 11期; 소현숙, 「6世紀青州地區寶塔紋的形制特徵及其淵源」, 山東省博物館 編, 『龍興寺與青州風格佛教造像研究 下』, 濟南: 山東人民出版社, 2015.

126 이영철, 「9세기 등주항로와 신라」, 윤재운 외 지음, 『한중관계사상의 교통로와 거점』, 동북아역사재단, 2011, 238쪽.

V. 맺음말

지금까지 한성시기, 웅진시기, 그리고 사비시기에 이루어진 백제 대중 불교교류의 주요 연구 성과와 쟁점을 백제 왕권, 사상과 신앙, 그리고 불교조각 등 세 측면에서 살펴보았다.

백제의 대중교류는 중국의 정치 형세와 밀접하게 연동되어 이루어진 만큼, 불교문화 역시 대중외교 관계의 변화에 크게 영향을 받았다. 그러나 북조 문화의 영향이 강했던 고구려와도 교류가 이루어지고 있었던 만큼, 백제 불교문화의 교류 연구에서는 고구려의 영향 역시 고려해야 할 것이다. 특히 한성시기 불교문화의 형성에 대한 고구려의 영향은 좀 더 깊이 있게 논의되어야 할 부분으로 생각한다.

백제 불교문화, 특히 불교조각의 대중교류와 관련된 쟁점은 백제 불교미술의 연원 및 특성과 관련되어 있다. 이는 주로 중국의 남북조문화와의 비교 분석을 토대로 이루어지는 만큼 중국 불교조각에 대한 이해가 필수적이다. 다만 남조와 북조 유물 및 유적의 편중성으로 인해 비교 분석의 균형을 이루기 어려웠다는 점이 난점으로 작용했다. 최근 백제 지역 및 남경 지역에서 새로운 유물이 발견되고 유적이 발굴됨으로써 이후 기존 연구의 한계는 점차 극복될 것으로 생각한다.

7세기 이후 수당 통일제국의 불교문화가 백제에 유입됨으로써 백제 불교문화에 커다란 영향을 미쳤을 것이다. 새로 유입된 통일제국의 문화가 기존의 전통과 어떤 방식으로 결합하여 7세기 백제 문화를 창출했는지에 대한 논의는 본 발표문에서 다루지 못했다. 이후 이 방면에서 연구 성과가 축적되기를 기대한다.

주제발표 2

불교가 백제 사회에 끼친 영향

길 기 태 국가기록원

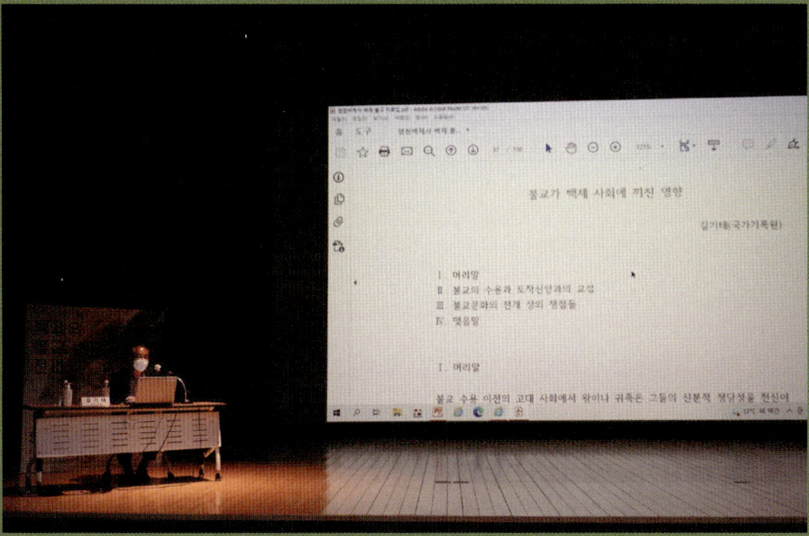

Ⅰ. 머리말

Ⅱ. 불교 수용과정에서의 갈등과 사상

Ⅲ. 度僧과 佛法의 시작

Ⅳ. 겸익 관련 기록의 신빙성

Ⅴ. 『대승사론현의기』의 찬자인 혜균은 백제인인가

Ⅵ. 山神信仰과의 교섭과 법화신앙

Ⅶ. 맺음말

Ⅰ. 머리말

불교 수용 이전의 고대 사회에서 왕이나 귀족은 그들의 신분적 정당성을 천신이나 조상신에서 찾고 있다. 자신의 계보를 천신이나 조상신에 연결하고 있는 것 등은 이를 말해준다. 이렇게 함으로써 여타의 신분 세력들이 자신들의 권위에 범접할 수 없도록 하는 효과를 가져올 수 있었다.

불교가 수용되면서 왕권의 정통성은 천신뿐만 아니라 민民으로부터 그 권위를 뒷받침받을 수 있는 장치를 갖게 되었다.[1] 『사분율』에 따르면, "왕을 세우는 까닭은 세상에 쟁송爭訟이 있는 탓이니 뭇 사람이 천거함은 예로부터 떳떳한 법칙이다."라고 하였는데, 왕의 권위를 근대의 사회계약설 측면에서 해석하고 있음을 엿볼 수 있다. 또한 『사분율』에서는 "죄를 범하는 이는 법을 알게 하고, 법에 순하는 이는 성취하게 하니 계율도 이와 같아서 왕이 바른 법을 쓰는 것과 같다."고 말한다. 이러한 내용과 백제의 불교 수용을 연결하여 보면, 백제도 불교를 수용한 384년 전후하여 불교를 통한 민民과의 접촉이 자연스럽게 이루어졌을 것이다. 이는 기왕의 토착신앙과의 접촉을 의미하며, 이들과의 관계 속에서 불교는 성장하였을 것으로 본다.

---

1 조경철, 2003, 「한성백제시대의 불교문화」, 『향토서울』 63, 180쪽.

백제사회에 불교가 수용되면서 변화된 양상은 여러 방면에서 찾아진다. 윤회전생을 통한 삶에 대한 인식의 변화, 신앙적 다양성을 통한 사상의 획일성에서의 탈피, 그리고 불교 교학의 전개 과정에서의 고차원적인 사유의 추구 등이 그것이다. 특히 불교는 사회 전반의 중심적인 이데올로기로 자리하면서 중요한 정책의 결정이나 방향성에도 많은 영향을 미치고 있는 것이 사실이다. 이와 같이 불교가 끼친 다양한 방향에서의 변화는 백제 사회의 구성원들에게 불교가 중심적인 사고의 틀로 자리잡아 가면서 가능했다고 본다.

이런 과정을 살펴보기 위해 우선 한성기 백제가 수용한 불교의 내용을 알아보고자 한다. 불교가 수용되는 과정에서의 갈등관계를 격의불교를 통해 알아보고자 한다. 그리고 불교가 전해지면서 찾아지는 업설의 수용 모습을 "복을 구하라"는 아신왕의 교지를 통해 추론해보고자 한다.

다음으로 백제 불교가 전개될 수 있는 토대가 된 것으로 생각되는 도승度僧과 불법佛法의 시작에 대한 논쟁을 살펴보고자 한다. 이어 웅진시기의 불교 중 첫머리를 차지하는 겸익과 관련된 기록의 신빙성을 검토하고자 한다. 겸익 관련 기록은 1918년에 이능화에 의해 편찬된『조선불교통사』에 유일하게 보인다. 이는 해당 자료의 신뢰성을 증명할 수 있는 여타의 자료가 존재하지 않는다는 점을 말하며, 이로 인하여 사료로서의 가치를 놓고 논쟁이 진행되어 왔다.

7세기에 찬술된 것으로 생각되는『대승사론현의기』는 당시 동아시아의 삼론학에 많은 영향을 끼치고 있다. 최근 이런『대승사론현의기』의 찬자인 혜균의 국적에 대한 논쟁이 진행되었다. 즉, 백제인으로 볼 것인가에 대한 논쟁이다. 이 과정을 살펴보면서 백제 교학 연구의 방향도 함께 생각해 보고자 한다. 그리고 마지막으로 불교가 토착신앙과 교섭화는 과정을 산신신앙을 통해 알아보고자 한다. 혜현의 달라산행이 가지는 의미를 통해 산신과의 교섭, 나아가 불교가 토착신앙과 습합되는 과정도 함께 살펴보고자 한다. 이를 통해 백제 불교가 지방으로 확산되어 가는 과정에서 법화신앙의 중요성을 부각시켜 보고자 한다.

Ⅱ. 불교 수용과정에서의 갈등과 사상

백제에서 불교가 수용되고 전개되는 초기의 과정에서 중요한 매개체는 소도가 아니었을까 한다. 『삼국지』 등 중국측 기록이나 최치원의 지적에서 보듯이 불교와 소도는 매우 유사한 성격을 가지고 있다. 이러한 내용은 불교가 정착하고 전개되는 과정에서 소도를 매개로 하였음을 추론해 볼 수 있게 한다. 특히 신라의 자장이 태백산의 갈반지라는 소도 지역에 석남원石南院(정암사淨巖寺)이란 사찰을 창건하고 있는 것은 불교의 전파 과정에서 소도의 역할을 짐작하게 한다. 이러한 사실을 통해 백제도 불교 수용 초기에 소도와 일정한 관계가 있음을 시사하는 바가 있다고 하겠다. 이는 수용 초기의 불교의 성격이 소도와 많이 닮아있음을 의미한다. 즉, 백제의 불교는 수용되는 과정에서 토착신앙과 전혀 다른 요소를 가지면서 전개된 것이 아니라 토착신앙과 유사한 모습으로 대중들에게 접근하는 것으로 해석할 수 있다. 이 과정에서 토착신앙과의 갈등은 불가피하였을 것으로 본다.

백제는 침류왕 원년에 불교를 수용하고 있다. 그리고 이듬해인 385년 2월에 신도新都 한산漢山에 사찰을 창건하고 있다. 그런데 불교를 수용한 침류왕은 재위 2년 겨울 11월에 죽음을 맞이하고 있다. 그리고 침류왕의 아들이 아니라 그의 동생인 진사왕이 재위에 오르고 있다. 진사왕은 침류왕대 불교와는 다른 분위기 속에서 정국을 운영하는 것으로 보인다. 연못을 파서 산을 만들고 기이한 짐승과 화초를 기르는 등[2] 도가 사상과 관련된 기사가 등장하고 있는 것은 이를 말해준다. 이에 따라 백제가 불교를 수용하는 과정에서 정치적 변화가 있었을 것으로 추론하기도 한다.[3]

불교가 수용되는 과정에서의 갈등관계는 일찍부터 제기되어 왔다. 개연성의 추론에 그치고 있지만, 불교라는 새로운 종교가 전래되면서, 이를 옹호하고 신앙하는 세력과 재래의 토착신앙을 묵수墨守하자 하는 세력과의 갈등과 마찰이 일어났을 것으로 추론하는 것이다. 그렇지만 백제 왕실은 통일국가를 성립시킨 이후 불교를 공인하면서 통일국가의 왕자王者로서의 권위를 세우고, 그 이전에 분립적分立的 상태의 전통을 고수하고 있던 토착신앙을 불교사상의 체계 안으로 흡수하였다는 것이다.[4] 이는 백제가 불교를 수용하면서 정치적 · 사상적 갈등이 있었을 가능성을 상정하였다는 점에서 의의를 갖는다.

그렇지만, 이후의 연구에서는 백제가 불교를 공인하는 과정에서의 갈등을 도교와의 갈등으로 정리되는 듯하였다. 그것은 막고해가 『도덕경』을 인용하고 있고, 진사왕이 도교적인 원지를 조성하고 있는 것 등에서 그 근거를 찾고 있다. 이는 근구수왕과 침류왕의 죽음이 정치적인 변고와 연결되는 것으로

---

2 『삼국사기』 권25, 백제본기 제3 진사왕 7년조.

3 이에 대해 침류왕의 短命의 원인이 분명하지 않지만, 불교의 공인 과정에서 찬반 세력의 갈등으로 보기도 하며(노중국, 1988, 『백제정치사연구』, 일조각, 130쪽 및 1998, 『역주삼국사기』 3(주석편), 658쪽), 또한 침류왕의 이른 죽음은 자연사가 아니라면서 불교 수용에 따른 대립과 갈등으로 상정하기도 한다(조경철, 2002, 「백제 한성시대 불교수용과 정치세력의 변화」, 『한국사상사학』 18, 250쪽). 또한 성윤길도 침류왕의 단명과 진사왕의 즉위를 친불교와 친도교라는 사상적 갈등과 대립의 결과로 보고 있다(성윤길, 2012, 「백제 불교 수용 전후 사상 변화에 따른 왕위 계승 관계」, 『신라사학보』 25, 32~334쪽).

4 노중국, 1988, 앞의 책, 116~117쪽. 그러나 이후 토착신앙과의 갈등이 아니라 도교와의 갈등으로 상정하게 된다(노중국, 2010, 『백제사회사상사』, 지식산업사, 400~405쪽).

이해되는 것이다.[5]

그런데 이러한 논리에 대해 의문이 없는 것은 아니다. 즉, 막고해의 『도덕경』 제44장의 이야기나, 근초고왕대 『서기』의 편찬은 오히려 불교가 공인될 수 있는 토대가 될 수 있다는 점이다. 그것은 백제가 수용하고 있는 불교의 내용이 격의불교였을 가능성에서 찾아진다. 백제가 수용한 불교의 사상적 내용이 무엇인지를 구체적으로 알려주는 자료는 남아 있지 않다. 다만 당시 동아시아에서 성행하던 불교가 격의불교라는 점에서 백제 또한 격의불교를 수용하고 있는 것이 아닐까 추론해 볼 수 있다. 특히 고구려의 경우 불교 수용 당시 사상이 격의불교라는 점에서[6] 더욱 가능성이 높다고 하겠다. 즉, 고구려 승 망명亡名이 중국 진나라 승려인 지둔支遁법사 도림道林(314~366)과 서신을 주고받고 있는 것이다. 도림은 동진의 학승으로 격의불교와 깊은 관련이 있는 인물로 알려져 있다. 도림은 도행반야를 강론하였는데, 『반야경』의 공空사상을 도교적으로 해석한 격의불교의 내용이었을 것으로 추론된다는 것이다. 그렇다면 고구려 승 망명 또한 불교에 깊은 조예가 있었을 것이며, 그 내용은 격의불교라 생각할 수 있는 것이다.

인도로부터 전래된 불교의 교의와 개념 등을 쉽게 이해시키기 위해, 그와 유사한 중국 전통적 사상과 개념을 빌려 불교를 해석한 방법을 격의라 한다. 일반적으로 격의는 위진시기 대승 반야학을 쉽게 전파하기 위해 노장철학의 용어와 내용으로 불경을 해석하는 방법을 말한다. 그리고 노장사상을 매개로 하고 노장의 사상과 절충함으로써 불교 교의를 설명하고 해석하는 방법을 격의불교라고 부른다.[7] 즉, 불교의 공空을 노자의 무無의 관점에서 개념화

---

5 앞의 주 3, 4 참조.

6 김두진, 「고구려 초전불교의 공인과 그 의미」, 『한국학논총』 36.

7 김진무, 2015, 『중국불교사상사』, 운주사, 88쪽. 김진무는 88~116쪽에 걸쳐 중국 남북조시

하고 이를 수용하는 것 등이 격의불교라 할 수 있다. 그렇다면 백제가 수용한 불교도 이러한 격의불교의 수준에서 벗어나지 못하였을 것으로 본다. 당시 백제가 새로운 교리를 개발할 만큼의 불교적인 역량을 갖추고 있다고 볼 수 없기 때문이다.

그런데 격의불교는 당시 중국에서 성행하던 현학사상과 관련이 있다. 현학사상은 청담적인 도가사상이 중심이 되는 것으로 도교와는 배척되는 것이 아니다. 그리고 백제가 막고해의 발언에서 볼 수 있는 것처럼 당시 노자의 『도덕경』을 받아들이고 있었으며, 풍납토성 발굴과정에서 발견된 운모의 존재는[8] 도가적인 면모를 보여주는 것으로 이해할 수 있다.

격의불교가 도가와 밀접한 관련이 있고, 이러한 내용의 불교를 백제가 수용하고 있었다면, 백제의 지배층에서 불교에 대해 그리 배타적이지 않았을 것으로 본다. 그것은 막고해가 노자에 대해 익히 알고 있었고, 고구려 승려 망명과 교류한 도림이 장자에 대해 깊이 알고 있었다면[9] 백제의 지배층에서도 노장사상에 대해 매우 친숙하지 않았을까 추론해 볼 수 있기 때문이다. 그렇다면 백제가 불교를 수용하던 초기에 도가세력과 갈등관계가 있었다는 주장은 재고의 필요가 있지 않을까 한다.

대의 격의불교를 역경과 강설, 그리고 찬술의 세 부분에서 그 성격을 살펴보고 있다.

8 한성시대에 이미 雲母나 梅實이 약재로 사용되고 있다는 것이 도교가 수용되어 있었다는 것을 의미하기는 하지만 이러한 도교적인 흔적이 곧 도가사상과의 완전한 결합을 의미하지는 않는다. 그렇지만 근초고왕대에 도가사상이 지배층의 중심이념으로 자리하고 있었음을 살펴볼 수 있다고 본다. 김영심이 살펴보고 있듯이 4세기 단계에는 이미 『도덕경』에 대한 이해를 바탕으로 자연과 인간에 대해 관심을 가지게 되는 것으로 보아, 백제에서는 초창기의 도교보다는 위진남북조 이래 발달해온 魏晉玄學과 아울러 도교를 받아들였을 가능성이 크다(김영심, 2010, 「백제의 도교 성립 문제에 대한 일고찰」, 『백제연구』 53, 183쪽).

9 이에 대해 중국의 전통사상에 대한 단순한 불교적 依附로 해석하기 보다는, 적극적으로 중국 사상의 본질에도 개입하고 있다는 점에서 격의의 개념을 확대해야 한다는 주장이 있다(김진무, 2015, 앞의 책, 85~99쪽).

격의불교의 수용은 불교와 도교, 불교와 유교간의 호의적인 관계를 의미한다. 불교수용기 불교와 유교의 유대 관계는 고구려 덕흥리고분 묵서명에 "석가문불釋迦文佛의 제자인 유주자사幽州刺史 진鎭의 무덤을 쓸 때 주공이 땅을 점지해 주고 공자가 날을 받아 주었으며 무왕이 시간을 택해 주었다."고 한 데서 알 수 있다.[10]

그렇다고 백제의 불교가 아무런 갈등없이 수용되었던 것은 아닌 것으로 생각된다. 우선 수용 초기 백제 불교의 기록이 영세하다는 점이다. 침류왕과 아신왕, 그리고 개로왕대에 단편적으로 보이고 있는 것은 백제의 불교가 수용과정에서 갈등을 겪고 있었을 가능성을 추론하게 한다. 백제의 한성기 불교는 침류왕이 불교를 수용하고 이듬해 한산에 사찰을 창건하고 10명을 도승하고 있을 정도로 기반은 충실하게 다져지고 있었다고 본다. 그럼에도 불구하고 불교가 백제 사회에 침투하여 가는 과정은 전혀 보이지 않는 것이다. 이는 불교가 확산되어갈 사회적 여건이 완성되지 못하였기 때문은 아닐까. 다시 말하면 백제에서 불교가 수용되었다고 하지만, 전개되는 과정에서는 다른 신앙적 기반세력과 갈등이 있었을 것으로 보는 것이다. 이러한 이유는 후술하겠지만, 웅진과 사비시기를 거치면서 백제 불교가 지방으로 확산되는 과정에서 토착신앙과 교섭하는 모습을 통해 살펴볼 수 있다. 이를

10 서영대, 1992, 「덕흥리고분묵서명」, 『역주 한국고대금석문』 1(한국고대사연구소편), 가락국사적개발연구원, 76~77쪽. 이 내용은 성왕이 일본에 불교를 전하는 과정에서도 발견되는데, 이를 통해 볼 때 백제의 불교가 다른 사상을 포용하는 전통이 이 시기에 이미 정립되었을 것으로 보기도 한다. 한편 한성시대 불교신앙을 미륵신앙으로 이해하기도 한다. 이는 고구려의 덕흥리고분군에서 발견된 묵서명 "釋迦文佛弟子"란 표현을 통해 설명된다. 즉, 석가문불제자는 미륵하생경에 등장하는 석가문불제자와 동일한 것으로, 5세기 초에 이미 고구려에 미륵신앙이 수용되어 있었음을 의미한다고 한다. 이는 고구려만의 것이 아니라 백제에서도 적용될 수 있다는 것이다. 그리고 제자란 표현을 통해서 당시 세속의 왕과 백성의 관계를 의제적인 부자관계로 추론하기도 하였다(조경철, 2003, 앞의 글, 190~192쪽).

통해 볼 때 백제의 한성기 불교는 토착신앙과의 갈등 관계 속에서 나름대로 정착하고자 하는 노력을 전개하였을 것으로 본다. 이러한 가능성을 『해동고승전』 권1 마라난타조 예찬에서 살펴볼 수 있다.

> 서민들은 일반적으로 무지하고 완고하여, 임금의 명령을 거스르기도 하고 국법을 따르지 않을 때도 있다. 그러나 일단 지금까지 한 번도 들어 보지 못했던 기적적인 일에 관해 듣거나, 보지 못했던 신기한 일을 보게 되면, 그들은 곧 개과천선하여 선한 행동을 하고 진실한 마음을 갖게 되는데, … 마라난타 스님은 그 시기를 잘 이용하였기 때문에 옛 사람의 절반을 일하고도, 그 업적은 갑절을 이루었다. (『해동고승전』 1, 마라난타조)

위의 기록은 침류왕이 불교를 수용한 목적을 잘 설명해주고 있다. 백성들이 왕명王命과 국명國命을 따르지 않아 붓다의 권위를 빌려 백성을 다스리기 위함이라는 것이다.[11] 이는 "임금의 명령을 거스리기도 하고, 국법을 따르지 않을 때도 있다."는 표현으로 확인된다. 그런데 이러한 표현은 토착신앙의 분립적인 모습에서 비롯된 것이 아닐까 한다. 당시 신앙체계는 족단별로 자기 조상을 섬기는 조상신앙이라든가, 각 집단이 자신이 근거하고 있는 지역의 산천에 제사하는 산천신앙 등이 그것이다. 이러한 신앙적 양태는 지역별로 그리고 정치집단별로 개성을 강조한 것이어서 분립적인 성격을 갖는 것이다.[12] 이러한 내용은 한편으로 토착신앙의 다양한 모습을 보여주는 것으로, 국가가 전체적인 신앙체계를 장악하지 못하였음을 의미하는 것으로 이해할 수 있다.

---

11 조경철, 2002, 앞의 글, 250쪽.

12 노중국, 2015, 앞의 책, 399쪽.

한편 이러한 내용은 근구수왕 이후 점차 약화되어 가던 왕권의 모습을 보여주는 것이라 할 수 있다.[13] 즉, 불교를 수용한 목적이 왕권의 강화에 있었음을 말해주는 것이라 할 수 있다. 또한 마라난타의 신이성을 필요로 했던 이유이기도 하다. 초기에 유입된 불교가 왕권을 중심으로 수용되었던 것도 이와 관련이 있다. 여기서 신이적인 행위는 기존에 토착신앙에서 담당하던 것으로, 불교의 수용은 그 주체가 변화되고 있음을 말해준다.

또한 개로왕이 고구려 승려 도림을 받아들이고 있음은 침류왕대 수용한 불교와는 다른 맥락이라는 점도 고려된다. 도림과 관련하여 다음의 내용이 『삼국사기』에 전해지고 있다.

> 이에 앞서 고구려 장수왕이 몰래 백제를 도모하려 하여 그곳에서 간첩할 만한 자를 구하였다. 이때 승려 도림道琳이 응모하여 말하였다. "어리석은 이 중은 아직 도道는 알지 못하지만 국은國恩에 보답하고자 생각합니다. 바라옵건대 대왕은 신臣을 불초不肖하다 하지 마시고 지시하여 그것을 하도록 한다면 기필코 왕명王命을 욕되게 하지 않겠습니다." 왕이 기뻐하여 몰래 보내 백제를 속이게 하였다. 이에 도림은 거짓으로 죄를 짓고 도망하여 온 것같이 하여 달아나서 백제로 들어왔다.[14]

도림의 존재에 대해서는 회의적인 연구가 있다.[15] 도림의 기사記事는 전국시대 소진蘇秦의 고사故事에서 모티브를 얻었고, 바둑에 일가견을 가진 지둔

13 길기태, 2012, 「한성백제의 대외교류와 불교」, 『백제연구』 55.

14 『삼국사기』 권25, 백제본기 개로왕 21년조.

15 이도학, 1985, 「한성말 · 웅진시대 백제왕위계승과 왕권의 성격」, 『한국사연구』 50 · 51합집, 7쪽.

도림支遁道林의 '도림道林'에서 주인공 이름과 개로왕에게 접근하는 수단을 연상해서 만든 설화로 보고 있다.[16]

승려 도림은 고구려 장수왕이 백제를 도모하기 위해 백제에 잠입시킨 인물이다. 개로왕은 대왕의 권위를 세우기 위해 궁궐을 중수하고 성곽을 쌓고 선왕의 능침을 정비하는 대대적인 토목공사를 실시한다. 이로 인해 결국 창고가 텅 비고 백성이 곤궁하게 되어 민심을 잃게 된다.[17]

이는 개로왕의 입장에서 당시 정치적 영향력이 컸던 해씨 일가를 견제하고자 하는 데서 사상적으로 성격이 다른 외국의 승려 도림을 등용하게 된 것으로 보기도 한다.[18] 이러한 결과 백제 지배층과 불교계 내부에서 분열이 발생하게 된 것으로 이해하는 것이다.

그것은 도림이 북조의 불교와 연결되어 있는 데서 찾아진다. 당시 고구려의 불교가 북조의 영향을 받고 있었다는 점에서[19] 도림 불교의 성격은 북조적이라 할 수 있는 것이다. 그리고 당시 북조의 불교는 남조의 『사문불경왕자론』을 통하여 불교와 국가권력이 서로 침범하지 않는 것과는 다른 방향으로 전개되고 있었다. 『위서魏書』「석로지釋老志」에 따르면 당시 북조 지역 승려들의 지도자였던 법과法果가 "태조는 밝고 뛰어나 불도佛道를 좋아하시니, 곧 지금의 여래와 같다. 따라서 사문은 마땅히 예의를 다해야 한다."고[20] 하

---

16 이도학, 2007, 「『삼국사기』 道琳 記事를 통해 본 百濟 蓋鹵王代」 政治 狀況」, 『선사와 고대』 27, 30~43쪽.

17 『삼국사기』 권25, 백제본기 개로왕 21년조.

18 조경철, 2003, 「한성백제시대의 불교문화」 『향토서울』 63, 203쪽. 이런 이유로 인해 당시 백성들의 불교에 대한 불신을 초래하게 되었고, 교단 운영의 재검토 및 승니들의 보다 엄격한 계율 준수가 필요함을 절감하는 계기가 되었다고 보기도 한다(심경순, 2020, 「고대 백제승 연구」, 전주대대학원 박사학위논문, 25쪽)

19 정선여, 2007, 『고구려 불교사 연구』, 서경문화사.

20 『魏書』 釋老志.

여 황제를 부처의 화신으로 대하고 있다. 이러한 상황은 북위가 439년에 북방을 통일하고 승관제도를 확립하면서 더욱 강화된다. 불교가 철저히 황권 아래 복속된 것이다.[21] 북위의 도무제를 비롯하여 명원제, 효문제와 선문제 등이 모두 정치적 필요와 개인적인 신앙으로 불교를 중시하고 거대한 불사佛事를 일으키는 것도 이와 관련이 있는 것이다.

그렇다면 개로왕이 고구려의 승려를 받아들이고 있는 것은 어떻게 해석해야 할까. 그것은 당시 백제 불교가 가졌던 신앙적·사상적 성격과는 다르다고 이해할 수 있다. 개로왕대의 정치가 대왕제로 확립되고 있다면,[22] 도림을 받아들이고 있는 배경을 이해하는데 도움을 줄 것으로 본다. 개로왕은 왕권 강화에 관심이 많았으며 북조불교의 왕즉불사상王卽佛思想을 도림을 통해 받아들이고자 한 것이다.[23] 그렇다면 이는 침류왕대 수용되어 전개되어 온 불교 교단과 왕권이 갈등관계에 있었음을 의미한다. 또한 당시 수용된 불교가 백제사회에서 탄탄하게 뿌리를 내리지 못하고 있었던 것에서도 그 원인을 찾아야할 것으로 본다.

그러나 이러한 가능성은 존재하지만, 이를 사실로 받아들이기에는 더 많은 연구가 있어야 한다. 다시 말하면 한성시기의 불교적 성격에 북조적 요소가 어느 정도 담겨져 있는지를 살펴보아야 한다. 더욱이 불교 사상적인 내용이 기록으로 남아 있지 않아 이를 명확히 하기는 쉽지 않다. 다만 개로왕대 북조와 외교관계가 성립되어 있어 서로 문서를 교환하고 있는 것은 이를 추론할

---

21 김진무, 2015, 「위진남북조의 불성론 전개」, 『중국불교사상사』, 운주사, 192쪽.

22 이도학, 2007, 「『삼국사기』 道琳 記事를 통해 본 百濟 蓋鹵王代」 政治 狀況」, 『선사와 고대』 27, 48쪽. 노중국도 개로왕대 왕권의 신장과 왕실의 위엄을 과시하기 위한 방안으로 도림을 받아들이고 있다고 이해한다(노중국, 1988, 앞의 책, 145쪽)

23 조경철, 2015, 「불교의 홍포와 해씨」, 『백제불교사연구』, 지식산업사, 91~93쪽. 도림의 활동과 관련해서는 심경순, 2001, 「6세기 전반 겸익의 구법활동과 그 의의」, 이화여대 석사학위논문, 20쪽 참조.

수 있는 한 방편으로 보여진다. 백제가 고구려를 더욱 고립시키기 위해 대북위 외교를 새롭게 시도한 것은[24] 이러한 백제의 사정을 말해주는 것으로 이해할 수 있으며, 도림의 존재도 이러한 선상에서 살펴볼 수 있을 것으로 본다.

백제가 수용한 한성시기 불교의 또 다른 내용은 업설의 수용이다. 이는 아신왕의 교지를 통해서 살펴볼 수 있다.

> 불법을 믿어 널리 복을 구하라.(『삼국유사三國遺事』 홍법興法, 난타벽제難陀闢濟)

위의 내용은 아신왕의 교지이다.[25] 아신왕은 왕위에 오르면서 불법을 널리 믿을 수 있도록 홍포하고 있다. 위의 내용에서 살펴볼 수 있는 것이 복에 담겨진 업설의 의미이다.[26] 복福은 한역漢譯된 불교 경전에서 많이 사용되는 용어이다. 불교 경전 속의 복福은 범어로 puṇya(빨리어로는 puñña)의 역어譯語로 쓰인다. 이는 좋은 일, 즉 좋은 행위 혹은 그것이 가져다 주는 바람직한 보답이라는 의미를 지닌다. 선과善果와 선인善因이란 의미를 동시에 지니고 있다. 따라서 복福은 과거 바람직한 행위에 대한 보답으로서 좋은 결과이면서 동시에 미래의 좋은 결과를 위한 바람직한 행위이다.[27] 복福이란 개념에 업보사상이 담겨져 있음을 알 수 있다.

---

24 김수태, 2016, 「백제 개로왕대의 대외관계」, 『개로왕의 꿈, 대국백제』, 백제학연구총서 쟁점백제사 8, 한성백제박물관.

25 아신왕은 392년 12월에 정식으로 왕위에 오르고 교지를 내리고 있다. 여기서 392년 2월은 성립되지 않는데, 조경철은 2월에서 十이 누락되었을 가능성을 상정하고 있다(조경철, 2014, 「『삼국유사』 홍법 난타벽제조와 백제의 불교수용」, 『신라문화제학술발표논문집』 35, 188쪽).

26 길기태, 2021, 「한성시기 백제인의 불교수용과 생사관의 변화」, 2021년 국립대학육성사업 백제학술세미나 자료집, 충남대 국사학과.

27 조윤호, 1999, 「복의 불교철학적 이해」, 『용봉인문논총』 28, 전남대 인문학연구소, 29쪽.

그런데 복을 얻는 방법은 『장아함경長阿含經』「유행경遊行經」에서 찾아볼 수 있다. 즉, 보시와 지계, 그리고 선정이다.

> 세 가지 인연에 의해 이같은 복의 과보를 얻었다. … 하나는 보시를 한 것이요, 둘째는 계율을 지킨 것이요, 셋째는 선정을 한 것이다. … 나는 지금 이미 인간세계에 있어서의 복의 과보를 받았으니 더 나아가 천상계의 복을 받기 위한 업을 쌓도록 하자.[28]

위의 내용을 보면 보시와 지계, 그리고 선정을 통하여 과보를 얻어 인간세계에 태어나게 되었음을 설명하고 있다. 불법을 믿어 복을 얻는다는 것은 업보와 관련이 있음을 말해주는 것이다. 그리고 복福의 과보를 얻는 세 가지의 방법 중에서 첫째인 보시는 다른 사람에게 조건없이 주는 이타심을 말한다. 지계와 선정이 개인적인 관점에서의 복福의 과보果報를 받는 방법이라면, 보시는 타인과의 관계 속에서 얻어지는 것으로 이해할 수 있다. 옷이나 밥, 그리고 우물 등이 도덕적 선행을 복덕의 과보를 얻는 방법이라 밝히고 있는 데서도[29] 살펴진다. 그리고 이러한 보시는 공동체 사회를 유지하는 데 있어 필수적인 요소이다.[30]

그런데 고구려도 불교 수용 초기에 복福을 강조하고 있는 모습이 발견된다. 즉, 이불란사伊佛蘭寺란 사찰명의 옛 기록이 흥복사興福寺라는 것은 고구

---

28 『長阿含經』「遊行經」(大正藏1 23C 10~11쪽.)

29 『增一阿含經』「七日品」(대정장2, 741C 4~20쪽.

30 윤회와 업사상이 성립되면서 불교경전에서는 종종 福(puṇya)을 善으로 번역하기도 하는데. 이는 '善行에 의해 복락이 생긴다.'는 사고가 확립되었기 때문으로 이해된다(조윤호, 1999, 앞의 글, 36쪽). 이는 다른 한편으로 '福을 구하라'는 의미가 단순히 불법의 포교가 아닌 공동체를 유지하는 중요한 방편이 된다.

려가 불교 수용의 초기부터 현세적인 의미의 복福을 구하고 있음을 알 수 있게 한다. 신라 또한 천경림에 사찰을 창건하면서 나라의 복과 관련이 있는 것으로 생각하고 있다.

이처럼 백제의 불교 수용 초기는 격의불교적 성격을 가지고 있으며, 이는 불교가 도교와의 갈등 속에서 수용되었다는 것과는 거리가 있어 보인다. 오히려 신이성을 강조한다는 점에서 토착신앙과의 유사성을 지니고 있는데, 이것이 불교와 토착신앙이 일정한 갈등을 가지고 전개되는 것으로 이해할 수 있다. 그리고 당시의 불교는 업설을 받아들이고 있는데, 이는 아신왕의 "복을 구하라"는 교지를 통해 확인된다.

Ⅲ. 도승(度僧)과 불법(佛法)의 시작

침류왕은 즉위 원년인 384년에 불교를 수용하고 이듬해 한산에 사찰을 창건하면서 10명을 도승하고 있다. 그런데 신라 진흥왕도 홍륜사를 낙성하면서 도승하는 기록이 보인다.

> 침류왕 2년(385) 봄 2월에 한산에 불사를 세우고 10명을 도승하였다.
>
> (『삼국사기』 권24 백제본기 침류왕조)

> 진흥왕 5년(544) 2월에 홍륜사興輪寺가 낙성되었다. 봄 3월에 출가를 허락하여 중이 되어 부처를 받드는 것을 허락하였다.
>
> (『삼국사기』 권4, 신라본기 진흥왕조)

위의 기록을 보면 백제와 신라의 도승에는 약간의 차이가 보인다. 우선 백제는 한산에의 사찰 창건과 도승을 시간차 없이 기술하고 있다. 이러한 예는 법왕 2년에 왕홍사를 세우고 30인을 도승하였다는[31] 기록에서도 보인다. 이

---

31 『삼국사기』 권27, 법왕조.

에 반해 신라의 경우 진흥왕대 흥륜사의 예에서 보듯이 사찰을 완공하고 다음 달에 도승을 허락하고 있다. 여기서의 도승度僧은 백제도 같은 해석이 가능하지만 출가를 허락한다는 의미 외에 구족계를 받아 정식으로 승려가 됨을 의미하는 것으로 보인다.[32] 그리고 침류왕이나 법왕, 그리고 신라 진흥왕의 도승은 그 사찰의 복전福田을 삼기 위한 것으로 보기도 한다. 그러나 한산의 사찰이나 흥륜사가 백제와 신라에서 최초의 사찰이라는 점을 고려할 때, 도승度僧의 의미는 단순한 복전福田의 의미에 머물지 않는다. 그것은 신라가 진흥왕대 도승을 처음 실시한(544년) 후 6~7년이 지난 550년과 551년에 걸쳐 승관제를 실시하고 있다는 점이다. 승관제가 실시되기 이전에 도승이 실시됨으로써 불교가 국가적으로나 사회적으로 기반을 다질 수 있는 기본적인 토대를 갖추게 되었음을 의미한다. 이는 기존의 사도승私度僧의 길을 차단하고, 국가 차원에서 불교가 통제되는 방향으로의 전개를 의미한다.

침류왕은 불교를 수용한 이듬해 새로 도읍한 한산주에 절을 짓고, 10명의 승려를 도승度僧하고 있다. 10명의 승려는 백제가 불교를 받아들이자마자 도승度僧한 기록으로, 우리나라 불교사상 처음 보인다. 10명의 승려는 승가를 구성하는 기본 단위로 백제에서 3사7증에 의하여 정식으로 승려를 배출할 수 있는 제도를 갖추었음을 말해주는 것으로 이해할 수 있다.[33]

10명의 도승은 백제 불교사에서 중요한 의미를 갖는다. 10명의 승려가 구족계를 받았다는 것은 승려들의 공동체인 승가가 정비되었음을 의미하기 때문이다. 정식으로 승려가 되기 위해서는 구족계를 받아야 하는데, 앞서 살펴본 바와 같이 구족계를 줄 수 있는 최소한의 승가 구성원이 10명인 것이다. 10명은 삼사칠증三師七證으로 계화상戒和尙, 갈마사羯磨師, 교수사敎授師 등

32 여성구, 2006,「신라인의 출가와 도승」,『진단학보』101, 81쪽.

33 조경철, 2014, 앞의 글, 175쪽.

삼사三師와 입회하여 증명하는 칠증七證의 존재를 통하여 백제가 수용 이후에도 불교가 꾸준히 전개될 수 있는 기반을 닦았다고 보아야 할 것이다. 10명의 도승은 백제 불교가 간단없이 전개될 수 있었다는 하나의 예시로 받아들여질 수 있다고 하겠다. 이런 면에서 백제에서 불교 교단은 385년 10명이 도승되면서 성립된 것으로 보기도 한다. 다만 구족계의 수계의식은 이후로 10년이 지난 시점에서 가능한 것으로 이해하기도 한다[34]

『삼국사기』는 백제 불교의 시작을 마라난타가 입국한 연대로 언급하고 있는데[35] 반하여, 『삼국유사』는 절의 창건과 도승을 백제 불교의 시작으로 평가하고 있다. 절의 창건과 도승은 승가의 성립을 말하는 것으로[36] 『삼국유사』가 불교의 전문가인 승려의 입장에서 쓰여진 결과가 아닐까 한다. 이러한 예는 고구려에서도 살펴진다. 고구려의 경우 사찰의 창건을 해동불교의 시작으로 평가하고 있다.[37] 고구려의 불법 시작은 사찰 창건으로부터 3년이란 시간적 차이를 두고 있으나, 백제는 9월에 마라난타가 백제에 오고 다음 해 2월에 사찰이 창건될 만큼 시간적으로 연속선상에서 이루어지고 있다고 보는 것이다. 또한 고구려의 경우 전진에서 순도와 함께 불상과 경문 등이 전해지고 있으나, 소수림왕은 이를 적극적으로 수용하려는 의지를 보이지 않았다고 판단한 것이 아닌가 한다. 소수림왕은 전진으로부터 불교를 전해 받은 즉시 수용하지 않고 3년이란 시간적 공간을 두고 있음을 알 수 있다. 이는 불교를 수용함에 있어 소수림왕이 귀족세력과의 교감 속에서 정착되기까지의 시

---

34 심경순, 2020,「고대 백제승 연구」, 전주대대학원 박사학위논문, 24쪽. 율장에서 10명의 비구가 있어야 구족계를 줄 수 있는 계단이 성립된다. 이때 10명의 비구란 수계를 증명하는 증인으로 '三師七證'이라고 한다. 三師 가운데 和尙이 포함되어야 하며 화상이 되려면 출가 후 10년이 경과해야 한다(平川彰, 박용길 역, 『율장연구』, 토방, 1995, 554~557쪽).

35 『삼국사기』 권24 백제본기 침류왕.

36 조경철, 2014, 앞의 글, 175~176쪽.

37 『삼국사기』 소수림왕 5년조.

간이 필요하였던 것으로 풀이된다.[38] 이러한 사정이 갈등을 가져왔는지에 대한 직접적인 기록이 보이지 않아 단정하기는 힘들다. 다만 고구려의 불교수용이 곧바로 이루어지지 않고 있는 것은 확실해 보인다. 그래서 재위 4년에 다시 아도가 고구려를 찾고 있으며, 5년 2월에서야 비로소 사찰을 창건하고 있는 것이다. 그러나 백제는 동진에 사신을 보내 불교를 직접 수용하고 있기 때문에 마라난타를 맞아들이는 시기를 백제불교의 시작으로 보는 것이다. 이에 대해 백제의 경우 마라난타가 예경을 받은 침류왕 원년(384)보다는 한산에 절을 짓고 10명의 승려를 배출한 침류왕 2년(385)에 불교가 공인되었다고 보는 것이 타당한 것으로 보기도 한다.[39]

38 길기태, 2012, 앞의 글.

39 노중국, 2010, 『백제사회사상사』, 지식산업사, 398~399쪽.

Ⅳ. 겸익 관련 기록의 신빙성

백제 불교는 한성 시기에 수용된 이후 웅진 시기에 이르러 본격화된 것으로 보인다. 문헌이나 고고학적 자료가 등장하는 시기가 무령왕대인 것에서 찾아진다. 그리고 이 시기에 대표적인 불교기록이 『삼국유사』에 포함된 대통사의 창건과 수원사, 『조선불교통사』[40]에 나오는 흥륜사와 미륵불광사, 그리고 겸익에 대한 기록이다. 이 중 겸익과 관련된 기록은 백제 불교를 이해하는데 있어 매우 중요한 위치를 차지한다. 내용적으로 백제 불교가 중국과는 다른 독자적인 방향으로 전개될 수 있는 개연성을 갖게 하기 때문이다. 겸익과 관련하여 논란이 이어지고 있는 것도 이와 무관하지 않다.

이와 관련하여 우선 논란이 되는 것은 자료의 신빙성이다. 백제의 불교 관련 기록 중 『조선불교통사』에서만 확인되는 유일한 기록이 백제 승려 겸익의 인도 구법행과 율장의 전래를 서술한 「겸익재범본지율문謙益齎梵本之律文」

---

40 『조선불교통사』는 고대부터 근대에 이르기까지 한국불교사 전체의 흐름을 시기별, 주제별로 나누어 총 정리한 자료집의 성격을 갖는다. 이능화는 이 책을 출간하기 전에 작성한 글에서 당시 승려들이 조선 불교의 역사를 알지 못하고, 계통적인 역사 서술이 없다는 점을 지적하고 있다. 그리하여 불교사에 대한 계통적 이해를 도모하고 참고할 자료를 제공하기 위해 많은 노력을 기울였음을 밝히고, 이 책을 통해 불교의 유통과 불교의 유포가 이루어지길 바란다고 하였다. (이능화, 1917, 「朝鮮佛教通史에 就하야」, 『조선불교총보』 6)

이다.[41] 겸익이 인도로 유학하여 5년간 범어를 배웠고, 아비달마와 율장을 가지고 귀국하여 흥륜사에서 번역하였다는 내용이다. 그리고 이 기록의 근거로 제시하고 있는 것이 「미륵불광사사적彌勒佛光寺事蹟」이다. 『조선불교통사』에 보이는 삼국의 불교관련 기록은 모두 당시 전해지는 기록을 토대로 작성한 것으로 보인다. 그런데 해당 기록의 근거가 되는 「미륵불광사사적」은 현재 전해지지 않고 있다. 그래서 이 기록에 대한 신빙성이 의심을 받고 있는 것이다. 그렇지만 『조선불교통사』에 기록된 내용이 당시 전해지고 있던 기록을 토대로 작성되고 있다는 점은 겸익과 관련된 기록 또한 전혀 신빙성이 없는 것으로만 볼수는 없다고 생각된다. 실제로 이능화는 10여 년간의 자료수집 기간을 가졌고, 당시 전해지던 대표적인 사서史書뿐만 아니라 고승高僧 비문碑文과 사적기事蹟記, 중수기重修記, 행장行狀 등의 자료를 토대로 작성하고 있는 것이다. 이는 겸익과 관련된 기록 또한 당시 전해지던 자료를 바탕으로 구성되었다는 것을 말해준다.

「미륵불광사사적」이 『조선불교통사』에 유일하게 전해지고 있을 뿐만 아니라 백제 율종의 시조로 평가받으면서도 그의 후계자들이 등장하지 않는다는 점에 주목하여 신빙성을 논하기도 한다.[42] 이러한 이유로 겸익과 관련된 연구가 본격화되지 못하고 있는 것으로 본다. 특히 그가 귀국할 때 가지고 왔다는 '아담장阿曇藏'과 '오율문五律文'의 존재는 명확하게 밝혀지고 있지 않은 것이 사실이다. 또한 겸익과 관련된 기록이 왜 중국이나 우리나라의 승전에 전혀 나타나지 않는가 하는 점이다. 이에 대해서는 겸익이 중국을 거쳐 인도로 가고 있기는 하지만, 중국에서의 활동이 오랫동안 이루어지지 않았고, 인

41 김용태, 2015, 「『조선불교통사』를 통해 본 이능화의 불교 이해」, 『애산학보』 41. 49~50쪽.

42 小玉大圓, 1994, 「百濟求法僧謙益とその周邊」, 『한국사상사학』 6, 373쪽.

도로 곧장 가서 구법활동을 하였기 때문으로 이해하기도 한다.[43] 그러면서 겸익의 귀국 이후 백제 불교교단의 발전이 본격화되고,[44] 계율주의적 경향이 현저하게 나타난다는 점은 이능화의 겸익관련 자료에 대한 사료로서의 신빙성을 더해준다는 것이다.

일본에 전해진 선광사연기가 백제와 인도와의 직접적인 교류를 암시하고 있다는 점을 들어 이 기록의 신빙성을 논증하기도 한다.[45] 1907년 부여 규암에서 출토된 맨발의 관능적인 금동관음입상이 중인도의 굽타양식과 관계를 연상시킨다는 김춘실의 의견을[46] 들고 있다. 또한 백제 성왕대 인도와의 교역이 이루어지고 있음도 그 증거로 내세우고 있다. 즉, 백제 성왕32년(554)에 백제가 왜倭에 보낸 물품 가운데 양모羊毛를 주성분으로 하는 페르시아 직물로서 북인도 지방에서 산출되는 탑등毾㲪의[47] 존재를[48] 통해 설명된다는 것이다. 기록에 탑등毾㲪이 페르시아어로 Taptan · Tapetan의 한자어 표기라고 하며, 탑등의 산지는 천축국이라 하듯이 인도에서 품질 좋은 탑등이 산출된다고 한다. 백제인들은 이를 동남아시아를 통해 수입하였을 것으로 보는데, "또 백제 사인使人이 곤륜 사신을 바다 속에 던져 버렸다."라는 기록에서[49] 확인된다는 것이다.

이능화의 『조선불교통사』에 기록된 겸익 관련 내용을 살펴보면 다음과 같다.

---

43 심경순, 2001, 「6세기 전반 겸익의 구법활동과 그 의의」, 『이대사원』 33 · 34, 32쪽.

44 서경수 · 안계현 외, 1973, 「삼국시대 초기불교교단 형성에 관한 연구」, 『동국대학교논문집』 12, 135쪽.

45 이도학, 2017, 「백제와 인도와의 교류에 대한 접근」, 『동아시아불교문화』 29, 85~91쪽.

46 김춘실, 2004, 「중국 산동성 불상과 삼국시대 불상」, 『미술사논단』 19, 한국미술사연구소, 33쪽.

47 이용범, 1969, 「처용설화의 일고찰」, 『진단학보』 32, 진단학회 ; 1989, 『처용연구논총』, 울산문화원, 258쪽.

48 『일본서기』 권19, 흠명기 15년 12월조.

49 『일본서기』권24, 황극기 원년 2월조.

① 불기 1553년 병오 4년(신라 법흥왕 13년 고구려 안장왕 8년 양 보통 7년) 백제 사문 겸익은 중인도 상가나사에 들어가 범문梵文을 배우고 율부律部를 전공하였다. 인도 승 배달다삼장과 함께 범본梵本 율문을 가지고 귀국하여 율부 72권으로 번역하니, 이것이 백제 율종의 시초이다. 담욱, 혜인 두 법사는 율소律疏 36권을 저술하였다.

②「미륵불광사사적」에 이르기를, 백제 성왕 4년 병오년 사문 겸익은 계율을 구하기로 맹세하여 바다를 건너 중인도의 상가나대율사에 이르렀다. 범문을 배운지 5년만에 천축의 말에 환히 통하였으며, 율부를 깊이 전공하여 계의 본체를 장엄하게 하였다. 그리하여 인도 승 배달다삼장과 함께 범본 아비담장과 5부 율문을 가지고 귀국하였다.

③ 백제왕이 우보(의식용 해가리개)와 고취(풍악)로써 교외에서 맞이하여 흥륜사에 머물게 하였다. 국내의 명승 28인을 불러 모아 겸익과 같이 율부 72권을 번역하게 하였으니, 이것이 바로 백제 율종의 비조가 되었다. 이에 담욱, 혜인 두 법사가 율부의 소疏 36권을 저술하여 왕에게 바쳤다. 왕은 비담과 신율의 서문을 지어 태요전에 받들어 간직하였다. 왕은 장차 새겨서 널리 펴고자 하였으나 얼마 안 있어 붕어하였다.(『조선불교통사朝鮮佛教通史』 상편上篇 불화시처佛化時處1 미륵불광사사적彌勒佛光寺事蹟)[50]

---

50 ① 佛紀一五五三年 丙午四年(新羅法興王十三年高句麗安藏王八年梁普通七年) 百濟沙門謙益 入中印度常伽那寺 學梵文攻律部 與梵僧倍達多三藏 齎梵本律文歸國 譯成七十二卷 是爲百濟律宗之始 曇旭惠仁兩法師 著律疏三十六卷
② 彌勒佛光寺事蹟云 百濟聖王四年丙午 沙門謙益 矢心求律 航海以轉至中印度常伽那大律寺 學梵文五載 洞曉竺語 深攻律部 莊嚴戒體 與梵僧 倍達多三藏 齎梵本阿

위의 내용은 구법승 겸익이 유학하여 구법활동을 하고 귀국하여 국내에서 활동하는 내용이 담겨져 있다. 내용을 살펴보면 겸익의 입축 구법의 목적이 성지순례, 유학 그리고 경전을 얻어 귀국하는 것으로 이해할 수 있다.[51] 구체적으로는 겸익이 상가나대율사에서 공부하고 율장을 깊이 공부했을 뿐만 아니라 오율문을 가지고 귀국했다는 점에서 율장을 구하기 위한 것으로 이해된다.[52] 이를 승단의 질서를 유지하고 출가자들이 지켜야 할 계율을 세우기 위한 것으로 이해하는 것이다.

그런데 겸익이 구법활동을 떠나는 5세기 초에는 법장부의 사분율, 화지부의 오분율, 설일체유부의 십송율, 대중부의 마하승기율 등이 전해진 상태였다.[53] 다만 음광부의 경우 전하는 율장은 없고 계본戒本인『해탈계경』1권만 전하며, 이것 또한 543년 번역되고 있다. 이러한 이유로 당시 중국의 승려들은 완전한 오부율五部律이 인도에 존재한다고 믿고 있었고, 이러한 전승은 현장의 시대까지 유포되어 있었다고 한다.[54] 그리고 이러한 생각은 중국 뿐만 아니라 백제에도 존재하였을 가능성이 있다고 한다. 이러한 이유로 겸익도 인도에 완벽한 오부율이 존재한고 있다고 생각하여 그것을 직접 구하기 위해 인도로 구법을 떠났을 가능성이 상정된다.[55] 이는 당시 승려 헌정獻正이

曇藏五部律文歸國

③ 百濟王 以羽葆鼓吹 郊迎 安于興輪寺 召國內名釋二十八人 與謙益法師 譯律部七十二卷 是爲百濟律宗之鼻祖也 於是 曇旭惠仁兩法師 著律疏三十六卷 獻于王 王作毘曇新律序 奉藏于台耀殿 將欲剞劂廣佈 未遑而薨(『朝鮮佛敎通史』上篇 佛化時處1 彌勒佛光寺事蹟(『朝鮮佛敎通史』上篇 佛化時處1 彌勒佛光寺事蹟) 원문 및 해석은『역주 조선불교통사』1, 동국대학교출판부, 2010 참조.

51 계미향, 2016,「한국 고대의 천축구법승 연구」, 동국대대학원 박사학위논문, 104쪽.

52 심경순, 2020,「고대 백제승 연구」, 전주대학교 대학원 박사학위논문, 22쪽.

53 平川彰, 박용길 역, 1995,『율장연구』, 토방, 131~174쪽.

54 심경순, 2020, 앞의 글, 23쪽.

55 小玉大圓, 1994,「百濟求法僧謙益とその周邊」,『한국사상사학』6, 403쪽.

근본유부율이 중국에 전해지지 않은 상태에서 멀리 서역에 가서 음광부의 율을 찾으려고 서원을 세웠지만 총령이 험절하여 이 책을 얻지 못했다는 기록을[56] 통해 확인된다.

겸익이 가져온 범본 아담장과 오율문에 대해서는 아비담장과 오부율문으로 해석하여 소승삼장의 논장을 가리킨다는 견해가 일찍이 제기된 바가 있다. 인도에서는 소승 20부파가 모두 독자적인 논장을 소유하고 있었는데, 당시 중국에서 아비담장이라면 으레 소승 20부파 가운데 설일체유부의 것을 가리켰을 것이므로 겸익이 가져 왔다는 아비담장도 그것이었을 것으로 보는[57] 견해이다.

겸익의 유학시기에 대한 논란도 있다. 채인환은 겸익의 유학시기를 526년부터 531년으로 보고 있다. 그리고 귀국할 때 가져온 아담장阿曇藏과 오율문五律文에 대해 각각 논장과 오부의 율문으로 해석하고 있다. 또한 오율문을 71권으로 번역하였다고 본 것이다. 성왕대는 이에 기초하여 계율불교가 성행할 수 있었다고 보았다.[58] 이에 대해 소옥대원은 겸익이 무령왕대에 구법활동을 떠나 성왕 4년(526)에 귀국한 것으로 보았다.[59] 조경철도 사비천도 등의 정치개혁을 할 수 있었던 배경으로 대통사의 창건과 겸익의 율정정비를 들고 있다.[60] 심경순은 겸익이 인도로 유학한 시기를 무령왕 12년(512)에 출발하여 성왕 4년(526)에 귀국한 것으로 보아 전체적인 구법활동 기간을 10여 년으로 보고 있고, 또한 율부 72권에 대해서도 백제에서 번역된 권수가 아니라 겸익

56 『출삼장기집외』, 동국역경원, 2000, 82쪽, "是故名爲迦葉毘 此一部律不來梁地 昔先師獻正 遠適西域 誓尋斯文 勝心所感 多値靈瑞而葱嶺險絶 弗果茲典 故知此律於梁土衆僧未有其緣也."

57 고익진, 1989, 『한국고대불교사상사』, 동국대출판부, 123쪽.

58 채인환, 1983, 「겸익의 구율과 백제불교의 계율관」, 『동국사상』 16.

59 小玉大圓, 1994, 「百濟求法僧謙益とその周邊」, 『한국사상사학』 6.

60 조경철, 2004, 「백제 사택지적비에 나타난 불교신앙」, 『역사와 현실』 52.

이 귀국 시에 가져온 범본으로, 논장과 율장을 포함하는 권수로 보고 있다.[61] 한편 이 당시 양의 불교는 백제가 체계적인 계율을 통해 교단을 정비하고 승려들의 자질을 향상시켜주는 역할에 미흡하였고,[62] 이러한 이유로 겸익은 음광부의 율과 소승의 제율諸律을 가져오고 있으며, 계율 수행을 위해 중국이 아닌 불교의 본원지 인도로 구법활동하게 된 것으로 풀이하고 있다.[63]

다음으로 주목할 내용은 백제의 흥륜사와 신라의 흥륜사의 관계이다. 백제 성왕은 겸익이 가져온 아담장·오율문과 더불어 겸익과 배달다삼장을 흥륜사에 주석토록 하고 있다. 이 흥륜사에 대해서는 무령왕대 창건된 것으로 보기도 하며,[64] 흥륜사에서 율부가 번역되고 주석서가 만들어졌다는 점에서, 그리고 계율이 미륵신앙과 밀접한 관련을 갖는다는[65] 점에서 흥륜사는 미륵불을 모신 사찰로 이해하기도 한다.[66] 신라가 최초의 절을 흥륜사라 하고 여기에 미륵불을 주불로 모신 것은 백제의 영향이라는 것이다.[67] 백제 불교는 이후에도 신라에 계속적으로 영향을 주고 있는데, 진자가 수원사를 찾은 것은 이를 뒷받침해준다고 한다.

기록상 고대 국가 중에서 최초의 구법승인 겸익과 관련하여 주목되는 것

61 심경순, 2001, 「6세기 전반 겸익의 구법활동과 그 의의」, 『이대사원』 제33·34합집, 36~37쪽.

62 大村宣彰, 1993, 「다라계본과 달마계본」, 『계율의세계』, 북진당, 420쪽(심경순, 앞의 글 41쪽, 재인용).

63 심경순, 2001, 앞의 글, 40~41쪽.

64 노중국, 2012, 「무령왕대 백제의 동아시아 상에서의 위상」, 『백제문화』 제46집, 16쪽.; 조원창, 1999, 「공주지역사지연구」, 『백제문화』 28, 122쪽. 『삼국유사』 原宗興法猒髑滅身條에 보이는 분주의 흥륜사와 「미륵불광사사적」의 흥륜사를 동일하게 보고 있다.

65 김삼룡, 1977, 『익산문화권의 연구』, 원광대학교 마한백제문화연구소, 53~55쪽.; 홍윤식, 1985, 「삼국시대 불교수용의 제문제」, 『마한백제문화』 8집, 71~73쪽.

66 노중국, 2012, 앞의 글, 17쪽.

67 노중국, 2010, 『백제사회사상사』, 지식산업사, 410~411쪽.

은 육후와의 비교이다.[68] 성왕이 유교의 육후와 불교의 겸익을 등용하면서 견제와 조화 속에서 정치체계를 완비해 나가고 있는 것으로 살피고 있다. 이에 대해 겸익의 천축에서의 구법활동과 귀국 후 활동을 천착함으로써 겸익이 귀국하면서 가지고 와서 번역하였던 아담장과 오율문을 밝히려는 시도도 있었다.[69] 최근에는 겸익이 유학한 곳이 상가나대율사가 아니라 가야의 대율사라는 의견이 제시되고, 사상적으로 귀국 시 가지고 온 율서와 논장을 통해 계율사상과 비담사상을 살펴보는 논고도 나왔다.[70]

---

68 조경철, 2000,「백제 성왕대 유불정치이념;육후와 겸익을 중심으로」,『한국사상사학』15.

69 심경순, 2001,「6세기 전반 겸익의 구법활동과 그 의의」, 이화여대대학원 석사학위논문.

70 계미향, 2016,「한국 고대의 천축구법승 연구」, 동국대대학원 박사학위논문.

V.『대승사론현의기』의 찬자인 혜균은 백제인인가

일본에 전해지는 혜균의 『대승사론현의기大乘四論玄義記』는 중국 삼론학의 초기 사상을 전하는 책으로 간주될 뿐, 혜균에 대해서는 잘 알려지지 않았다. 그래서 이제까지 저자 혜균은 중국 승려로 여겨져 왔다. 그런데 최근 최연식은 『대승사론현의기』가 삼국시대 백제에서 찬술되었음을 밝히고 있다. 즉, 백제지역에서 백제의 사람들을 독자로 상정하여 찬술된 것으로 보고 있는데, 한동안 이에 대한 논쟁이 이어졌다.[71] 최연식은 여러 가지 근거를 제시하며 혜균이 찬술한 『대승사론현의기』가 중국이 아닌 백제에서 찬술되었다고 주장하고 있다. 그리고 이러한 최연식의 주장에 대해서 중관사상과 삼론학의 전공학자인 김성철은 여러 가지 논거를 바탕으로 반론을 펴며 백제찬

71 최연식, 2007, 「백제 찬술문헌으로서의 大乘四論玄義記」『한국사연구』 136.; 최연식, 2007, 「대승사론현의기 백제찬술 재론:김성철 교수의 반론에 대한 비판」『한국사연구』 138.; 김성철, 2007, 「大乘四論玄義記는 백제에서 찬술되었나」『한국사연구』 137.; 이에 대한 정리는 김영일의 서평(「『대승사론현의기』는 과연 백제에서 찬술되었나?-최연식의 『교감 대승사론현의기』」, 『문학/사학/철학』 19, 한국불교사연구소) 참조. 김성철은 보희연사의 오사 가능성, 금시와 차칸의 의미, 오로국의 문제, 힐난 태도의 문제, 맥락의 문제 등 5가지로 구분하여 반론하고 있으나, 이를 인명, 지명, 그리고 시점 등으로 정리하여 살펴보고자 한다. 이하 쟁점 사항의 정리는 김영일의 서평 참조.

술설에 이의를 제기하였다.[72] 그리고 다시 이러한 지적에 대해서 최연식은 재반론을 펼치며 자신의 백제찬술설을 강화하고 있다.

논쟁의 대상이 되었던 부분은 크게 ① 인명 ② 지명 ③시점 등으로 구분하여 살펴볼 수 있다. 이중 우선 살펴볼 것은『대승사론현의기大乘四論玄義記』에 등장하는 보희연사의 존재이다.

> "묻는다. 앞의 10명의 학자들의 견해는 모두 잘못을 옹호하는 것이어서 논파되었다고 한다면 지금今時 이곳此間의 보희연사寶憙淵師와 기원운공祇洹雲公이 진여眞如를 불성佛性의 정인성正因性이라고 주장하는 것에 대해서는 또 어떻게 이야기할 것인가. 답한다. 일단 그들의 주장을 살펴보면 야성사冶城寺 소법사素法師의 견해나 장엄사莊嚴寺 승민僧旻의 견해 그리고 지론종地論宗의 견해와 비슷한 것 같은데 하나도 올바른 견해가 아니다. 또한 그들은 대승의 논서에서 인중유과因中有果 혹은 인중무과因中無果 등의 견해가 배척된 것을 알지 못하였기 때문에 자기 마음대로 헤아려서 그런 견해를 제시한 것이다.

위의 내용은 혜균이 삼론종의 입장에서 불성佛性의 체體에 대한 이제까지의 10가지 이설에 대한 소개와 비판이 끝난 후 이어지는 질문자와 대론對論하는 부분이다. 그런데 내용 중 주목되는 것은 "지금今時 이곳此間의 보희연사寶憙淵師와 기원운공祇洹雲公이 진여眞如를 불성佛性의 정인성正因性이라고 주장하는 것에 대해서는 또 어떻게 이야기할 것인가."이다. 여기에 등장하는 보희연사의 존재는 혜균이 백제국 사람이었을 가능성을 매우 높여주는 것으

72 김설철은 이의를 제기하면서『대승사론현의기』가 중국에서 찬술되었고, 혜균이 중국인이라는 것을 주장하기 위한 것은 아니라고 말한다. 그는 보다 명백한 증거가 찾아질 때까지 결론을 열어놓자는 의미로 다른 측면을 찾아본 것이라 하였다(김성철, 2007, 앞의 논문).

로 이해된다. 그것은 백제 사비지역의 능산리사지에서 발견된 304번 목간에 "사월칠일보희사四月七日寶憙寺"라는 묵서명이 발견되었기 때문이다. 이에 대해서는 석가탄신일에 참석한 승려들에게 답례로 보낸 소금 2석을 기록해 놓은 것으로 이해되기도 한다.[73] 목간의 발견은 7세기 백제에 보희사寶憙寺란 사찰이 존재하였다는 사실을 말해준다. 이러한 이유에서 최연식은 위의 내용에 보이는 보희연사를 보희사에 주석하는 연사淵師로 보고 있는 것이다.

그렇지만 보희사의 존재에 대해 부정하는 견해도 있다.[74] 즉 『대승사론현의기』가 오사誤寫가 특히 많은 문헌으로, 어떤 문장을 읽더라도 우리는 먼저 그 오사 여부를 의심해야 한다고 밝히고 있다. 보희연사寶憙淵師 라는 문구 자체가 잘못 쓰였을 가능성이 있다고 한다. 일반적으로 표의문자인 한문으로 쓴 문헌에는 잘못 쓴 글자가 많은데, 특히 『대승사론현의기』와 같이 초서체로 쓴 문헌은 더욱 그러하다는 주장이다. 불성의 정인에 대한 보량과 법운의 견해가 보희연사寶憙淵師와 기원운공祇洹雲公의 주장과 동일하다면서 이 부분을 강조한다. 그러면서 필사자가 초서체로 쓰인 보량법사寶亮法師의 량亮자를 희憙자로 잘못 읽고 법法자를 삼수변(氵)을 공유하는 연淵자로 잘못 읽어서 보희연사寶憙淵師라고 잘못 적었을 가능성이 높다고[75] 보았다.

그렇지만 최연식의 반론에 나타나고 있는 것처럼, 『대승사론현의기』가 오자가 많이 발견된다고 하더라도 일반적인 오자誤字가 나오는 경우와는 상이해 『대승사론현의기』의 보희연사를 오자誤字로 보기에는 어렵다는 점이다. 그리고 보량의 경우 두 번이나 소량小亮으로 불리고 있고, 법운의 경우 어디

73 윤선태, 2007, 『목간이 들려주는 백제 이야기』, 주류성, 145~147쪽.

74 김성철, 2007, 앞의 논문.

75 김성철은 寶憙寺의 존재를 알고 있던 백제의 필사자가 초서체로 寶亮法師라는 글자를 寶憙淵師로 誤寫한 것으로 추정하고 있다(2007, 앞의 글, 343쪽, 주34).

에도 기원祇洹이라는 호칭이 보이지 않는다는 점이다. 나아가 승려이름을 표현한 일반적인 방식은 '사찰이름+승려존칭이름(3자)'의 동일한 구조를 사용하고, 『대승사론현의기』는 승려 이름을 연칭連稱할 때 비대칭적인 구조를 사용한 예가 없다는 점에서 보희연사는 능산리사지 304번 목간에 보이는 보희사로 보는 것이 타당하다고 생각된다.

다음으로 논란이 되는 것은 오로吳魯와 탐라耽羅라는 지명에 관한 것이다. 이와 관련하여 논쟁이 되는 내용은 다음과 같다.

> 다만 이곳此間 섭론사攝論師가 삼론의소三論義疏를 몰래 외워 그들의 주장 중에 집어넣은 것이니, 가벼운 사람들이 그것을 믿고 따르는 것일 뿐 오로사吳魯師의 뜻은 아니다. 이른바 (중국 북부지역 사람들이 머리에 쓰던 관인)장보章甫를 머리에서 풀어 헤치고 몸에 문신을 한 (남방사람들의) 머리에 씌운 것과 같다.

> 오吳와 노魯 두 나라의 큰스님이 항상 이르기를 부처님의 정법正法을 깨뜨리는 두 종류의 사람이 있다고 하였다. 첫째는 총명함을 믿고서 대승과 소승의 경론을 널리 들어 종합하여 밝게 이해할 수 있게 공부하지 않아서 경론의 뜻을 잃어버리는 사람들이니, 이 때문에 정법을 깨뜨리는 사람이라고 한다. 둘째는 비록 한 종류의 경론의 뜻을 자세히 들었지만 나머지 경론은 널리 읽히지 않았기 때문에 하나의 경론의 뜻으로 다른 경론의 뜻을 해석하려고 한 사람들이니, 이들도 또한 불법을 없애는 사람들이다. 뒤에 공부하는 여러 사람들은 그러므로 삼가고 삼가야 할 것이다.

> 기신론起信論은 오로인吳魯人이 만들고서 마명보살馬鳴菩薩의 이름에 가탁한 것이다.

> 첫째로 노국사魯國師는 반半과 만滿의 두 가지 교敎로 구분하였고 오국사吳國師는 점漸 돈頓 변偏의 종류로 교敎로 구분하였다.

> 그들은 대승의 논서에서 인중유과因中有果 혹은 인중무과因中無果 등의 견해가 배척된 것을 알지 못하였기 때문에 자기 마음대로 헤아려서 그런 견해를 제시한 것이다. 논파할 대상에도 미치지 못한다. 마치 탐라耽羅 도우리刀牛利 등의 사람이 예악禮樂의 교화를 입지 못한 것과 같다.

오吳와 노魯는 전통적으로 각기 중국의 양자강 하류 남쪽 지역과 산동지역을 가리키는 용어로 사용되었지만, 이들 지역을 묶어서 오로吳魯라고 일컫는 경우는 중국 문헌에서 거의 보이지 않는다. 또한 역사적, 문화적 측면에서 오국과 노국 두 지역을 하나로 묶어서 가리킬 필요가 없다. 따라서 두 지역은 서로 대칭되는 국가나 지역을 가리키는 것이다. 여기서 서로 별개의 지역이 동시에 하나로 총칭될 수 있는 것은, 결국 이 표현은 중국 외부에서 사용한 느낌이 강하기에 『대승사론현의기』는 중국의 다른 문헌과 구별되는 성격을 가지고 있다. 그러므로 『대승사론현의기』는 중국 외부에서 찬술되었을 가능성이 있다는 것이다.[76] 이렇게 볼 때 여기에 사용된 이곳此間은 『대승사론현의기』의 찬술자가 중국이 아닌 곳이란 것을 의미한다. 다시 말하면 이 책을 찬술할 당시의 지역으로서 이곳을 설정할 수 있는데, 오로吳魯 곧 중국과 구별되는 곳은 앞서 살펴본 보희사와 연결할 때 백제지역으로 볼 수 있는 개연성이 많다는 것이다.

이에 대한 반론을 보면, 오로吳魯라는 문구는 중국의 외부에서 다른 사람

---

76 최연식, 2007, 「백제 찬술문헌으로서의 大乘四論玄義記」 『한국사연구』 136.

이 사용한 것이 아니고, 중국 내부에서도 다른 시대에 사는 사람이 과거에 분립되었던 남북조를 가리킬 때 사용한다는 것이다.[77] 이 책에서 거론되는 인물들이 모두 남북조시대의 사람들로, 혜균이 남북조시대의 스님들에 대해 오로사吳魯師라는 호칭을 사용하여 이곳(금릉)의 섭론사를 비판, 남조와 북조에 대해 오로양국吳魯兩國, 남조와 북조에 대해 오국吳國과 노국魯國이라는 호칭을 각각 사용하고 있다고 비판한다.

그런데 이곳此間이란 의미를 남북조의 오로사와 수나라의 섭론사로 본다면, 최연식의 주장처럼 오로와 이곳은 모두 공간적인 의미가 아닌 시간적인 의미로 사용되는 문제가 있다. 이는 중국과 한국의 문헌에서 이곳此間이 공간적인 의미로 사용되고 있는 것과는 차이가 있는 것이다.[78]

또한 탐라耽羅란 지명은 오늘날의 제주도를 가리키는데, 중국에서는 수나라에 이르러서야 비로소 탐라와 접촉하게 된다.[79] 이렇게 볼 때 문화적으로 미개한 사람들의 대표적인 존재로 언급하고 있는 탐라를 중국에서 언급한 것으로 보기는 어렵다. 그렇다면 이 또한 백제 지역으로 보는 것이 오히려 더 타당하다고 보는 것이다.

이에 대한 반론을 보면, 탐라耽羅란 지명은 남북조시대 중국에서 충분히 사용가능하다는 것이다. 당시 백제와 남조 사이에 인적 물적 교류가 많았기 때문에 혜균이 탐라를 거론할 수 있다고 한다. 『대승사론현의기』에서 혜균이 탐라라는 문구를 사용하여 다른 학파나 사상을 멸시하는 태도는 매우 자연

---

77 김성철은 위의 "起信論은 吳魯人이 만들고서 馬鳴菩薩의 이름에 가탁한 것이다."에 대해 吳魯人이 아니라 虜魯人(魯國의 오랑캐)으로 보는 것이 합당하다면서 논의에서 제외하고 있다(2007, 앞의 글, 349쪽).

78 최연식, 2007, 「대승사론현의기 백제찬술 재론:김성철 교수의 반론에 대한 비판」『한국사연구』 138.

79 『隋書』 권81, 列傳46 백제 및 『三國史記』 권27, 백제본기 위덕왕 36년 조, 『隋書』 권81. 列傳46, 倭國.

스런 일이라 말하고 있다.[80]

그런데 당시 중국에서 미개한 지역을 언급하면서 백제 지역의 탐라를 언급할 개연성은 낮아보인다. 그것은 중국의 입장에서 굳이 널리 알려지지 않은 탐라를 언급하기 보다는 당시 중국에서 익히 알려진 지역을 언급하는 것이 오히려 자연스러운 일이라 보기 때문이다.

다음으로 논쟁이 되는 부분은 금시今時에 대한 해석이다. 최연식은 금시今時를 혜균이 『대승사론현의기』를 찬술한 시기로 보고 있다. 이에 대해 김성철은 '우리 쪽' '우리 학파' 또는 '이쪽'을 의미한다고 주장한다. 그러면서 『대승현론』의 다음의 인용문을 근거로 제시하고 있다.

> 금시今時 일사一師께서는 언제나 열반경涅槃經으로 입증하였다. 그러나 이 일교一教 도처에서 불성에 대해 밝힌다. 그래서 애탄품에 실린 유리구슬의 비유도 역시 불성의 뜻을 충분히 밝히고 있고 이와 마찬가지로 여래성품 전체도 불성의 뜻을 밝히며 사자후품과 가섭품에 이르기까지 불성의 사事에 대해 자세히 밝히고 있지만 그 뜻이 비로소 드러나기에 일사一師께서는 문구를 인용함에 사자후품의 문구를 정본으로 삼았다.

위의 글은 열반경에서 불성에 대해 논의하는 품들이 많은데, 그중에서 사자후품의 내용에 근거하여 삼론가의 불성이론을 구성하여야 한다는 설명이다.

이에 대해 최연식은 길장의 『대승현론』에 등장하는 금시今時가 '우리 학파', '우리 쪽' 또는 '이쪽'을 의미하는 것에 동의하지만, 『대승사론현의기』에 사용되는 금시今時는 맥락상 문자 그대로의 지금今時라는 의미라고 반박한다. 아

---

80 김성철, 2007, 앞의 글.

울러 금시今時를 김성철의 주장처럼 '우리 쪽'의 의미로 사용할 경우 금시今時의 수식을 받는 보희연사寶憙淵師와 기원운공祇洹雲公은 바로 그 앞에 인용된 십사十師와는 당연히 서로 반대되는 입장을 가리키는 것이 된다. 그럴 경우 십사十師의 일부분인 보희연사寶憙淵師와 기원운공祇洹雲公이 보량과 법운을 가리키는 김성철의 주장과 모순이 발생한다고 말한다.[81]

한편 장석영은 『대승사론현의기』에서 '균승정찬均僧正撰'이라고 한 기록에서 교단의 최고 지위인 승정에 올랐던 인물임을 알 수 있으며, 20세 전후, 비구계의 수계 이후에 중국으로 유학을 떠났을 것으로 추정하였다. 다만 최연식이 『대승사론현의기』의 저술이 599년 이후 백제에서 이루어졌다고 본 것과 달리 중국에서 활동할 당시에 일부 이루어졌고 백제 귀국 후 완성된 것으로 보았다.[82] 그리고 혜균의 성실학에 대한 수업은 백제에서부터 시작되었을지도 모른다고 추론하고 있다. 그리고 좀더 그것을 공부하기 위해 중국으로 건너갔을 것이며, 법랑을 만나 삼론학으로 전향하기까지 계속해서 성실 계열의 논서들에 천착했던 것으로 추정한다. 그리고 혜균의 '90여 편의 성실학 논문 독서'라는 내용을 통해 혜균의 초반기 교학적 배경과 당시 백제 불교계의 상황을 연결하여 유추해 볼 수 있는 단서를 제공해 줄 수 있다고 하였다. 이러한 논리는 당시 백제에서 성실론과 삼론이 공존하고 있었고, 성실론이 삼론만큼 중시되는 경향이 존재하였다는 점을 반영한 것으로 이해된다.

가장 최근 연구에서 조윤경은 원효와 혜균의 교학적 유사성을 지적하면서 화쟁·회통이라는 원효의 창조적인 사상 이면에는 백제 혜균의 독창적인 변증법적 사유체계가 엿보이며, 원효의 수평적 회통은 백제 혜균이 제시한 사

---

81 최연식, 2007, 「대승사론현의기 백제찬술 재론:김성철 교수의 반론에 대한 비판」『한국사연구』 138.

82 장석영, 2017, 「백제 혜균이 중국불교에 미친 영향」, 『한국불교사연구』 11.

유 구조와 유사하다고 보았다.[83]

이러한 논쟁의 과정을 지켜볼 때, 『대승사론현의기』를 찬술한 혜균이 백제인이었을 가능성은 매우 높다. 특히 능산리사지에서 보희사가 묵서된 목간이 발견되었고, 『대승사론현의기』에 탐라가 언급된 점을 고려할 때, 『대승사론현의기』는 백제에서 찬술되었음을 알 수 있다.[84] 이는 백제에서의 교학적인 발전을 보여주는 귀중한 자료로 활용될 수 있음을 의미한다. 특히 『대승현론大乘玄論』 제1권 「이제의二諦義」가 편찬 과정에서 『대승사론현의기』 제5권 「이제의二諦義」의 구조를 참조하여 전체적인 틀을 세우고 있다는 점에서[85] 당시 백제의 교학수준이 높았다는 점도 부각된다. 그리고 『대승사론현의기』가 한중일 삼국의 불교계에 영향을 미치고 있는데, 원효의 『열반종요』, 그리고 중국의 오종불성설에 영향을 미치고 있는 점은[86] 주목된다. 그렇다면 백제의 교학에 대한 새로운 접근을 가능하게 한다고 볼 수 있다.

그렇지만, 여전히 혜균을 백제인으로 인식하고, 이를 통해 백제의 삼론학에 대해 천착하는 연구는 드물다. 그것은 혜균의 존재에 대한 더 많은 연구가 필요함을 의미한다. 따라서 당시 백제가 삼론학에 매우 경도되고 있음을 알려주는 자료가 보여지고 있는 것에서, 혜균이 저술한 『대승사론현의기』를 토대로 한 심도 있는 연구가 필요해 보인다.

---

83 조윤경, 2019, 「원효와 혜균의 만남과 대화」, 『불교철학』 5.

84 伊藤隆壽, 2009, 「『大乘四論玄義記』に関する諸問題」, 『불교학리뷰』 5.

85 조윤경, 2014, 「『大乘玄論』 길장 찬술설에 대한 재고찰-「二諦義」를 중심으로」, 『선문화연구』 제16집.

86 伊藤隆壽, 2009, 「『大乘四論玄義記』に関する諸問題」, 『불교학리뷰』 5.; Jörg Plassen, 2007, 「On the significance of the Daeseungsaronhyeonuigi(大乘四論玄義記) for research on early Korean Buddhist thought —Some initial observations focusing on hwajaeng—」, 『한국사연구』 136.

VI. 산신신앙(山神信仰)과의 교섭과 법화신앙

불교가 백제 사회의 저변으로 스며드는 과정은 사회 구성원의 삶에 대한 인식과 생활의 토대를 살펴볼 수 있게 하기에 매우 중요하다고 생각한다. 이 중에서 산신신앙은 지역 집단과 매우 밀접하게 연결되어 있을 뿐만 아니라, 수도를 지키는 3산山과 국토보호의 기능을 담당하는 5악岳 등 당시 사회에서 매우 중요한 신앙으로 이해되고 있었다. 그렇다면 이러한 산신신앙과의 접촉을 통해 불교가 어떻게 유대관계를 맺고 불교화하는가의 과정을 살펴보는 것은 중요하다. 이 시대를 살아가는 사람들의 생각과 생활의 변화를 가늠해 볼 수 있기 때문이다. 따라서 불교가 백제 사회에 끼친 영향을 산신과의 관계 속에서 사회적으로 저변화되는 과정을 살펴보고자 한다. 즉, 불교가 토착신앙과 어떻게 융화되어 가는지를 알아보고자 하는 것이다.

불교가 수용된 이래 토착신앙과 불교는 여전히 갈등관계에 있었던 것으로 보인다. 특히 지방으로 확대되는 과정에서 불교는 토착신앙과 적극적인 교섭을 통해 전개시켜 나가는 것으로 보인다. 이는 중국 불교가 동진이래로 성시城市를 벗어나면서 점차적으로 강남의 편벽한 배후지로 성공적인 교세를 확장하기 위해서 해당 지역에서 세력을 공고히 하고 있던 산신신앙과 경쟁을 하여야만 했던 것[87]에서 찾아진다.

백제의 불교도 이러한 양상을 지니고 있었던 것으로 보이는데, 이는 한성시대 뿐만 아니라 사비시대까지 지역적으로 지속되었던 것으로 보인다. 이는 동일한 매개체를 통해 신앙을 확산하려는 경향성에서 찾아진다. 실제로 신라 원광의 예에서 보듯이 산신과 주술승의 갈등은 백제에서도 나타났던 현상이 아닐까 한다.

불교가 백제 사회에 수용되어 정착되고 확산되는 과정을 보여줄 수 있는 자료로 '혜현의 달라산행'이 주목된다. 혜현은 처음에 수덕사에서 주석하였지만, 번잡함을 피해 강남의 달라산으로 자리를 옮기고 있다. 이 과정에서 토착신앙, 특히 산신과의 교섭과정을 보여주는 기록이 보인다.

> 혜현은 백제국 사람이다. 그는 어려서 출가하여 간절한 마음으로 정성을 한 곳에 모아 법화경을 외우는 일을 업으로 삼았기에 그가 복을 빌고 청원하여 이루어지는 것이 많았다. …(중략) 처음 본국의 북부에 있는 수덕사에 주석하면서 대중이 있으면 강론하고 없으면 곧 맑게 경을 외웠다. 사방 먼 곳에서 소문을 듣고 찾아오는 사람으로 산을 이루어 시끄럽게 접대하였다.[88]

> 그 후 문득 남방의 달라산으로 갔는데 이 산은 매우 깊고 험하였으며 더욱이 견고한 바위들이 가로막아 비록 찾아가 전례展禮하려는 사람이 있다고 하더

87 에띠엔 라모뜨 저, 호진 역, 2008, 『인도불교사』 1, 시공사, 648~649쪽.

88 『속고승전』 권제28 讀誦篇 제8 伯濟國 達拏山寺 釋慧顯傳 六, "釋慧顯 伯濟國人也 小出家 苦心精專 以誦法華爲業 祈福請願 所逐者多 聞講三論便從聽受 法一染神彌增其緒 初住本國北部修德寺有衆則講無便淸誦 四遠聞風造山諠接 便往南方達拏山 山極深險重隒巖固 縱有往展登陟艱危 顯靜坐其中 專業如故 遂終于彼 同學輿屍置石窟中 虎噉身骨並盡 惟餘髏舌存焉 經于三周其舌彌紅赤 柔軟勝常 過後方變紫鞕如石 道俗怪而敬焉 俱緘閉于石塔 時年五十有八 即貞觀之初年也."

라도 올라가기가 어렵고 위태하였다. 혜현은 그 속에 고요히 앉아 예전과 같이 과업에 전념하다가 그곳에서 세상을 마쳤다.[89]

차차 번요한 것이 싫어 마침내 강남江南 달라산達拏山에 가서 거처하였다. 산은 높고 바위는 험하여 왕래가 힘들고 드물었다. 현現이 정좌靜座하여 세념世念을 잊고자 산중에서 (일생을) 마치었다. 동학同學이 시체屍體를 운반하여 석실石室 가운데에 안치安置하였던 바, 범이 그 유해遺骸를 다 먹어 버리고 오직 누설髏舌(머리와 혀)만 남겼었다. 한서寒暑가 세 번 돌아와도 그 혀는 아직 붉고 연軟하였다. 그 후에 변하여 붉고 단단하기가 돌과 같았다. 도속道俗이 이를 공경하여 석탑石塔에 간직하였다. (현現의) 속년俗年은 58세이니 즉 정관초년貞觀初年이었다.[90]

위의 자료를 보면, 혜현은 『법화경』의 독송과 더불어 삼론을 공부하고 있음을 알 수 있다. 그리고 그가 주석하고 있는 곳은 북부의 수덕사이다.[91] 이 지역은 서산과 태안을 통해 중국의 선진문물이 수입되는 길목에 해당한다. 주변에 백제시대의 불교유적이 많이 분포하고 있는 것도 이와 무관하지 않다. 서산마애불과 태안마애불, 그리고 보원사지를 비롯하여 예산의 사면석불 등은 태안과 서산을 통해 들어오는 중국의 문화가 유입되는 통로가 됨을

89 주88 참조.

90 『三國遺事』5, 피은8, 혜현구정.

91 여기서 북부가 의미하는 바가 무엇인지는 구체적으로 밝혀진 바가 없다. 백제의 지방제도 상에서 나타난 것으로 보이는데, 이는 西部人 흑치상지의 기록과 연결하여 살펴볼 필요가 있지 않을까 한다. 즉, 흑치상지가 위치한 임존성 지역은 서부에 속하고, 수덕사는 북부에 소속되게 되는데, 이러한 서부와 북부는 모두 하나의 방 아래의 행정명으로 볼 수 있지 않을까 한다. 한 지역 내에서 서부와 북부가 등장하고 있음은 이러한 추론을 가능케 한다.

말해주는 것이라 할 수 있다. 그리고 이러한 유적들의 존재는 백제의 중앙에서 이 지역을 중시하고 있었음을 말해주는 것이라 할 수 있다.

위의 내용을 보면 혜현이 선정을 구하기 위해 달라산으로 가고 있다. 혜현의 명성이 사방에 알려지면서 많은 사람들이 혜현을 찾고 있으며, 이에 대해 회의를 품은 혜현이 문득 달라산으로 가게 된 것으로 설명해 놓고 있다. 차차 번요한 것이 싫어 강남의 달라산으로 가서 거처했다는 것은 이를 말해준다. 『삼국유사』가 "혜현구정"이란 제목으로 혜현의 기록을 처리하고 있는 것은 이를 말해준다. 즉, 일연은 혜현이 선정을 구하기 위해 달라산으로 가고 있는 것으로 보고 있다. 따라서 『삼국유사』 피은편의 혜현구정이 『법화경』의 선정과 관련한 내용뿐만 아니라 당시 백제불교가 선정에 깊은 관심을 가지고 있었음을 말해준다.[92]

그런데 위의 내용에서 주목되는 점은 혜현 사후에 일어나고 있는 일들이다. 혜현은 달라산에서 입적하게 된다. 이때 혜현의 동학들은 혜현의 시신을 석실石室 안에 안치하고 있는데 이는 혜현의 사후에 일어난 일이다. 다시 말하면 혜현은 생전에 토착신앙과 접촉하면서 교화하고 있었고, 사후에 석실로 이동하였다 함은 그의 교화 행위가 어느 정도 성공하였다는 점을 설명하는 것으로 이해할 수 있기 때문이다. 그래서 호랑이가 육신을 다 먹어버리고 누설髏舌만을 남겨 두었던 것이 아닐까 한다. 여기서의 혜현의 혀감응은 『법화경』을 외우면 육근이 무너지지 않기 때문이란 것에서 찾아진다. 이는 『법화경』의 독송과 관련된 감응으로 이해할 수 있는 것이다. 그리고 감응의 표현을 보면, 호랑

92 길기태, 2010, 「백제의 법화사상과 『혜현구정』」, 『신라문화제학술발표논문집』 31. 그런데 선정은 삼론과도 연결되어 있다(김성철, 2021, 『설불교의 뿌리-인도 중관학과 동아시아 삼론학-』, 도서출판 오타쿠). 그리고 혜현은 삼론을 겸학하고 있다. 그렇다면 혜현의 선정에 대해서는 더 많은 연구가 필요해 보인다.

이가 혜현의 모든 육신은 먹고 있으나, 붉은 혀만은 남겨 놓고 있다.

이 중에서 주목되는 것은 호랑이의 존재이다. 이때 등장하는 호랑이는 산신의 곁을 지키는 동물로, 산신과 깊은 관련이 있다. 호랑이 토템에 대한 관념은 단군신화에서도 등장하듯 그 연원이 오래되었다. 호랑이는 오랜 기간 동안 두려움과 우러름의 상징으로서 제의와 신앙의 대상이 되었다. 이는 호랑이가 성스러운 것과 부정한 것의 이중감정 속에서 이해된다.[93] 실제로 동예에서는 호랑이에게 제사지내는 기록이 보인다.[94] 기록에서는 호랑이를 산신으로 제사하였는지는 구체적으로 알기는 어려우나, 제사하고 있다는 점에서 토착신앙의 한 유형을 보여주는 것으로는 이해할 수 있다. 그리고 이러한 호랑이에 대한 제사의 모습은 호랑이가 산신령의 모습, 또는 산신령을 보좌하는 역할로 변화될 수 있는 가능성을 보여준다고 하겠다. 그런 면에서 혜현과 관련하여 등장하는 호랑이는 산신과 관련된 한 예로 보아도 무방할 것으로 본다.

호랑이와 관련하여 불교와 산신신앙의 습합 과정은 중국에서도 찾아진다. 중국에서는 불교가 교세를 확장하는 과정에서 토착신앙의 대표 격인 산신, 그리고 산신의 대리자였던 호랑이들과 빈번하게 경쟁하고 있는 것이다. 중국에서 호랑이의 존재는 산신과 관련이 있는데, 동진 영화永和 년간(345~356)에 백승광帛僧光이 섬현의 석성산石城山에 머물려고 하자 산민山民들은 맹수의 재난과 산신의 횡포가 심각하다고 하면서 말리고 있다. 그리고 그가 산에 머물자 꿈에 산신이 나타나 호랑이나 뱀의 형상을 지어내며 위

93 황패강, 1972,「한국민족설화와 호랑이」,『국어국문학』55~57합집, 국어국문학회, 573쪽.

94 『삼국지三國志)·동이전東夷傳)』:"濊……常用十月節祭天,晝夜飮酒歌舞,名之爲舞天,又祭虎以爲神.";『후한서後漢書)』동이열전 예조,"常用十月祭天,晝夜飮酒歌舞,名曰舞天,又祭虎爲神."

협하고 있는 모습이 보인다. 백승광이 이를 전혀 두려워하지 않자 산신은 머물던 석실石室을 바치고, 장안현 한석산으로 옮기게 된다.[95] 이로 말미암아 축도잠竺道潛을 비롯한 축법우, 축법온, 축법식, 축법제 등이 섬현의 앙산에서,[96] 백승광을 비롯한 지둔, 우법란, 우법개, 축담유竺曇猷 등이 섬현의 석성산에서 수행하여[97] 불교의 교화가 강남의 다른 지역보다 일찍부터 미칠 수 있었다.[98]

축법유도 석성산에서 수행하다가 후에 시풍始豊 적성산赤城山으로 옮겨서 호랑이와 뱀을 교화하고 있다. 그 후에 산신이 담유에게 "법사가 위덕威德을 갖추고 이 산에 머무시니 석실을 바치겠다."고 하였다. 담유가 함께 머물 것을 권유하였지만, 산신은 "부속部屬들이 아직 교화되지 못하여 제어하기 어렵고, 서로 침범하고 부딪치니 안된다."고 하였다. 산신은 하제夏帝의 아들로 이곳에서 2천년을 머물렀으며, 외삼촌이 다스리는 낙안현樂安縣 위경산韋卿山으로 옮겨갈 것"이라고[99] 말하고 있다.

여기서 주목되는 장면은 산신이 석실을 백승광에게 바치고 장안현 한석산으로 옮기는 장면이다. 석실은 산신이 기거하던 장소로 인식되기 때문이다. 그리고 호랑이의 존재 또한 산신과의 관련성에서 찾아진다.[100]

혜현의 기록에서 확인할 수 있는 존재로, 달라산과 호랑이, 그리고 석실의 존재이다. 달라산은 지금의 월출산으로 보인다. 특히 월출산 남쪽에 있는 월

---

95 『고승전』 권11, 백승광전.

96 『고승전』 권4, 축법잠전.

97 『고승전』 권4, 지둔전, 우법란전, 우법개전, 및 권11 축담유전.

98 안순형, 2015, 「남북조에서 불교전래와 토착신앙의 대응」, 『중국사연구』 94, 65~67쪽.

99 『고승전』 권11, 축담유전.

100 호랑이가 이후에 고승들의 뛰어난 신이력을 드러내기 위한 매개체로 활약하고 있는 것을 비롯하여 승려들의 견고한 신심과 견실한 수행을 보여주는 것으로 등장하는 것은 산신신앙이 불교에 습합되어 가는 과정을 말해주는 것으로 이해할 수 있다.

남사지에서는 백제시대 기와가 발견되었다. 이를 통해 이 사찰이 백제시대에 창건된 것으로 이해할 수 있다. 월남사지에는 백제계 석탑으로 알려진 고려시대 3층 석탑과 진각국사비가 남아 있다. 그리하여『신증동국여지승람』에는 고려시대 진각국사가 창건한 것으로 기록되어 있다. 그러나 최근 연차적인 발굴을 통하여 백제시대의 기와 등이 출토되어 그 창건 시기를 올려볼 필요성이 제기되고 있다. 그리고 출토된 기와를 검토한 결과 7세기대 혜현이 활동하던 시기에 백제의 지방사원에서 사용하던 건축물의 부재로 연구되었다.[101] 그렇다면 혜현이 찾았던 강남의 달라산은 월출산으로 보는 것은 큰 무리는 없어 보인다. 이에 따라 혜현의 달라산행과 백제가 지방으로 불교를 확산시키는 과정에서 중앙에서 월남사지를 창건한 것을 서로 연결시켜 보기도 한다. 즉, 법왕대에 이르러 오악 제사의 제장祭場에 불교사원이 세워지는 것으로 보았는데, 지방의 주요 산신山神에게 지내던 토착신앙의 제사를 국가제사로 편제하여 불교사원화하는 과정의 구체적인 모습으로 보는 것이다.[102]

다음으로 주목되는 것이 석실의 존재이다. 앞서 살펴본 중국의 기록에서는 석실이 산신령이 기거하는 곳으로 등장한다. 이를 받아들인다면 동학들이 혜현의 사후에 유해를 석실로 모시고 있는 것은 산신신앙에서 불교로 그 신앙대상이 전화되는 과정을 설명한 것으로 이해할 수 있다. 물론 완전히 불교로 교체된 것은 아닌 것으로 보인다. 그것은 호랑이가 죽은 혜현의 누설髏舌을 제외하고 모든 유해를 먹고 있는 것에서 추론된다. 즉, 어느 접점에서는 불교와 산신신앙이 타협하고 있는 것이 아닌가 한다. 실제로 도속道俗이 이를 괴이하게 여기고 공경하였다는 표현은 혜현의 불교 확산 노력이 성공적

101 이병호, 2016,「강진 월남사지 출토 백제 기와의 제작시기와 그 성격」,『한국중세사연구』 44.

102 이장웅, 2016,「百濟 西岳 旦那山과 慧顯의 修德寺 · 達拏山寺」,『한국고대사연구』84.

이었음을 의미하는 것으로 볼 수 있다.

이러한 예는 혜현에게서만 보이지 않는다. 웅진지역의 사찰인 수원사와 관련된 기록에서도 보이고 있다.

> 사승寺僧(수원사 승려)이 그의 심정이 탕연蕩然함을 업신여기면서도 태도가 근실하고 정성스러움을 보고서 말하되 "이로부터 남쪽으로 가면 천산千山이 있는데, 예로부터 현인철인賢人哲人이 머물러 있어 명감冥感이 많다고 하니 어찌 그곳에 가지 않는가."하였다. 진자眞慈가 그 말대로 산 아래에 가니 산신령山神靈이 노인으로 변하여 나와 맞아 이르되 "여기 와서 무엇을 하려느냐?"하니 진자眞慈가 대답하되, "미륵선화彌勒仙花를 뵙고 싶습니다."라고 하였다. 노인이 이르되 "전에 수원사水源寺 문 밖에서 이미 미륵선화彌勒仙花를 보았는데 다시 무엇을 구하러 왔느냐."고 하였다. 진자眞慈가 듣고 놀래어 빨리 본사本寺에 돌아갔다.
>
> (『삼국유사三國遺事』 3 탑상塔像 제第4, 미륵선화彌勒仙花 미시랑未尸郞 진자사眞慈師)

위의 내용을 보면 천산千山이 등장한다. 여기서 천산은 예로부터 현인철인이 머물러 있어 명감冥感이 많다는 곳으로 설정된다. 이는 다분히 산신신앙과 연결된다. 그만큼 산신령들의 존재가 많음을 설명해 주는 것으로 볼 수 있기 때문이다. 실제로 내용을 보면 산신령이 노인으로 변하고 있다. 이는 불교의 미륵선화와 산신이 공존하고 있음을 말해준다. 그렇다면 현인과 철인이 머물러 있음으로 해서 명감이 많다는 곳으로 설명되는 천산千山이 불교와 일정한 관련을 가지면서 산신신앙과 불교가 서로 공존하는 모습으로 이해할 수 있는 것이다.

그런데 수원사의 미륵신앙과 법화신앙은 서로 관련성을 갖지 않을까 한다. 그것은 『법화경』과 관련하여 천불신앙을 살펴볼 때 그러하다. 천산千山이 현인과 철인이 머물러 있어 명감이 많다는 것은 천불千佛과 연결하여 살펴볼 수 있고, 그렇다면 다음의 내용은 『법화경』과 미륵신앙, 그리고 토착신앙을 연결시켜주는 내용으로도 이해할 수 있다고 본다.

> 만일 어떤 사람이 이 경전을 받아 지녀 읽고 외우며 그 뜻을 잘 이해하면, 그 사람은 죽은 후 일천一千 부처님께서 손을 주어 두렵지 않게 해 주시고, 악한 갈래에 떨어지지 않게 해 주시므로 도솔천의 미륵보살 계신 곳에 태어나오리다.[103]

위의 내용은 미륵보살과 천불의 관계를 잘 설명해 주고 있다. 누구나 사후 천불의 안내를 받아 미륵보살이 계신 도솔천에 왕생할 수 있음을 말해주고 있다. 여기서 천불千佛은 사후 중생들이 도솔천으로 갈 수 있도록 안내하는 역할을 하고 있다. 이는 앞서 천산千山의 산신령이 노인으로 변하여 진자에게 미륵선화를 이미 친견하였음을 설명하는 모습과 연결된다고 하겠다. 즉, 천산의 산신령과 천불은 역할 면에서 일정한 동질성을 찾아볼 수 있다는 것이다.[104]

수원사의 미륵신앙이 『법화경』과 연결되어 있음은 법화승려 현광이 위덕왕대에 이미 웅진지역에서 전법활동을 전개하고 있는 것에서도 뒷받침된다. 현광은 중국에 유학한 후 귀국하여 교화활동을 전개하고 있는데, 그 지역은 웅진이다. 다음의 내용이 그것이다.

> 현광은 귀국한 후 웅주의 옹산에 띠를 연결하여 높이 쌓아 범찰을 완성하였다.
>
> (『송고승전』 18, 진신라국현광전陳新羅國玄光傳)

---

103 『법화경』 보현보살권발품.

104 길기태, 2007, 「수원사 미륵신앙의 성격」, 『백제문화』 36.

위의 사료는 현광이 귀국하여 사찰을 완성하고 있는 모습이다. 그런데 위의 기록을 볼 때, 현광玄光은 유학에서 돌아와 사비도성에 자리 잡지 않고 웅진의 옹산에 자리하고 있다.[105] 현광은 위덕왕대 귀국하여 웅진의 옹산에 석장錫杖을 세우고 띠를 연결하여 범찰梵刹을 창건하고 있다. 현광은 중국에 유학한 후 귀국하여 백제의 옹산지역에서 교화하고 있다. 그런데, 현광이 옹산지역에 진출하면서 화려한 사찰이 아니라 띠로 두른 범찰이라는 점이 주목된다. 현광의 명성은 사방으로 알려지게 된 것과는 대조적이다.

이를 통해 볼 때, 불교가 토착신앙, 그 중에서 산신에 접근하는 과정에서 몇 가지 공통점이 찾아진다. 첫째는 겸손함이다. 현광이 명성에 걸맞지 않게 띠로 두른 범찰에 기거한다든지, 혜현이 토착신앙에 접근하는 태도 등에서 볼 수 있다. 두 번째는 『법화경』이다. 현광이나 혜현이 『법화경』을 공부하는 승려였다는 점이 그것이다. 그리고 수원사의 경우 천산千山이란 이름에서 천불신앙을 유추할 수 있다면, 천불신앙과 미륵이 연결된 『법화경』과 관련된 것으로 볼 수 있기 때문이다. 그리고 수원사나 수덕사, 그리고 달라산 등의 예를 통해 볼 때 지방으로 불교의 영향력이 확산되는 과정에서 『법화경』이 중요한 역할을 하였을 것으로 본다. 이러한 모습은 법왕대 기우제를 칠악사에 지내고 있는 것으로 발전된 것으로 생각된다.

---

105 여기서 옹산이 현재의 대전지역으로 비정될 때(노중국, 1999, 「백제 무왕과 지명법사」, 『한국사연구』 107, 27쪽 주87), 웅진이라고 해서 꼭 옛 도읍지로 보기에는 무리가 따른다. 그러나 같은 웅진이 도읍으로서 기능하였던 만큼, 현광의 활동은 웅진지역에서 『법화경』이 성행하였음을 살펴볼 수 있게 한다. 한편 이장웅은 옹산을 계룡산으로 비정하고 있다(이장웅, 2016, 「百濟 東岳 鷄藍山과 玄光의 翁山 梵刹」, 『한국고대사탐구』 23).

Ⅶ. 맺음말

한성시기에 수용된 불교는 사상적으로 격의불교이면서 업설을 수용하고 있었다. 아신왕대 "복을 구하라"는 교지는 사상적으로 업설과 연결되어 있음을 알아보았다. 또한 격의불교적 성격은 도가의 청담적인 모습을 포함하고 있는 것으로 보이는 만큼, 도가를 신앙하는 세력과의 갈등관계를 상정하기는 어려워 보인다. 다만, 토착신앙과는 유사한 성격을 가지고 수용되는 것으로 보이는 만큼, 도가보다는 오히려 토착신앙과의 갈등 속에서 불교가 나아가야 할 방향을 설정하고 있는 것이 아닌가 한다.

개로왕이 고구려의 승려 도림을 받아들이고 있는 것은 당시 백제가 남조뿐만 아니라 북조의 불교도 접촉하고 있음을 말해준다. 개로왕이 도림을 통해 북조불교를 받아들이고자 하는 것은 해씨세력을 견제하고자 하는 정치적 목적도 있겠지만, 침류왕대 수용된 불교가 여전히 탄탄한 뿌리를 내리지 못하고 있는 데서도 찾아진다. 한편 침류왕의 도승은 백제에서 승가가 구성될 수 있는 토대를 갖추었음을 말하며, 이를 통해 불교계를 통제할 수 있었을 것으로 본다.

웅진시기 겸익 관련 기록은 이능화의 『조선불교통사』에서만 찾아진다. 이로 인해 기록의 신빙성에 대해서는 여전히 논쟁이 진행되고 있다. 그렇지만, 관련 내용이 당시의 시대상과 어긋나지 않는다는 점에서 어느 정도 신빙성을 가지고 있는 것으로 이해할 수 있다.

『대승사론현의기』는 기왕에 중국에서 찬술된 것으로 이해되어 왔다. 그런데 최근 보희사의 묵서명 목간이 발견되면서 백제출신의 혜균이 찬술하였을 가능성이 제기되었다. 이에 대한 반론이 제기되기도 하였지만, 보희사의 존재, 그리고 탐라를 미개한 곳으로 표현한 것 등을 고려할 때 중국의 밖에서 찬술되었을 가능성이 더 높다고 판단된다. 그리고 보희사가 백제에서 발견된 만큼, 백제찬술설에 더 설득력이 있다고 할 수 있다.

고대사회에서 불교는 토착신앙과의 교섭을 통하여 성장하고 있다. 이 과정에서 불교는 경쟁 보다는 타협을 택하는 것으로 보인다. 혜현이 달라산을 찾아가는 과정을 보면, 산신신앙을 제거하기 보다는 일정한 교감 속에서 서로의 존재를 인정하고 있는 것으로 보이기 때문이다. 이러한 과정은 법왕대 칠악사에서 기우제를 지내는 것에서 확인할 수 있지 않을까 한다.

주제발표 3

백제 불교 사원의 전개와 주변 국가의 교류

이 병 호 공주교육대학교

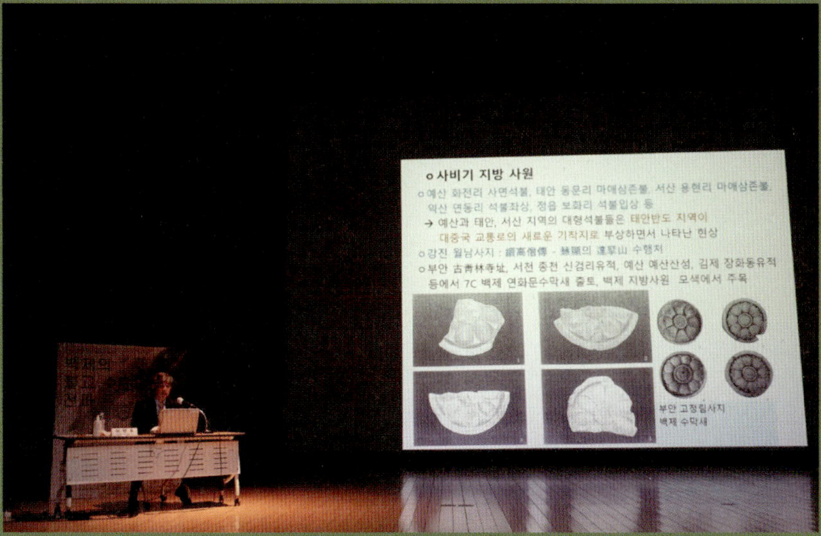

Ⅰ. 머리말

백제 사회에서 불교가 수용되었다는 것은 불상과 경전, 승려 등 불교의 삼보三寶가 모두 전래되었음을 의미한다. 하지만 불교는 단순히 경전의 전래나 승려의 출현만으로 유지되는 것이 아니라 승려들이 거처하면서 다양한 의례를 행하는 사원寺院이라는 공간을 필요로 한다. 불교 전래와 더불어 건립된 불교 사원은 새로운 형태의 건축이나 토목·조각·공예 등 다양한 방면의 기술체계를 수용하는 것이었다. 백제 불교사라고 하면 불교사상佛敎思想의 전개과정을 떠올리기 쉽지만 이에 관한 온전한 이해를 위해서는 불교佛敎 사원사寺院史라는 측면의 접근이 반드시 필요하다.

불교 사원에 대한 연구는 문헌 연구와 더불어 절터에 관한 발굴에서 드러난 유물·유구를 바탕으로 한 고고학·미술사·건축사 연구가 함께 이루어져야 한다. 사원의 입지나 분포, 가람배치, 건물지, 기단, 기와, 토기, 불상, 금속공예품, 출토 문자 등에 관한 개별적인 분석이나 이를 중앙과 지방 혹은 다른 나라와 비교할 필요가 있다. 인도에서 중국을 거쳐 한반도로 이어진 불교를 매개로 한 문화의 전파는 단순한 '물건'의 이동이 아니라 '사람'이나 '정보'의 이동을 포함한 상호 호혜적인 과정이다. 그것을 주고받는 사람들의 입장이나 수준에 따라 변형될 여지를 안고 있었다. 백제 사원의 독창성이나 특수성을 파악하는 것은 그러한 백제적인 변형이나 내재화 과정을 파악하는 것이기도 하다.

이 글은 백제의 불교 수용 이후 전개된 불교 사원의 변천과정과 그것이 고구려나 신라, 일본 등 주변국 사원들과 어떤 연관을 가지고 있는지를 파악하기 위해 작성되었다. Ⅱ장에서는 한성기부터 웅진기, 사비기에 걸친 주요 사원 유적과 그에 관한 최근 발굴 성과 및 논쟁점을 소개하면서 백제식 사원이 성립되어 전개되는 과정을 검토할 것이다. Ⅲ장에서는 백제 사원과 주변국 사원과의 교류에 관한 문제를 주로 다루는데 고구려·신라·일본의 고대사원에서 확인된 유물·유구를 백제와 비교할 것이다.

Ⅱ. 백제식 사원의 성립과 전개

백제에서 불교가 번성하고 본격적인 가람이 건립되는 것은 웅진기 무령왕대부터지만 이미 한성기부터 그러한 단서가 확인된다. 아래 사료는 한성기부터 사비기 초까지 전개된 백제 사원의 전개 과정에서 가장 중요한 사료 몇 가지를 제시하였다.

사료1 2년(385) 봄 2월에 한산漢山에 절을 세우고 승려 10명의 출가를 허락하였다.[1]

사료2 또 대통大通 원년(527) 정미丁未에는 양제梁帝를 위하여 웅천주熊川州에 절을 짓고 이름을 대통사大通寺라고 하였다.【웅천熊川은 곧 공주公州인데, 당시는 신라에 속하였기 때문이다. 그러나 아마도 정미년은 아닌 것 같다. 곧 중대통中大通 원년 기유년己酉年에 세운 것이다. 흥륜사를 처음 세우던 정미년에는 미처 다른 곳에 절을 세울 겨를이 없었을 것이다.】[2]

---

1 春二月, 創佛寺於漢山, 度僧十人.『三國史記』백제본기 침류왕 2년조.

2 又於大通元年丁未, 爲梁帝創寺於熊川州名大通寺. 熊川即公州也, 時屬新羅故也. 然恐非丁未也. 乃中大通元年己酉歲所創也. 始創興輪之丁未, 未暇及於他郡立寺也.『三

사료3 19년(541)에 왕이 사신을 양나라에 보내 조공하고, 아울러 표문을 올려 모시박사毛詩博士와 열반경涅槃經 등의 경전과 해설서[경의經義] 및 공장工匠과 화사畵師 등을 청하였더니 이를 허락하였다.[3]

사료1은 384년 동진에서 고승胡僧 마라난타가 건너오자 침류왕이 맞이하여 궁궐 안으로 모시고 예우하며 공경하였다는 기록에 이어지는 것이다. 이때의 한산漢山은 근초고왕 26년(371) "이도移都 한산漢山"에 등장하는 한산이나 침류왕의 왕자인 아신왕이 태어난 "한성漢城 별궁別宮"과 동일한 장소로, 현재의 몽촌토성으로 비정된다.[4] 한산漢山 불사佛寺는 어떤 모습이었을까? 기와 건물이 정연하게 배치된 사비기의 사원과 유사한 모습이었을지, 아니면 불상만 단독으로 모셔지거나 불탑만 배치된 형태였을지는 자료가 없어 알 수 없다.

다만 1989년도 몽촌토성 서남지구에서 10m 방형에 판축으로 다져진 '판축대지版築臺址'에 대해 그 형태나 축조 기법이 불탑佛塔과 유사한 누각건물樓閣建物의 기초일 가능성이 제기되었다(도면1).[5] 몽촌토성에서 검출된 바 있는 이 유구에 대해 중국 운강석굴雲崗石窟 상부 사원지나 사연불도思燕佛圖처럼 한 가운데 불탑을 두고, 주변에 승방이나 회랑이 배치된 구조였을 것이라는 추정이 있다. 몽촌토성 내부에 불탑이 존재했을 가능성을 처음 제기한 흥미로운 견해지만 조사 내용이 소략하여 더 이상의 추정은 어렵다.

國遺事』 권3 興法 原宗興法厭髑滅身條.

3 王遣使入梁朝貢, 兼表請毛詩博士・涅槃等經義并工匠・畵師等, 從之. 『삼국사기』 백제본기 성왕 19년조.

4 김기섭, 1990, 「백제 전기 도성에 관한 일고찰」, 『清溪史學』 7, 63~65쪽; 여호규, 2002, 「漢城時期 백제의 都城制와 防禦體系」, 『百濟硏究』 36, 15~16쪽.

5 박순발, 2020, 「백제 佛寺의 전개와 大通寺」, 『백제왕도 학술대회: 대통사지 현황과 과제』 충남역사문화원 학술대회자료집, 3~5쪽.

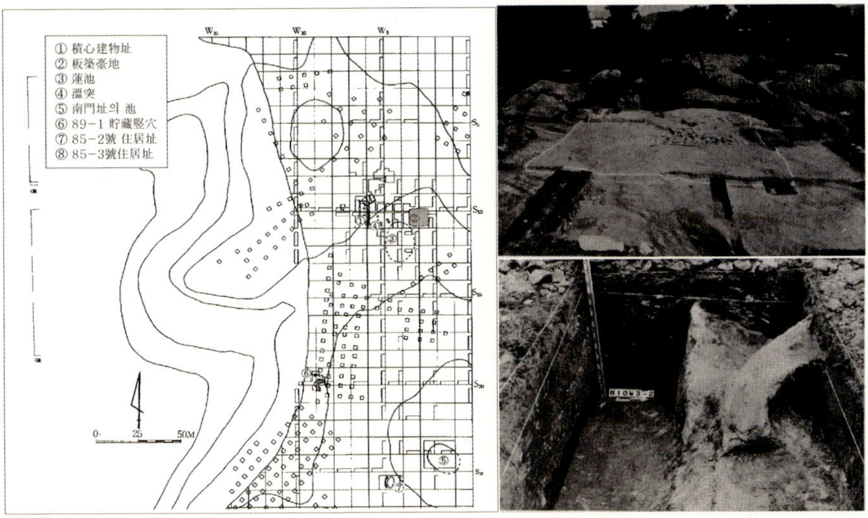

〈도면 1〉 몽촌토성 서남지구 유구배치도와 판축대지

백제는 근초고왕 이후 동진 등 남조 국가와 활발하게 교류한다. 풍납토성 출토 동진제 청자나 수면문獸面文수막새, 몽촌토성의 금동제 과대금구, 전문도기 등은 그러한 교류의 산물이다. 특히 풍납토성에서 출토된 수면문수막새는 4세기 중후반에 속하는 동진계 수막새에 해당한다. 이러한 점을 참고하면 4세기 후반 동진 불교의 전래는 불교 교리나 승려의 파견에 머물지 않고, 불교 사원의 조영에 필요한 기술의 전래를 포함하는 것이었을 가능성도 완전 배제할 수 없다.[6]

백제의 본격적인 사원 조영은 웅진 천도 이후, 특히 대통사大通寺 건립에서 시작된다. 무령왕릉에서 출토된 관식冠飾과 식리飾履, 두침頭枕과 족좌足座, 동탁은잔銅托銀盞 등 불교적 색채가 농후한 유물들을 볼 때 웅진기 백

6 이병호, 2020, 「백제의 기와 제작기술과 생산체제의 변화」, 『先史와 古代』 64, 131~132쪽.

제 왕실은 이미 불교를 적극적으로 수용하고 있었다고 볼 수 있다.[7] 사료2는 527년 백제 성왕이 양 무제를 위해 대통사大通寺를 창건했다는 간단한 내용을 전하고 있다. 대통사는 문헌기록에서 사명寺名이 확인되는 가장 오래된 백제 사원으로, 공주 반죽동 일대에서 연화문수막새를 비롯해 '대통大通'명 문자기와, 지두문指頭文 암막새, 선단先端 유단식有段式 암막새, 불에 탄 소조상편 등이 출토되어 그 부근에 존재했을 가능성을 높여준다(도면2).[8]

공주 반죽동 출토 수막새는 지금까지 소위 대통사식大通寺式수막새로 불리던 소판素瓣 연화문에 연판 끝이 돌기처럼 장식된 것(원형돌기형)과[9] 더불어 연판 끝이 융기하는 새로운 형식(판단융기형)이 함께 발견되었다. 암막새의 경우 웅진기에는 처음으로 지두문과 선단 유단식 2종이 발견되었다. 암키와는 통쪽와통을 이용해서 제작되고, 수키와는 미구 부분에 마포흔이 없는 유단식 수키와가 주류를 이룬다. 암키와나 수키와, 원형돌기형 수막새의 경우 남조 기와 제작기술과 상관성이 높아 그 영향이 인정되지만 지두문 암막새의 경우 남조보다는 북조나 고구려와 기와들과 관련성이 더 높다.[10] 15점 이상의 소조상편은 태토에 모래가 약간 섞이고 적갈색을 띠며 뒷면이 평평

7 무령왕비 頭枕에 묘사된 蓮花化生 도상을 남조계 天人誕生圖으로 파악한 견해가 일찍부터 제기되어 이 무렵 남조적인 불교가 수용되었을 것으로 보는 견해가 있지만(吉村怜, 1977,「百濟武寧王妃木枕に描かえらた天人誕生圖」,『美術史研究』14: 1983,『中國佛教圖像の硏究』, 東方書店(재수록)), 최근에는 연화화생과 연화문, 현병, 팔메트 등 문양들이 북조 문화와 더 밀접하게 관련되었을 가능성이 제기되기도 하였다(주경미, 2022,「무령왕릉 출토품의 미술사 연구 현황과 과제」,『百濟文化』76, 75~77쪽).

8 이병호, 2019,「공주 반죽동 출토자료로 본 백제 대통사의 위상」,『百濟文化』60; 조원창, 2021,『성왕, 공주에 대통사를 세우다』, 서경문화사.

9 清水昭博, 2003,「百濟 大通寺式 수막새의 성립과 전개」,『百濟硏究』38: 2012,『古代日韓造瓦技術の交流史』, 清文堂(재수록).

10 이병호, 2021,「공주 반죽동 출토 백제 기와의 기초적 검토」,『무령왕릉 발굴 50주년 성과』 공주대 백제문화연구소 국제학술대회 발표자료집.

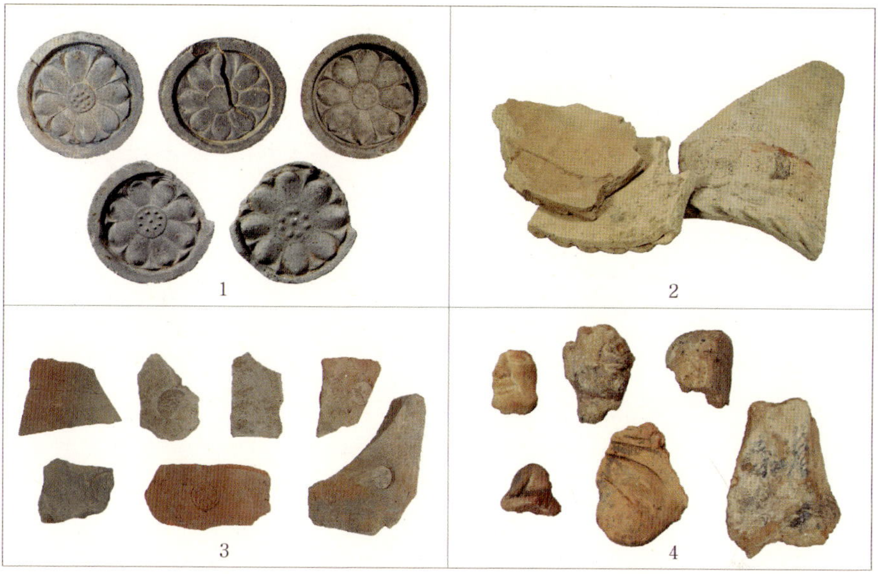

〈도면 2〉 공주 반죽동 출토 각종 유물(1. 수막새, 2. 암막새, 3. 大·大通명, 4. 소조상편)

하다. 일부 소조상에는 심목을 사용한 흔적이 남아 있고 두체별제식頭體別制式으로 제작되었다. 소조상의 경우 부여 정림사지와 남경南京 종산鍾山 상정림사上定林寺, 남경南京 건업구建業區의 홍토교紅土橋(전傳 연흥사延興寺) 출토품과 제작기법이 매우 유사하다.[11]

공주 반죽동 197-1번지, 204-1번지, 205-1번지, 176번지 일대에서는 대통사와 직접 관련되는 건물지나 유구가 발견되지는 않았다. 그러나 '대통大通'명 문자기와,[12] 무령왕릉 출토 벽돌과 동일한 문양전文樣塼이 출토되고, 비록

---

11 최근 南京의 남조 사원지에 관한 발굴에서 목탑지 주변에서 유약이 발린 두상편 등 다수의 소조상 파편이 발견되어 백제와의 영향 관계가 좀더 명확해 졌다. 남조 사원지에 관해서는 다음을 참조. 龔巨平, 2022, 「南京西營村南朝佛寺遺址考古發現與硏究」, 『백제와 남조 사원의 새로운 인식』(국제학술대회 자료집), 국립부여문화재연구소.

12 '대통'명 문자기와에 대해 年號說과 寺名說이 있다. 반죽동 일대에서는 통쪽와통으로 제작된 암키와에 2종의 '大通'명과 3종의 '大'명이 날인된 문자기와가 발견되었는데 제작기법 상 모두 창건기에 해당한다. 이에 필자는 연호 뒤에 '□年' 같은 연도가 없더라도 사명

고려시대의 자료이기는 하지만 '대통사大通寺'나 '대통지사大通之寺'명 문자기와가 발견되어 해당 유적 인근에 백제 대통사가 있었을 가능성을 높여주고 있다. '대통사大通寺'라는 사명寺名은 북위北魏 낙양洛陽에 황제의 연호를 채택한 '경명사景明寺'나 '정시사正始寺'를 참고할 때 양梁 무제武帝의 연호(527년 3월부터 529년 9월까지)를 채택했다고 볼 수 있지만 이에 관한 반론도 있다.[13] 527년은 전륜성왕적轉輪聖王的 통치를 꿈꾸었던 양 무제가 자신의 이상을 실현해줄 동태사同泰寺가 완성된 시점이다. 성왕의 대통사 창건은 양 무제의 정치적 전범典範을 따른 것이고, 공주 대통사는 '백제판 동태사'라 할 수 있다.[14]

538년 사비 천도 이후, 부여 지역에서 건립된 사원 중 어느 것이 가장 먼저 건립된 것일지에 관해서는 연구자들 사이에 이견이 많지만 용정리사지龍井里寺址를 웅진기까지 소급시켜 보는 견해가 있다. 용정리사지는 청마산성의 서쪽, 구릉의 남사면에 위치하는데 동나성의 동쪽 외곽에 해당한다. 1991~1992년 발굴 조사에서는 상하 2층으로 된 금당지가 발견되었다. 그중 하층 금당지에서 발견된 연화문수막새는 평양지역에서 유행하는 5~6세기대 고구려 연화문수막새와 유사하여 538년 이전에 제작된 것으로 보는 견해가 일찍부터 제시되었지만,[15] 평양지역 고구려 수막새와의 비교에서 6세기 3/4

보다는 연호일 가능성이 더 높다고 생각한다(이병호, 2021 앞의 발표문 참조).

13 대통사의 '대통'을 『法華經』 化城喩品의 '大通智勝如來'에서 연원한 것으로 보는 견해는 다음을 참조. 조경철, 2015, 『백제불교사연구』, 지식산업사; 조경철, 2021, 「백제 대통사와 『법화경』 「화성유품」 신앙」, 『韓國思想史學』 68.

14 소현숙, 2019, 「성왕의 대통사 창건과 양 무제」, 『百濟文化』 60; 소현숙, 2020, 「중국 남북조시대 국가대사와 백제 대통사」, 『한국고대사탐구』 36.

15 조원창, 2003, 「백제 웅진기 부여 용정리 하층 사원의 성격」, 『韓國上古史學報』 42; 조원창, 2008, 「웅진~사비기 와당으로 본 고구려 제와술의 백제전파」, 『白山學報』 81.

분기 이후에 제작되었다는 반론도 있다.[16] 금당지 상층에서는 6세기말에서 7세기초로 편년되는 연화문수막새가 다수 발견되고, 목탑지에서는 7세기대에 속하는 수막새가 다수 발견되었다. 용정리사지는 538년 이전인 웅진기부터 존속했을 가능성이 없지 않지만, 창건기에는 불전만 운영되었다가 6세기 후반 대규모적인 증축에 의해 목탑과 금당이 정비된 것으로 생각된다. 용정리사지는 부여지역 백제 사원지 중에서 약간 예외적인 사례에 속한다.

부여 지역 사원 중에서 가장 이른 단계에 속하는 것으로 정림사지와 능산리사지, 군수리사지 등이 있다(도면3-1~3). 그중 정림사지는 부여나성 내부의 지리적 중심지에 자리하면서 가장 먼저 건립된 사원으로 알려져 있다. 정림사지에는 백제 때 만든 5층 석탑이 현존하고 있지만, 창건기에 목탑이 있었는지의 여부에 관해 일찍부터 많은 논란이 있었다.[17] 이에 필자는 사역 내부에서 출토된 100여 점이 넘는 소조상이 창건기 목탑을 장엄하던 탑내소상塔內塑像의 일부이며, 또 내부에서 발견된 중국제청자편이나 삼족토기 등의 상대편년을 고려할 때 정림사의 창건은 사료3의 양 무제가 파견한 공장工匠·화사畵師 등 기술자들의 지원으로 완성되었을 것이라는 견해를 제시하였다.[18] 사료3의 공장·화사로 표현된 남조의 기술자들이 정림사의 창건에 직접 기여했는지는 단정할 수 없지만, 새로운 도성의 왕궁이나 관청, 사원 등 기념비적 건조물의 조영에 크게 기여한 것은 부정할 수 없을 것이다.

이에 반해 국립부여문화재연구소에서는 대지 조성층에서 확인된 노지爐址의 고고지자기 분석 결과에서 얻은 A.D.625±20년의 연대와 내부에서 출

---

16 주홍규, 2020,「부여지역 출토 백제 구획선연화문 수막새의 제작시기와 전통」,『韓國上古史學報』110.

17 尹武炳, 1981,『定林寺址 發掘調査報告書』, 충남대박물관; 金正基, 1984,「彌勒寺塔과 定林寺塔-建立時期의 先後에 관하여-」,『考古美術』164.

18 이병호, 2014,『백제 불교 사원의 성립과 전개』, 사회평론.

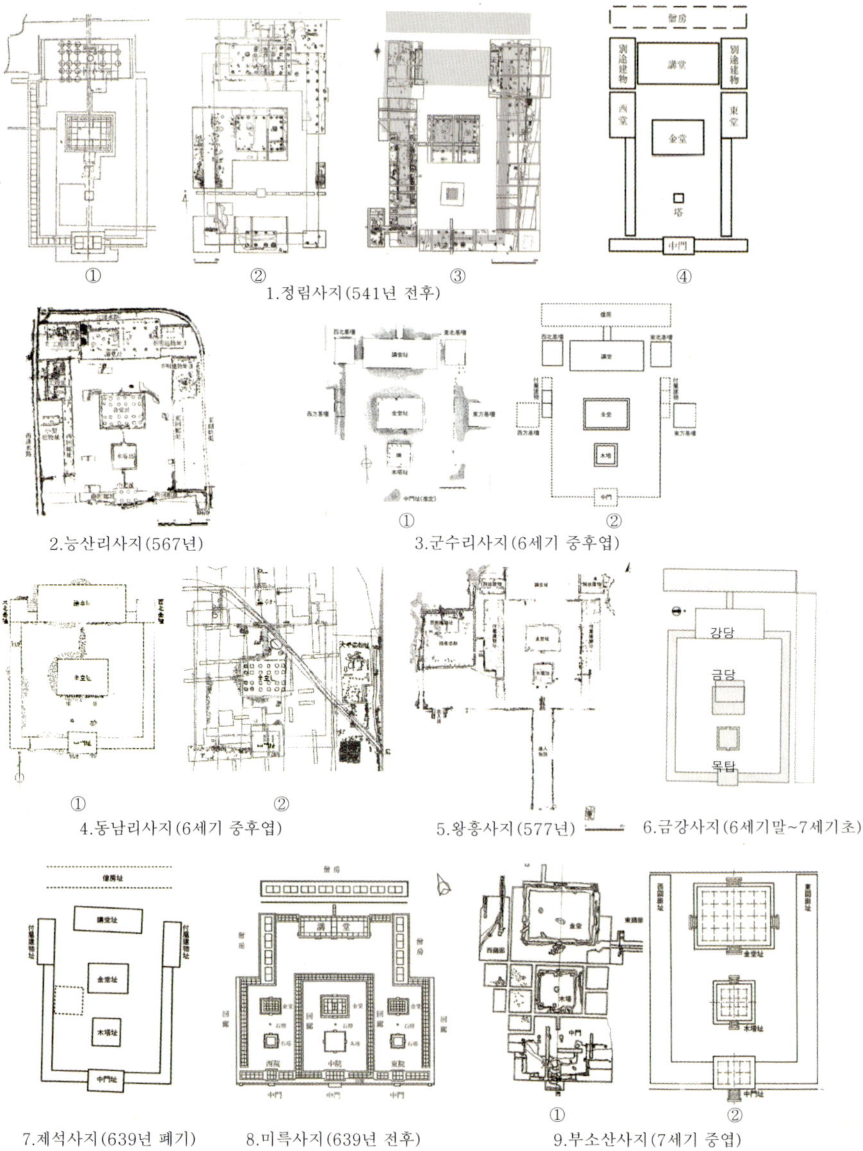

〈도면 3〉 백제 주요 사원유적의 가람배치도(축척부동)

토된 토기와 기와에 관한 상대편년 결과를 근거로 목탑의 건립이 6세기말이나 7세기 초에 해당할 것이라고 했다.[19] 더 나아가 정림사지에 석탑 하부의 축기부軸基部 판축토는 석탑의 기단에 해당하며, 소조상 역시 정림사지와 직접적인 관련이 없는 주변 유적에서 폐기한 것이라는 견해도 나왔다.[20] 그러나 중문지 하부의 고고지자기 연대를 목탑과 직접 관련시켜 보기는 어렵고,[21] 석탑石塔과 연지蓮池 사이의 토층 조사 내용을 검토하면 현재의 석탑 기반토가 창건 당초의 것이 아니라 금당지처럼 삭평된 것으로 볼 수 있기 때문에 현존 석탑 하부에 목탑이 있었고, 석탑의 건립은 미륵사지 보다 늦은 639년 이후로 보아야 한다는 반론이 있다.[22]

정림사지의 창건 시기나 목탑의 존재 여부와 별개로 이 사원이 건립된 장소가 사비 도성 내부의 지리적 중심지에 해당하며, 백제 멸망기 소정방의 전승기념문이라 할 수 있는 '대당평백제국비명大唐平百濟國碑銘'이 현존 5층 석탑 기단부에 새겨져 있는 점은 결코 간과할 수 없는 부분이다. 사비 도성에서 정림사지가 차지하는 지리적, 경관적, 시각적 중요성은 이 절이 차지하는 정치적·종교적·문화적 중요성을 암시하며, 그런 점에서 정림사지의 창건은 백제 국가에서 매우 계획적이고 치밀한 의도를 가지고 조영했을 가능성을 시사한다.[23] 538년 사비 천도 이후 대규모 사원과 목탑을 건설한 것 역시

---

19 국립부여문화재연구소, 2011, 『부여 정림사지 발굴조사보고서』; 정자영, 2012, 「부여 정림사지 가람배치와 편년적 검토」, 『韓國上古史學報』 76; 김낙중, 2021, 「정림사의 창건연대」, 『고고학으로 백제문화 이해하기』, 진인진.

20 조원창, 2010, 「백제 정림사지 석탑 하부 축기부 판축토의 성격」, 『韓國古代史探求』 5; 조원창, 2020, 「부여 정림사 소조상의 출토 층위와 목탑 존재의 검토」, 『先史와 古代』 63.

21 탁경백, 2016, 「정림사지 창건시기 재고」, 『건축역사연구』 25-4.

22 박순발, 2015, 「정림사, 어떤 사찰인가」, 『定林寺와 永寧寺』, 국립부여박물관.

23 이병호, 2014, 『백제 불교 사원의 성립과 전개』, 사회평론, 133쪽.

양 무제의 불교 치국책을 모방한 것이며,[24] 성왕聖王이라는 시호는 전륜성왕에 유래한 것으로 이해되고 있다.[25]

정림사지 이후 건립된 사원으로 능산리사지와 군수리사지가 있다. 능산리사지는 목탑 내부 심초석에서 567년이라는 절대연대가 확인되지만 군수리사지의 경우 그러한 자료가 없어 어느 사원이 더 먼저 건립되었는지 논란이 있다. 두 사원의 조영 순서와 관련해서는 심초석의 설치 위치와 사리안치 방식, 출토 수막새에 관한 상대편년 등을 어떻게 보는지에 따라 차이가 나타난다.

백제 사원의 목탑지는 지하식 심초석에서 지상식 심초석으로 이행하는데 두 사원 모두 지하에 심초석이 설치되었다. 그런데 군수리사지 목탑지의 경우 기단 상부에서 심초 상면까지 약 3m, 능산리사지와 왕흥사지 목탑지는 지하 2m 안팎이다. 왕흥사지는 심초석에 사리공을 갖추고 있지만 능산리사지는 심초석 위에 사리함을 설치하고 심주를 병치併置하는데 반해, 군수리사지는 사리 석함이 없어 어떤 방식으로 사리를 안치했는지 논란이 있고, 백제 절터에서는 유일하게 목탑 심주 아래쪽에 불상이 매납되었다.[26] 따라서 군수리사지 목탑지의 사리안치방식과 유물 출토 양상이 능산리사지보다 더 고식古式에 해당한다는 입장이 있다.[27]

이에 반해 군수리사지의 목탑지와 금당지에서 출토된 원형돌기형과 삼각

---

24 최연식, 2011, 「6세기 동아시아 지역의 불교 확산 과정에 대한 재검토」, 『충청학과 충청문화』 13.

25 조경철, 2006, 「동아시아 불교식 왕호 비교: 4~8세기를 중심으로」, 『韓國古代史研究』 43.

26 이러한 방식은 5세기경부터 남방 해로를 통해서 중국 남조 지역에 전해진 인도 및 스리랑카 불교의 영향 생각되고 있다. 주경미, 2010, 「한국 석탑 출현기 사리장엄방식의 변화양상」, 『百濟研究』 62, 80~83쪽.

27 정자영·탁경백, 2007, 「한국 고대목탑의 기단 및 심초부 축조기법에 관한 고찰」, 『文化財』 40; 정자영, 2008, 「백제의 심초 및 사리봉안」, 『文化財』 41-1; 佐川正敏, 2010, 「王興寺と飛鳥寺の伽藍配置・木塔心礎施設・舍利奉安形式の系譜」, 『古代東アジアの佛教と王權』, 勉誠出版; 佐川正敏, 2015, 「일본 佛塔의 전개와 구조적 특징」, 『百濟研究』 62.

형돌기형 수막새의 상대편년에 관한 연구에서는 능산리사지 출토 창건기 수막새 보다 상대적으로 더 늦은 것으로 평가되고 있다.[28] 필자 역시 능산리사지에서 출토된 500여점의 수막새에 관한 분석 결과, 두 형식의 수막새는 이곳에서는 보수용으로 사용된 것이 분명하므로, 그것을 창건기 수막새로 사용한 군수리사지가 상대적으로 더 늦게 조영되었을 가능성을 제기한 바 있다.[29]

능산리사지의 조영 과정은 554년 관산성 전투와 성왕의 죽음, 555년 8월 위덕왕의 출가出家 수행修行 발언, 557년 능산리사지 목탑지의 사리매납 등 성왕의 죽음과 연관된 일련의 추복追福 행위라 할 수 있다. 그로 인해 사원에 대해 위덕왕이 성왕의 무덤을 조성한 뒤 부왕을 추복하고 왕릉의 관리를 위해 창건한 공덕분사功德墳寺, 즉 능사陵寺에 해당한다고 생각되어 왔다.[30] 또 567년에 매납된 '창왕昌王'명 석조사리감과 중문지 남쪽에서 발견된 목간의 기재 내용, 출토 수막새의 상대편년과 분포 양상 및 건물지 기단 형식의 차이 등에 관한 분석에서는 강당과 그 주변 건물이 목탑이나 금당보다 더 먼저 건립되었을 가능성이 지적되었다.[31]

이러한 초기 건물지군의 성격에 관해서는 신궁神宮이나 성왕의 빈궁殯宮, 구태묘仇台廟, 오제五帝를 모시는 유교식 제장祭場 등 다양한 견해가 제시되었지만,[32] 필자는 백제 왕실의 고분 축조나 제사를 담당하던 사묘祠廟와 같은

---

28 清水昭博, 2005,「軍守里廢寺址出土軒丸瓦の檢討」,『MUSEUM』596: 2012,『古代日韓造瓦技術の研究』(재수록), 254쪽.

29 이병호, 2014,『백제 불교 사원의 성립과 전개』, 204~206쪽.

30 김수태, 1998,「백제 위덕왕대 부여 능산리 사원의 창건」,『百濟文化』27; 김상현, 1999,「백제 위덕왕의 부왕을 위한 추복과 夢殿觀音」,『韓國古代史硏究』15.

31 신광섭, 2006,「百濟 泗沘時代 陵寺 硏究」, 중앙대 박사학위논문; 김길식, 2008,「百濟始祖 仇台廟와 陵山里寺址-仇台廟에서 寺廟로」,『韓國考古學報』69; 이병호, 2014,『백제 불교 사원의 성립과 전개』.

32 장경호, 2004,『아름다운 백제 건축』, 주류성; 신광섭, 2006,「百濟 泗沘時代 陵寺 硏究」, 중앙대 박사학위논문; 김길식, 2008,「百濟始祖 仇台廟와 陵山里寺址-仇台廟에서 寺廟

것으로 추정하였다. 능산리사지는 사비기 왕릉군과 세트를 이루면서 배치된 점에서 양梁 건릉建陵과 황기사皇基寺, 북위北魏 영고릉永固陵과 사원불사思遠佛寺, 고구려 전傳동명왕릉과 정릉사定陵寺와 유사한데, 그것이 북조·고구려의 영향인지 아니면 남조의 영향인지에 관해서는 이견이 있다.

군수리사지와 동남리사지는 지리적으로 서로 인접해 있으면서 출토 수막새의 유사도가 높다. 두 유적에서 출토된 수막새들은 대부분 백마강 건너 정암리 가마에서 공급된 것이다. 즉 군수리사지에서 출토된 수막새 132점 중 118점인 89.4%가 동남리사지에서 출토된 것과 동범품이고, 동남리사지 수막새의 63.8%가 정암리 가마 생산품에 해당한다. 군수리사지와 동남리사지는 지리적인 인접성과 건물에 사용된 기와의 유사성, 동남리사지에 불탑이 없는 점 등에서 승사僧寺와 니사尼寺의 세트 관계일 가능성이 제기되기도 했다.[33]

부여 정암리 가마터의 경우 공방의 집중성과 계속성, 와요瓦窯의 형태 및 제품의 규격성, 소비의 한정성 등에서 관영공방, 즉 관요官窯로서의 조건을 충족시키고 있다.[34] 군수리사지와 동남리사지가 지리적으로 인접해 있으면서 승사-니사 관계를 보여주고, 그 창건와의 절대다수를 관영의 기와 공방인 정암리 가마에서 공급받고 있는 현상은 두 사원이 귀족이 사택위사捨宅爲寺해서 조영된 절이라기보다는 국가에서 발원하여 운영한 관사적官寺的 성격이 농후한 사원이었음을 시사한다.

정림사지와 능산리사지, 군수리사지 등에 보이는 가람배치는 불전과 불당이 남북 일직선상에 배치된 소위 일탑일금당식一塔一金堂式 가람배치를 하고

로」, 『韓國考古學報』 69; 이장웅, 2010, 「백제 사비기 오제 제사와 능산리사지」, 『百濟文化』 42.

33 이병호, 2016, 「부여 동남리사지의 성격」, 『先史와 古代』 48.

34 이병호, 2020, 「백제의 기와 제작기술과 생산체제의 변화」, 『先史와 古代』 64, 139쪽.

있으면서도 동서 회랑지 북쪽에 소위 부속건물지가 배치되고, 강당지 좌우에 별도건물지가 배치되었다.[35] 부여 지역 백제 사원지에서 확인된 가람중심부와 부속건물지에 관한 새로운 자료들은 나중에 언급할 일본 사천왕사식四天王寺式 가람배치의 재검토를 불러왔고, 소위 '백제식百濟式 사원형寺院型'이라는 개념을 설정하는데 중요한 근거가 된다.

왕흥사지는 전형적인 백제식 사원형을 갖추고 있으면서도 약간의 변화가 보인다(도면3-5). 이 절터는 일제강점기에 '왕흥王興'명 고려시대 기와편이 수집되었고, 『삼국사기』와 『삼국유사』 등에 법왕法王 2년(600)에 창건하여 무왕武王 4년(634)년 완공했다는 기록이 남아 있다. 그러나 목탑지에서 위덕왕이 망왕자亡王子를 위해 577년 2월 15일에 발원했다는 명문이 발견되어 문헌기록과 차이를 보인다. 그에 따라 정유년丁酉年(577)의 '입찰立刹'을 목탑만 건립된 것으로 보고 600년에 금당이 건립된 것으로 이해하는 견해도 제기되었다.[36]

하지만 사역 내부에 관한 토층 조사 결과 두 건물이 동시기에 건립되거나 금당이 목탑보다 조금 더 먼저 건립된 것이 드러났다.[37] 이에 문헌기록에 보이는 왕흥사는 부여의 왕흥사지가 아니라 익산 미륵사지를 가리키는 것으로 보는 견해도 나왔는데,[38] 왕흥사에 관한 문헌기록이 익산 미륵사지와 반드시 일치하지는 않아 논란의 여지는 있다. 어쨌든 왕흥사지는 정림사지 · 능산리사지 · 군수리사지의 가람배치와 유사하면서도 동서 회랑지 외곽에 또다른

---

35 이병호, 2011, 「백제 정림사식가람배치의 전개와 일본의 초기사원」, 『百濟研究』 54; 한나래, 2012, 「백제 사찰 부속건물지의 유형과 성격」, 『古文化』 80; 이상일, 2021, 「백제 사찰 부속건물지의 구조와 기능」, 『문화재』 54-1.

36 이도학, 2008, 「왕흥사지 사리기 명문 분석을 통해 본 백제 위덕왕대의 정치와 불교」, 『韓國史研究』 142; 양기석, 2009, 「백제 왕흥사의 창건과 변천」, 『百濟文化』 41.

37 국립부여문화재연구소, 2009, 『왕흥사지Ⅲ』, 144~145쪽.

38 최연식, 2012, 「미륵사 창건의 역사적 배경」, 『韓國史研究』 159, 3~12쪽.

건물군이 건립되는 변화를 보인다(도면3-5).

왕흥사지 목탑지에서는 청동, 은, 금으로 만들어진 사리용기가 발견되었다. 지하식 심초석에 사리공이 뚫려 있고, 주변에서 8,000점이 넘는 사리공양구가 발견되었다. 이것은 심초석을 안치하고 찰주를 세우는 의례에 참석했던 왕족을 비롯한 귀족들이 공양한 물건으로 생각된다.[39] 공양품은 대부분 장신구로 금제, 은제, 동합금, 옥, 유리, 철 등 그 재질도 매우 다양하며 동시기 고분 출토품과 매우 유사하다.

이곳에서는 다량의 기와와 토기가 발견되었는데 기와의 대부분은 사역 동쪽의 기와 가마터에서 발견된 것과 동범품이다. 왕흥사지에서 확인된 대지 조성 방식이나 사리장엄구의 구성과 매납 방식, 창건기 기와의 조합양상 등은 일본 아스카데라飛鳥寺와 밀접한 관련성을 잘 보여주고 있다.

왕흥사지보다 조금 더 늦게 건립된 사원으로 구아리사지와 임강사지가 있다. 구아리사지는 사리공이 뚫린 심초석과 소조상편, 다량의 연화문수막새와 고려시대 '천왕天王'명 기와편이 발견된 곳이지만,[40] 재발굴 결과 절터의 흔적을 찾지 못하였다.[41] 아스카데라飛鳥寺 목탑지 심초석처럼 한가운데 사리공이 뚫리고, 597년으로 생각되는 '정사丁巳'명 문자기와가 다수 발견된 점에서 6세기 말에 조영된 것으로 짐작된다. 임강사지는 동나성의 남쪽 끝과 백마강이 만나는 사비 도성의 동남쪽 외곽에 자리한다. 내부에서 발굴된 수막새가 정암리 가마 생산품이고 소조상 파편 등이 함께 발견된 점에서 6세기

---

39 주경미, 2018,「백제 왕흥사지 출토 사리장엄구와 6세기 동아시아 불교문화」,『百濟研究』 67.

40 藤澤一夫, 1971,「古代寺院の遺構に見る韓日の關係」,『アジア文化』 8-2; 국립부여박물관, 2016,『부여 구아리사지』.

41 부여문화재연구소, 1993,『부여 구아리 백제유적 발굴조사보고서』.

후반에서 7세기 초반으로 편년된다.[42] 능산리사지와 왕흥사지, 임강사지는 사비도성 외곽 동·서·남쪽의 경계나 교통의 요지, 군사적 요충지라는 측면에서 주목된다.

사비 도성 외곽에 소재한 사원으로 금강사지와 성주사지가 주목된다. 금강사지는 부소산성에서 직선거리로 약 8㎞ 떨어진 은산면 금공리에 위치하며, 문헌기록에 나오는 '칠악사漆岳寺'로 비정된다.[43] 금강사지 출토 수막새들은 청양 왕진리 가마터 출토품이 다수 섞여 있고, 부여 지역 수막새와 큰 차이가 없다.[44] 금강의 지류인 지천을 경계로 청양군과 접해 위치하며 사비 도성에서 청양 정산을 거쳐 예산 등지로 이어지는 교통의 요지에 입지한다.[45]

보령 성주사지는 『삼국사기三國史記』에 "붉은 말이 북악北岳의 오함사烏含寺에 들어와 절을 돌면서 울다가 수일 만에 죽었다"는 기록에 보이는 조함사烏含寺로 추정되며, 『숭암산성주사사적崇巖山聖住寺事蹟』에는 수隋 대업大業 11년(615)에 법왕法王이 전쟁의 원혼을 달래기 위해 창건했다고 하지만 당시는 무왕의 치세였기 때문에 법왕이 발원한 후 무왕대에 완성한 것으로 이해되고 있다.[46] 성주사지 출토 수막새들은 이곳이 오함사인지의 여부와는 별개로 적어도 7세기 초반에는 사원이 조영되었음을 잘 보여준다.[47] 성주사지는 사비 도성에서 직선거리로 약 30㎞ 정도 떨어져 있어 지방사원으로 파악할 여지가 있지만 왕권과의 관련성도 함께 가지고 있다. 금강사지와 성주사지는 사비 도성의 외곽이나 기내畿內의 영역, 또는 지방사원의 개념을 설정

---

42 충청대박물관, 2007, 『부여 임강사지』.

43 홍사준, 1969, 「백제의 칠악사와 오함사 소고」, 『百濟文化』 3; 이장웅, 2016, 「백제 동악 계람산과 현광의 옹산 범찰」, 『韓國古代史探究』 23.

44 이병호, 2014, 「7세기대 백제 기와의 전개양상과 특징」, 『百濟文化』 50.

45 박순발, 2019, 「백제 불사 입지 비교 연구」, 『百濟研究』 70.

46 이도학, 1989, 「사비시대 백제의 4방계산 호국사찰의 성립」, 『百濟研究』 20.

47 충남대박물관, 1998, 『聖住寺』.

할 때 중요한 지표가 된다.[48]

백제 사비기에는 익산 지역에 제석사지와 미륵사지가 조영되었다. 제석사지는 『관세음응험기觀世音應驗記』에 정관貞觀 13년(639) 뇌우雷雨로 인하여 불당佛堂과 칠급부도七級浮圖·낭방廊房이 모두 소실되었다는 기록이 남아 있다. 제석사지 북동쪽 약 400m 장소에서는 불에 탄 기와와 토기, 소조상, 벽체 파편이 대량으로 출토되어 그 폐기장으로 생각된다.[49] 제석사지의 발굴에서 드러난 중문지나 목탑지, 금당지, 강당지 등의 중심전각은 건물 기단 규모 등이 사비기 사원 중 최대급에 속한다. 그 서쪽 1.4㎞ 지점에 왕궁리유적이 위치하는데 왕궁리유적의 동문지에서 동쪽을 바라보면 제석사지의 가람중심부가 한눈에 들어온다. 제석사지의 사원 규모나 그 사명寺名을 고려하면 이 사원은 백제 왕실의 후원으로 건립되었고 왕궁의 동쪽에 처음부터 계획적으로 조영되었다고 생각된다.[50]

익산에는 미륵신앙의 성지이자 백제 최대 사원인 미륵사가 건립되었다(도면3-8). 이 절터는 장기간의 발굴에서 삼원병렬식三院竝列式 가람배치가 드러났으며 각 건물의 크기나 건물 사이 중심 간 거리, 회랑을 비롯한 중심부 건물의 전체 규모 등이 균형을 이루며 배치되어 있었다. 이는 가람중심부 주요 건물들이 처음부터 일정한 조영 계획에 따라 배치된 상태에서 공사가 진행되었음을 알려준다. 중앙 목탑지는 대부분 파괴되었지만 현재 재발굴이 진행 중이고, 강당지는 소위 1동 2실 건물이라는 것이 새롭게 밝혀지기도 했다.[51]

---

48 백제 사비기의 고분은 관북리유적을 중심으로 반경 5㎞ 범위에 주로 분포하고 있어, 그 영역이 도성의 범위에 해당할 것이라는 연구가 있다. 장재원, 2021, 「백제 사비도성의 범위」, 『湖西考古學』 48.

49 원광대박물관, 2006, 『익산 왕궁리 傳와요지(제석사폐기장) 시굴조사보고서』; 국립부여문화재연구소, 2019, 『제석사지 폐기유적 발굴조사보고서Ⅲ』.

50 이병호, 2013, 「백제 사비시기 도성의 의례공간과 왕권」, 『韓國古代史硏究』 71.

51 배병선, 2010, 「미륵사의 배치와 건축유구를 통해 본 백제 조영 기술」, 『백제 불교문화의

2009년 서석탑 1층 심주석에서 639년 백제 사택적덕沙宅積德의 딸이 사원을 발원한 것으로 기록된 사리봉영기를 비롯한 다량의 사리장엄구가 출토되었다. 이것은 백제 무왕과 선화공주가 미륵사 건립을 발원했다는『삼국유사三國遺事』의 기록과는 전혀 다른 것이어서 그 실존 여부를 놓고 많은 논란이 일어났다.[52]

금동제사리외호, 금제사리내호, 유리제사리병 등 3중으로 구성된 사리용기는 백제의 새로운 사리안치 방식을 알려주었고 그후 중국이나 일본과의 비교가 시도되었다.[53] 미륵사지 3원의 조영 순서는 토층 조사 결과 중원→서원→동원 순서일 것으로 생각되며,[54] 백제 기와에 관한 분석에서는 627년에 해당하는 '정해丁亥'년 문자기와에 근거할 때 사원의 초축은 서탑 사리봉영기에 나오는 639년보다 약간 더 빠른 620년대까지 소급시켜 볼 수 있을 것으로 추정되었다.[55]

익산 제석사지의 재건이나 미륵사지 창건을 전후하여 부여 지역에는 부소산사지扶蘇山寺址가 건립된다(도면3-9). 사비 도성이 한 눈에 내려다보이는 고지대에 위치하는 이 사원은 남쪽에 관북리 라지구 대형전각건물지, 북동

寶庫, 미륵사』.

52 사리봉영기를 중심으로 한 문헌사학계의 연구는 다음을 참조. 김상현, 2009,「百濟 武王代 佛教界의 動向과 彌勒寺」,『韓國史學報』37; 김영심, 2013,「사리기 명문을 통해 본 백제 사비시기 국왕과 귀족세력의 권력관계」,『韓國史研究』163; 박현숙, 2022,「미륵사지 금제사리봉영기를 둘러싼 쟁점과 과제」,『한국고대사연구』105.

53 사리장엄구에 대해서는 다음을 참고. 주경미, 2014,「미륵사 석탑 사리장엄구의 구성과 의의」,『百濟研究』59; 이송란, 2011,「백제 미륵사지 서탑 유리제사리병과 고대 동아시아 유리 제작」,『美術資料』80.

54 양정석, 2009,「미륵사지 탑지의 조사 과정에 대한 검토」,『한국사학보』36; 김낙중, 2021,「익산 미륵사지 석탑 출토 사리장엄구와 7세기 백제 고고고학」,『고고학으로 백제문화 이해하기』, 진인진.

55 이병호, 2018,「익산 미륵사지 출토 백제 수막새의 기초적 검토」,『百濟學報』24.

쪽에 부소산성 서문지가 자리한다. 대형전각건물은 관북리 일대에서 발견된 가장 대규모 건물로, 국가적인 의례가 이루어진 중요한 시설로 추정되고 있으며, 부소산성 서문지는 군창지와 사자루로 통하는 길목이고, 궁녀사를 거쳐 북문으로 이동하기에 가장 편리한 곳이다. 부소산사지 목탑지에서 출토된 소조상이나 연화문수막새 등을 볼 때 630~640년대에 조영된 사원으로 생각되며, 입지적인 측면에서 백제 왕실이나 왕궁과 밀접하게 관련된 곳이라 할 수 있다.

사비기 지방의 불교나 사원의 존재를 파악하고자 할 때 예산 화전리 사면석불, 태안 동문리 마애삼존불, 서산 용현리 마애삼존불, 익산 연동리 석불좌상, 정읍 보화리 석불입상 등이 주목된다. 예산과 태안, 서산 지역의 대형 석불들은 태안반도 지역이 대중국 교통로의 새로운 기착지로 부상하면서 나타난 현상으로 이해되고 있다.[56] 강진 월남사지에서는 7세기 전반에 속하는 연화문수막새가 출토되어 『속고승전續高僧傳』에 기록된 혜현慧顯의 달라산達拏山 수행처로 생각되고 있다.[57] 그밖에도 부안 고청림사지古青林寺址, 서천 종천 신검리유적, 예산 예산산성, 김제 장화동유적 등지에서도 7세기대 백제 연화문수막새가 출토되어 향후 백제 지방사원을 탐색할 때 주목을 요한다.

---

56 정재윤, 2007, 「예산 사면석불의 조성 시기와 그 배경」, 『百濟研究』 45; 소현숙, 2016, 「태안 마애삼존상의 도상과 성격」, 『百濟文化』 54; 소현숙, 2019, 「예산 사면석불의 제작 시기와 성격, 그리고 백제의 대중교섭」, 『東岳美術史學』 26.

57 최연식, 2007, 「월출산의 관음신앙」, 『天台學研究』 10; 이병호, 2016, 「강진 월남사지 출토 백제 기와의 제작시기와 그 성격」, 『韓國中世史研究』 44.

Ⅲ. 주변국 사원과의 비교

백제 불교 사원의 전개과정 속에서 고구려나 신라, 일본 등 주변국과의 관계는 어떨까. 먼저 고구려와 백제 사원과의 관계를 살펴보자. 6세기대 공주와 부여 지역에서는 토기와 기와, 판석조의 이중굴절 온돌, 연가煙家, 금공품 등에서 고구려 문화의 영향이 확인되고 있다.[58] 그중 비교적 많은 연구가 이루어진 고구려계 토기에 관해서는 5세기말부터 해안지역을 중심으로 출토되기 시작하다가 점차 중앙인 공주에서 사용되고, 사비 천도 이후 확산되는 소위 사비양식 백제토기의 성립에 지대한 영향을 미친 것으로 이해되고 있다. 이러한 고구려계 백제 토기의 성립 배경에 관해서는 고구려와의 문화 접변이나 한강유역 쟁탈전 과정에서 이주하게 된 고구려인 및 옛 백제인의 이동에 따른 결과로 보기도 하지만,[59] 전쟁과 같은 직접적인 영향이라기보다는 비물질적인 전이(불교나 도교 등 종교)나 기술의 전달과 같은 간접적이고 덜

58 고구려와 신라 사원과의 비교는 다음 글을 축약·보완하였음. 이병호, 2017, 「백제사원과 삼국의 불교문화 교류」, 『普照思想』 49, 15~33쪽.

59 박순발, 2005, 「고구려와 백제-泗沘樣式 백제토기의 형성 배경을 중심으로」, 『고구려와 동아시아: 문물교류를 중심으로』, 고려대박물관; 土田純子, 2010, 「泗沘樣式土器에서 보이는 高句麗土器의 影響에 대한 檢討」, 『韓國考古學報』 72.

경쟁적인 상호작용의 결과로 보기도 한다.[60] 어쨌든 웅진 · 사비기 백제의 식생활이나 주거 생활에 이미 고구려가 폭넓게 영향을 미치고 있었음을 유의할 필요가 있다.

사원 건축과 관련된 것으로는 고구려계 기와를 비롯하여 이중기단二重基壇과 하성초석下成礎石, 1동棟 2실室 건물지 등을 들 수 있다. 기와의 경우 수막새와 암막새, 암키와와 수키와 등에서 모두 고구려와 관련성이 확인된다. 수막새의 경우 부여 용정리사지와 쌍북리, 관북리 일대에서 고구려계 연화문수막새가 발견되고, 공주 반죽동이나 군수리사지에서는 지두문指頭文암막새가 출토되었다. 평기와의 경우 부여 정암리, 청양 관현리, 진안 월계리 가마터에서 유有통쪽흔, 무無통쪽연결흔으로 제작된 암키와와 무단식수키와가 출토되었는데 이를 북위-고구려계 기와 제작기술로 보는 견해가 있다.[61] 청양 관현리 가마터에서는 고구려계 사이호四耳壺가 소성실 바닥에서 발견되어 고구려계 기와 제작기술의 영향이 인정된다. 다만 공주 반죽동 일대에서도 고구려의 영향을 받은 지두문암막새나 평기와들이 확인되어, 그 시기나 계기에 관해서는 좀더 검토할 여지가 남아 있다.[62]

이중기단의 경우 평양 청암리사지와 정릉사지, 토성리사지의 8각건물지(추정 목탑木塔) 등에서 공통적으로 확인된다. 청암리사지 8각건물지는 상층기단과 하층기단 사이의 하성부에 작은 초석(하성초석下成礎石)이 배치되는 특이한 기단 평면을 보인다(도면4-4). 이러한 이중기단과 하성초석을 가진

---

60 이명헌, 2022, 「고구려계 사비양식 백제토기의 형성 과정과 그 배경」, 『百濟學報』 39, 72쪽.

61 최영희, 2016, 「백제 사비기의 조와계통과 생산체제」, 『百濟研究』 63, 164~173쪽.

62 필자는 한성기에 이미 고구려 기와 제작기술의 영향이 확인된 점에서 그 연장선에서 지두문암막새나 고구려계 평기와가 출현했을 가능성을 지적한 바 있다. 이병호, 2021, 「공주 반죽동 출토 백제 기와의 기초적 검토」, 『무령왕릉 발굴 50주년 성과』 공주대 백제문화연구소 국제학술대회 발표자료집.

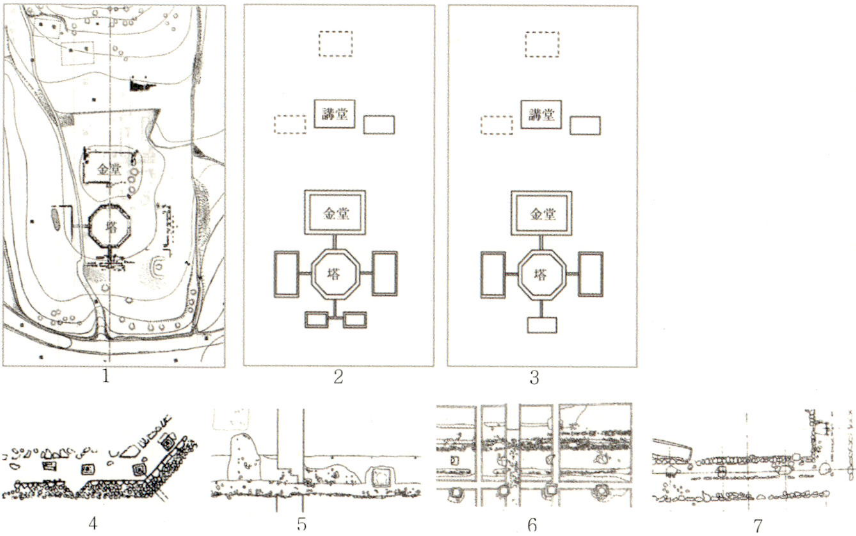

〈도면 4〉 청암리사지의 가람배치와 이중기단 및 하성초석(1~4. 청암리사지, 5. 군수리사지, 6. 황룡사지 중금당, 7. 飛鳥寺 동금당지)

건물지들은 부여 정림사지 금당지와 군수리사지 금당지, 금성산 와적기단건물지 등에서 확인되고, 신라 황룡사지 중금당지와 동 · 서 금당지, 일본 아스카데라飛鳥寺의 동 · 서 금당지에서도 확인되었다.[63] 중국에서는 아직 알려진 사례가 없고 고구려 청암리사지가 가장 빠른 것으로 알려져 있어 백제 사원의 건물 기단 역시 고구려의 영향을 받은 것으로 생각된다.

소위 1동 2실 건물지는 1동으로 계획된 장방형의 공간을 2개의 실로 나누어 사용할 수 있도록 한 것인데 집안集安 동태자유적東台子遺蹟 제1건물지가 가장 빠른 것으로 알려져 있다. 부여 능산리사지 강당지를 비롯하여 익산 미

63 조원창, 2002, 「百濟 二重基壇 築造術의 日本 飛鳥寺 傳播」, 『百濟研究』 35; 배병선, 2008, 「부여지역 백제 건물지의 구조」, 『정림사-역사문화적 가치와 연구현황』; 清水重敦 · 山下秀樹, 2009, 「古代寺院建築における特異な基壇 · 平面とその構造」, 『奈良文化財研究所紀要2008』.

륵사지 강당지, 익산 왕궁리유적 등지에서 동일한 건물지가 발견되고, 경주 황룡사지 창건가람의 강당지 하부 유구, 경주 감은사지 공방지 등에서도 유사한 구조가 확인된다. 그중 동대자유적과 능산리사지 강당지는 평면 형태와 규모, 내부의 온돌 구조 및 서실 중앙부에 배치된 대석臺石 등이 매우 유사하여 고구려의 영향을 받아 성립된 것으로 이해되어 왔다.[64] 그밖에 정릉사지의 경우 그 북쪽에 있는 전傳동명왕릉을 비롯한 진파리 고분군과 연관된 능사陵寺로 알려져 있어 부여 능산리 일대와 유사한 모습을 보인다.[65] 그러나 이러한 공통점에도 불구하고 고구려와 백제 사원은 불탑이 팔각형과 사각형이라는 큰 차이가 있고, 특히 팔각형 목탑 양쪽에 자리한 2동의 건물이 배치되는 형식은 백제 사원에서는 보이지 않는 특이한 것이다.

신라와 백제의 문화교류는 웅진기부터 본격화되지만 이를 확인시켜 주는 유물은 그리 많지 않다. 경주의 고총고분에서 백제나 남조-백제계로 추정되는 유물은 황남대총 북분 다리미[위두熨斗]와 흑유반구소호, 식리총의 금동신발 정도에 불과하다. 백제 지역에서는 5세기경부터 신라계 토기가 소수 출토되지만 송산리 구舊1호분 출토 은제과판 2점만이 가장 확실한 신라산이다.[66] 고분 출토품에 보이는 이러한 양국의 문물교류 양상은 경주 흥륜사 건립이라는 사원 조영을 계기로 하여 그전과는 전혀 다른 차원으로 확대된다.

---

64 김길식, 2008, 「百濟 始祖 仇台廟와 陵山里寺址」, 『韓國考古學報』 69, 68~70쪽. 다만 최근에는 1동 2실 건물지가 중국 남방 계통의 穿斗式 구조라는 반론이 있다. 배병선, 2010, 「미륵사의 배치와 건축유구를 통해 본 백제 조영 기술」, 『백제 불교문화의 寶庫, 미륵사』; 조은경, 2013, 「백제 사찰 강당지를 중심으로 본 고대 건축의 구조와 벽체 구성」, 『백제사찰연구』.

65 양은경, 2013, 「陵寢制度를 통해 본 高句麗, 百濟 陵寺의 性格과 特徵」, 『高句麗渤海研究』 47.

66 이한상, 2010, 「신라고분 속 외래문물의 조사와 연구」, 『中央考古研究』 6; 이한상, 2014, 「금공품으로 본 백제와 신라 · 가야의 교류」, 『백제의 먼나라 이웃나라』, 국립부여박물관; 김낙중, 2021, 「유물로 본 신라와 백제」, 『고고학으로 백제문화 이해하기』, 진인진.

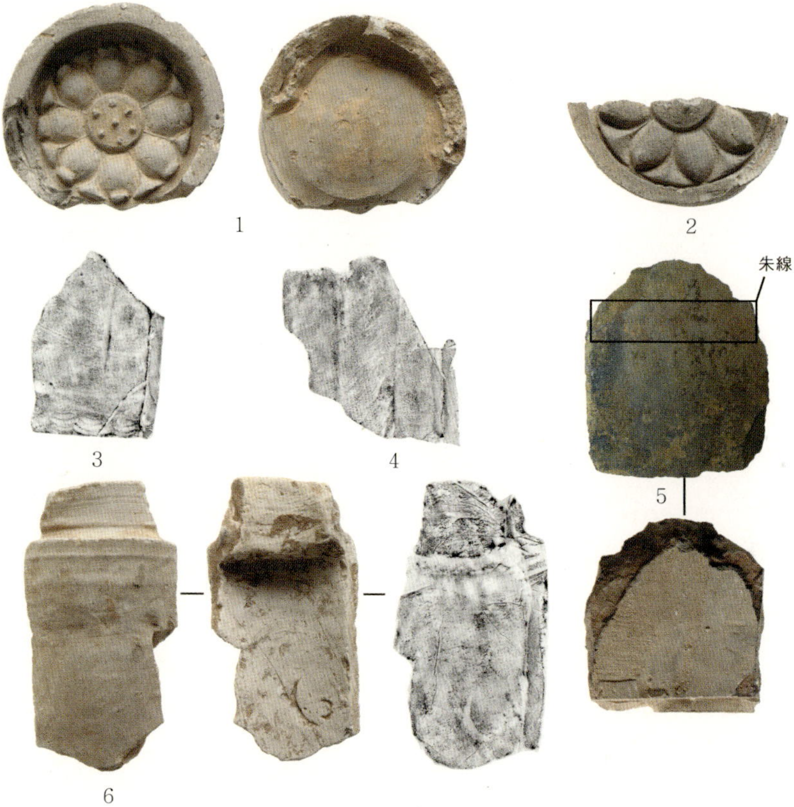

〈도면 5〉 전 흥륜사지 출토 각종 기와

흥륜사興輪寺의 위치에 대해서는 이설이 있지만 경주공업고등학교 일대로 비정된다. 2008년도 경주공고 운동장 주변의 배수구 공사 과정에서 수습된 수막새와 암막새, 수키와와 암키와는 모두 백제 웅진기의 기와 제작기술과 같다는 사실이 밝혀졌다(도면5).[67] 도면2의 공주 반죽동 전傳대통사지 출토 자료가 소개되면서 그러한 영향 관계가 더 확실해졌다. 즉 소위 대통사식수

67 국립경주박물관, 2011,『慶州工業高等學校內 遺構收拾調查』; 이병호, 2013,「경주 출토 백제계 기와 제작기술의 도입과정」,『韓國古代史研究』69.

막새로 불리던 원형돌기형 문양을 가지고 뒷면에 회전물손질 기법으로 만들어진 수막새뿐 아니라 판단융기형 수막새, 선단 유단식의 암막새, 통쪽와통으로 제작된 암키와, 미구와 언강을 별도로 제작하여 붙인 유단식 수키와 등이 대통사지와 홍륜사지에서 공통적으로 확인된 것이다.[68] 홍륜사 창건기의 기와 제작기술은 거시적인 관점에서는 남조 문화 계통에 속하지만 직접적으로는 백제의 영향을 받아 성립되었다.[69]

황룡사지의 유구나 출토 유물에서도 백제 사원과의 관련성이 자주 언급되고 있다. 문헌기록에는 황룡사 9층목탑을 건립할 때 백제 아비지를 파견했으며, 신라 진평왕은 미륵사를 건립할 때 백공百工을 보내주었다고 한다. 그에 따라 황룡사와 미륵사의 발굴이 시작되던 1980년대부터 양자를 비교하여 상호 연관성을 찾으려는 노력들이 있었다.[70] 그러나 미륵사지 목탑이 9층이라는 근거는 없고, 목탑의 기단 축조방식이나 방형초석의 유사성, 가람배치의 유사성도 인정하기 어렵다는 반론이 있다.[71] 미륵사와 황룡사(중건가람)는 창건 연기나 조영시기가 비슷하기 때문에 매우 유사할 것으로 기대했지만 발굴된 유구나 유물에서 이를 증명하는 것이 쉽지 않았다.

다만 황룡사지 출토 기와 중에서 가장 이른 단계의 초창기 수막새들은 고

---

68 이병호, 2019, 「공주 반죽동 출토자료로 본 백제 대통사의 위상」, 『百濟文化』 60

69 한편 고령 지역에서 출토된 원형돌기식 수막새에 대해, 웅진기 백제 대통사지의 영향 받은 것으로 대가야 멸망 이전 가야 불교를 증명하는 자료로 볼 수 있다는 견해가 제기된 바 있다(양은경, 2017, 「가야 연화문과 가야 불교」, 『고고광장』 21). 그러나 고령 지산리 유적 등에서 출토된 원형돌기식 수막새가 대통사식수막새의 범주에 속하는 것은 맞지만, 홍륜사지 창건와와 동범품이기 때문에 백제가 아닌 신라의 영향을 받아 제작된 것으로 생각된다(이병호, 2018, 「유물을 통해 본 대가야의 불교문화」, 『한국불교학』 86).

70 문화재관리국 문화재연구소, 1989, 『彌勒寺』 I ; 장경호, 1990, 「미륵사와 황룡사의 가람 비교론」, 『百濟寺刹建築』, 예경산업사.

71 양정석, 2004, 「황룡사 구층목탑의 조성에 대한 비교사적 검토」, 『先史와 古代』 21, 208~214쪽.

구려계와 백제계로 크게 구분되는데,[72] 고구려계 문양을 가진 수막새도 수키와의 접합 방식은 백제계 기술이라는 반론이 있다.[73] 황룡사 중금당지와 동·서 금당지의 이중기단과 하성초석은 고구려뿐 아니라 백제 사원에서도 공통적으로 확인되는 유구들이다. 황룡사지 목탑지의 기단부를 조성할 때 적용된 굴광 판축법은 미륵사지 서석탑과 유사하며,[74] 창건가람 강당지 일대의 유구들은 백제 사원에서 자주 보이는 소위 1동 2실 건물지에 해당한다.[75]

신라에서 백제 사원의 영향은 멸망기를 전후해서도 지속된다. 예를 들어 감은사지 금당지에 보이는 공동空洞 공간은 미륵사지 동서 금당지의 초반석으로 이루어진 건물기단의 형식과 유사하다.[76] 경주 인왕동 556·566번지 유적과 천관사지, 전傳인용사지 등에서는 백제 사원에서 자주 보이는 와적기단瓦積基壇이 확인된다. 미륵사지 석탑의 나비장 이음 방식이나 조립방식, 치석방식 등은 의성 탑리 석탑이나 감은사지 석탑에 계승된 것으로 생각되며,[77] 사천왕사지 출토 녹유능형전과 익산 미륵사지 납유리의 성분은 동일한

---

72 신창수, 1987, 「삼국시대 신라기와 고찰-황룡사지 출토 기와를 중심으로」, 『文化財』 20; 김유식, 2006, 「황룡사지 출토 신라기와를 통해 본 신라기와의 과제」, 『기와를 통해 본 미륵사와 황룡사』.

73 최영희, 2010, 「新羅 古式수막새의 製作技法과 系統」, 『韓國上古史學報』 70; 조성윤, 2021, 「신라 瓦의 始原 문제」, 『新羅文化』 58.

74 배병선, 2015, 「사비시기 백제 가람의 불탑과 사리장엄」, 『백제 사리장엄과 동아시아 불교문화』, 국립부여문화재연구소, 7~8쪽. 백제와 신라 사원의 기단 구축 방법에 관한 또다른 연구에서도 미륵사지 서석탑지와 황룡사지 목탑지 기단 구축 방법에 보이는 공통성을 언급하면서 『三國遺事』에 나오는 阿非知 전승을 긍정하는 연구가 함께 참고된다. 青木敬, 2012, 「掘込地業と版築からみた古代土木技術の展開」, 『文化財論叢Ⅳ』(奈良文化財研究所創立60周年記念論文集), 985쪽.

75 백제와 신라 사원 유구에 보이는 공통성과 차별성에 대한 정리는 다음을 참조. 김봉건, 2016, 「신라와 백제 사찰 건축 비교 연구」, 『황룡사지 발굴조사 40주년 기념 국제학술대회 발표자료집』.

76 조원창, 2005, 「백제 기단축조술의 대신라 전파」, 『建築歷史研究』 42.

77 박경식, 2015, 「미륵사지석탑의 기술력이 신라 석탑에 미친 영향」, 『新羅文化』 45.

것으로 드러났다.[78]

마지막으로 백제와 일본 사원과의 관계를 살펴보자. 일본에 처음 불교가 전해진 연대에 대해서는 538년과 552년으로 크게 나뉘며, 최근에는 백제와 일본이 임나任那 문제를 사이에 두고 활발하게 교류하던 540년대에 외교적인 측면에서 불교가 활용되었을 가능성이 주목받고 있다.[79] 백제 입장에서는 한강유역의 고토 회복이라는 염원을 실현하기 위해 성왕은 일본의 군사적인 지원과 협력을 이끌어낼 필요가 있었고,[80] 남조 양 무제의 불교 치국책治國策을 참고하여 불교를 활용하여 적극적인 외교활동을 추진한 결과로 이해하기도 한다.[81]

일본의 초기 불교 수용 과정에서 577년은 중요한 전환이 된다. 『일본서기日本書紀』 민달천황敏達天皇 6년(577) 11월조에 "백제국百濟國의 왕이 돌아가는 사신 대별왕大別王 등에게 불상佛像과 경론經論 몇 권 및 율사律師·선사禪師·비구니比丘尼·주금사呪禁師·조불공造佛工·조사공造寺工 6인을 바쳤다. 마침내 난바難波의 대별왕사大別王寺에 안치하였다"는 기사가 있다. 577년 5월 대별왕大別王과 소흑길사小黑吉士가 백제에 사신으로 파견된 기사가 있어, 동년 11월에 귀국한 뒤 복명한 내용을 바탕으로 한 신뢰할만한 기록이라는 의견이 많다. 부여 왕흥사지 목탑지에서 577년 2월 15일에 발원한 사리용기가 발견되면서 이 기록은 더 주목받고 있다. 577년 기록에 등장하는 대별왕이 어떤 인물인지, 또 대별왕사大別王寺가 어떤 절인지에 관해서는 다른 기

---

78 김동하, 2019, 「경주 사천왕사지 출토 綠釉水波形塼에 대한 검토」, 『佛教美術史學』 28.

79 薗田香融, 2016, 「東アジアにおける佛教の傳來と受容」, 『日本古代佛教の傳來と受容』, 塙書房.

80 정병삼, 2002, 「고대 한국과 일본의 불교교류」, 『韓國古代史研究』 27.

81 최연식, 2011, 「6세기 동아시아 지역의 불교 확산 과정에 대한 재검토」, 『충청학과 충청문화』 17.

록이 없어 더 이상의 추정이 어렵다.[82] 다만 이때 일본에 건너간 조불공造佛工은 불상을 만드는 공인으로 후대의 불사佛師에 해당하며, 조사공造寺工은 사사寺師·사공寺工으로도 기록된 목조건축 기술자라 할 수 있는데, 그들은 557년 2월에 발원한 왕흥사 조영 기술자와도 모종의 관계가 있었음을 예상해 볼 수 있다.

587년 물부씨物部氏와의 내전에서 승리한 소아마자蘇我馬子는 아스카데라飛鳥寺의 조영을 발원하고, 588년 백제에서 고위 관료와 승려와 함께 여러 기술 공인들이 파견되어 비로소 사원 건립 공사가 시작된다. 아스카데라飛鳥寺 건립 과정은 『일본서기日本書紀』와 『원흥사연기元興寺緣起』에 인용된 「탑로반명塔露盤銘」 등에 상세하게 기록되어 있다. 각 사료에 보이는 '사공寺工'과 '사사寺師'는 조사공造寺工처럼 목조 건축과 관련된 기술자, '노반박사露盤博士'와 '누반사鏤盤師'는 불탑 상부의 금속을 제작하는 금속 전문 공인, '와박사瓦博士'나 '와사瓦師'는 기와 제작을 담당하는 공인, '화공畵工'은 불당 내외의 문양이나 회화를 전문을 담당하는 공인으로 생각된다.[83]

아스카데라飛鳥寺에 관한 발굴에서는 목탑을 중심으로 하여 동·서·북쪽에 금당을 배치한 소위 일탑삼금당식 가람배치를 하고, 회랑 북쪽에 강당, 가람중심부의 중축선상에 중문과 남문이 자리하고 있다(도면6-1). 목탑지 조사에서는 지하 2.7m에서 사리공이 뚫린 심초석이 발견되었는데, 그 위에서 건구建久 연간에 사리를 재납입하면서 묻었던 사리용기를 비롯하여 창건 당시의 것으로 보이는 각종 금속유물이 발견되었다. 그밖에 건물 초석의 간격

82 대별왕사의 위치에 관해서는 大阪 百濟寺의 전신사원인 堂ヶ芝廢寺라는 견해가 있는데, 그 인근에 위치한 細工谷遺蹟에서는 枝錢이나 百濟尼·尼寺와 같은 묵서토기가 출토되어 百濟尼寺로 추정되고 있다. 藤澤一夫, 1999, 「難波鑄錢司及百濟尼寺考」, 『大阪の歷史と文化財』2, 大阪市教育委員會.

83 大橋一章, 1997, 『飛鳥の文明開化』, 吉川弘文館.

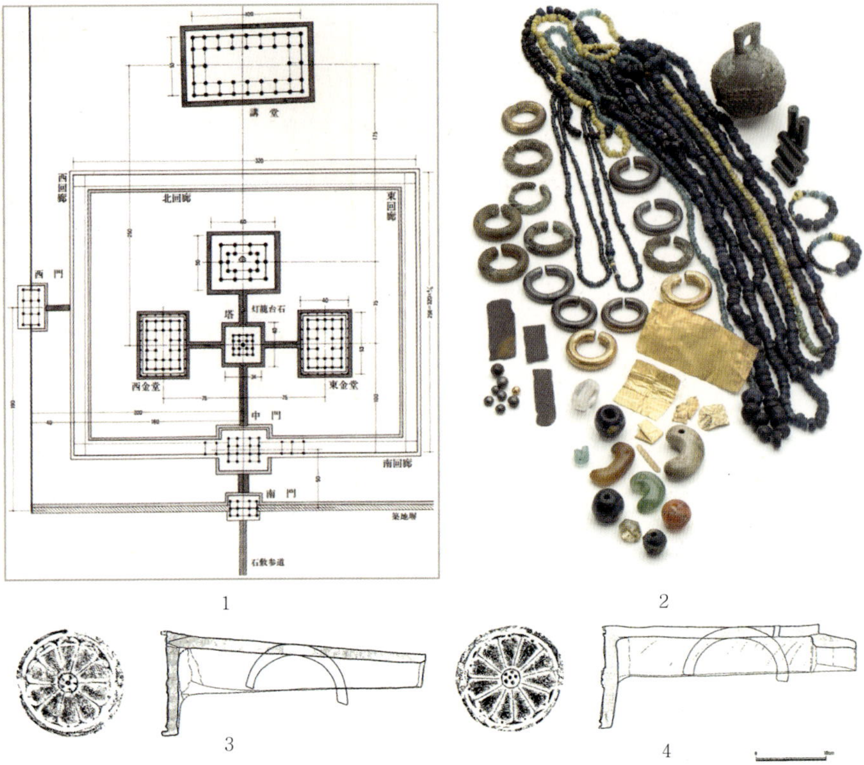

〈도면 6〉 飛鳥寺 가람배치와 사리장엄구, 창건 수막새

을 기준으로 35.1㎝ 고구려척으로 조영척을 복원하였다.[84]

아스카데라飛鳥寺 발굴에서 드러난 유구와 유물들은 백제 사원과의 관련성을 잘 보여주고 있다. 먼저 건물의 축조 방식과 관련해서 주목되는 것이 이중기단과 하성초석이다. 아스카데라飛鳥寺는 일본에서 처음으로 만들어진 와즙瓦葺 건물로, 중금당에 석조가구식石造架構式 기단이 사용되고, 동·서금당에서 돌을 이용해서 쌓은 난적석기단亂石積基壇에 하층기단 위에 작은 초

84 奈良國立文化財研究所, 1958,『飛鳥寺發掘調査報告』; 飛鳥資料館, 1986,『飛鳥寺』.

석(하성초석)을 배치한 독특한 모습을 보인다(도면4-7).

백제 사원에서는 능산리사지 금당지나 목탑지에서 석조가구식 기단의 흔적을 찾을 수 있고, 앞서 언급한 것처럼 정림사지와 군수리사지 금당지, 금성산건물지에서 하성초석을 사용한 이중기단이 확인된다. 그로 인해 일제강점기에 이미 청암리사지 목탑지에서 하성초석의 사용 흔적이 확인되었음에 불구하고, 일본 연구자들은 일찍부터 아스카데라飛鳥寺 동서 금당지의 이중기단과 하성초석을 고구려가 아닌 백제에 의해 전수된 건축 기술로 설명하고 있다.[85] 나중에 언급할 3금당의 원류를 청암리사지로 비정하면서도 건물기단의 축조 기술만큼은 고구려의 그것이 백제를 경유하여 일본에 전해진 것이라고 이해하는 것은 당시의 문화교류 전파 루트를 파악하고자 할 때 주목할 필요가 있다.

아스카데라飛鳥寺 중금당과 동서 금당지는 건물터를 조성하면서 소위 '판축기법版築技法'으로 건물의 기초를 만들었다. 이러한 흔적은 고층건물인 목탑지에서 자주 확인되는 기술이다.[86] 아스카데라飛鳥寺 목탑지 역시 황갈색 모래와 다갈색 점질점토를 교대로 쌓은 것이 확인되었다. 이러한 판축 기술은 아스카데라飛鳥寺 목탑지와 세 금당지뿐 아니라 야마다데라山田寺 목탑지와 금당지, 가와라데라川原寺와 오쿠야마쿠메데라奧山久米寺 목탑지에서도 폭넓게 활용되었다.[87] 이러한 판축기술은 백제 능산리사지와 왕흥사지 목탑지, 익산 제석사지와 미륵사지 목탑지에서도 동일하게 확인되어 백제 조사공造寺工이나 사사寺師의 영향으로 생각된다.

---

85 淺野淸, 1958, 「飛鳥寺の建築」, 『佛敎藝術』 33, 16~17쪽.

86 佐川正敏, 2006, 「일본고대 목탑기단의 구축기술 복원과 심초 설치 형식의 변천에 관한 연구」, 『百濟硏究』 44.

87 青木敬, 2012, 「掘込地業と版築からみた古代土木技術の展開」, 『文化財論叢Ⅳ』; 青木敬, 2017, 『土木技術の古代史』, 吉川弘文館.

아스카데라飛鳥寺 목탑지 심초석의 형태와 설치 방식, 사리장엄구 역시 백제의 영향이다(도면6-2). 일본 고대사원의 목탑지에서는 다양한 심초와 설치 형식이 확인되는데 지하식에서 반지하식, 지상식으로 변하고 있다.[88] 그중 아스카데라飛鳥寺 목탑지의 지하식 심초석 매납 방식은 부여 능산리사지와 군수리사지, 왕흥사지의 지하식 심초석 안치 방식과 매우 유사하며, 군수리사지 목탑지에서 확인된 찰주를 세우기 위한 사도斜道의 흔적 역시 아스카데라飛鳥寺 목탑지에서 동일하게 확인되며,[89] 아스카데라飛鳥寺 목탑 심초석처럼 방형의 사리공에 뚜껑을 덮은 사례는 왕흥사지나 구아리사지 심초석에서도 확인할 수 있다.[90]

아스카데라飛鳥寺 목탑지의 사리장엄구 매납 방식 역시 왕흥사지나 미륵사지와 유사한데, 왕흥사와 아스카데라飛鳥寺는 모두 '사리 장치석'이 심초를 이루고 있다. 두 목탑지 주변에서 발견된 유리제 소옥이나 금은제품, 곱은옥 등도 유사하며 유리제 소옥은 그 형태나 화학 조성의 비율까지 동일하다.[91] 또 그동안 재질을 알 수 없었던 14점의 소옥小玉에 대한 성분분석 결과 진주구슬이라는 것이 밝혀졌는데,[92] 미륵사지 서석탑에서도 진주가 다량 출토된 바 있다.

다만 아스카데라飛鳥寺 목탑지에서는 백제 사리장엄구에서는 발견되지 않

---

88 佐川正敏, 2015,「일본 불탑의 전개와 구조적 특징」,『百濟硏究』62.

89 大脇潔, 2016,「塔の考古學」,『日本古代考古學論集』, 同成社; 佐川正敏, 2016,「古代日本の佛塔の展開と構造的特徵: 韓中の新發見と比較を踏えて」,『日本古代考古學論集』, 同成社.

90 大橋一章, 2013,「6세기 후반 백제사원의 사리안치에 대하여」,『百濟文化』48; 佐川正敏, 2010,「飛鳥寺木塔心礎考」,『坪井清足先生卒壽記念論文集』.

91 諫早直人, 2017,「飛鳥寺の發掘と塔心礎埋納品」,『飛鳥・藤原京を讀み解く』, 137쪽.

92 田村朋美, 2017,「飛鳥寺塔心礎出土の真珠製小玉」,『奈良文化財研究所紀要 2016』, 58~59쪽.

는 도자刀子나 괘갑挂甲, 마구馬具 등 고분 부장품처럼 보이는 유물들도 섞여 있다. 이러한 유물이 처음 발견되었을 때 '고분시대古墳時代의 횡혈식석실을 발굴한 것이 아닐까'라는 생각이 들 정도로 고분과 사리장엄구의 유사성이 강조되고 일본 초기 사원의 독자성을 보여주는 것으로 강조되었다.[93] 그러나 이러한 유물들은 백제의 사리장엄구에서도 고분 출토품과 매우 유사한 모습을 보이며, 사리를 공양하는 의례에 참석했던 왕족이나 귀족들이 공양한 결과물이라 할 수 있다.[94]

아스카데라飛鳥寺 창건기 기와는 백제 와박사瓦博士가 활동한 결과물이며 부여 왕흥사지나 왕궁구역에서 출토된 기와들과 매우 유사하다. 아스카데라飛鳥寺 창건와는 연판의 문양에 따라 꽃잎 연판을 가진 하나구미花組 그룹과 점주상 연판을 가진 호시구미星組 그룹으로 크게 구분되는데(도면6-3·4), 두 그룹은 수막새의 문양에 따라 그것에 연결된 수키와 형식이 서로 다르며, 그것이 사용된 건물지의 위치 역시 차이가 있다.[95] 이러한 아스카데라飛鳥寺 창건와의 원류에 대해서는 부소산성이나 구아리사지, 용정리사지, 관북리유적을 비롯하여 금덕리 가마터, 본의리 가마터가 지목되어 왔는데, 왕흥사지에 관한 발굴에서 그와 유사한 문양과 수키와의 조합이 발견되면서 왕흥사지 창건와가 새롭게 주목되었다.[96] 하지만 왕흥사지 뿐 아니라 관북리유적을 중심으로 한 백제 왕궁구역 출토품을 주목할 필요가 있다는 견해가 제시되기도 했다.[97] 아스카데라飛鳥寺 창건와는 단순히 수막새와 평기와의 제작기

---

93 坪井清足, 1985,『飛鳥の寺と國分寺』(古代日本を發掘する2), 岩波書店.

94 주경미, 2018,「백제 왕흥사지 출토 사리장엄구와 6세기 동아시아 불교문화」,『百濟研究』67.

95 花谷浩, 2000,「飛鳥寺·豊浦寺の創建瓦」,『古代瓦研究Ⅰ』, 奈良文化財研究所.

96 佐川正敏, 2010,「王興寺と飛鳥寺の伽藍配置·木塔心礎設置·舍利奉安の形式と系譜」,『古代東アジアの佛教と王權』, 勉誠出版.

97 이병호, 2013,「飛鳥寺에 파견된 백제 와박사의 성격」,『韓國上古史學報』81: 2015,『百濟

술 뿐 아니라 그것을 생산하여 공급하는 생산체제까지 백제의 영향을 받은 것으로 생각되고 있다.[98]

아스카데라飛鳥寺의 가람배치는 목탑을 중심으로 그 동서쪽과 북쪽에 금당을 배치한 소위 일탑삼금당식을 하고 있어 백제 사원과 차이를 보인다(도면6-1). 한반도 고대사원에서 3금당은 청암리사지(도면4-1~3)와 정릉사지 등에서 확인되어 아스카데라飛鳥寺의 가람배치만큼은 고구려 영향설이 주류를 이루게 되었다.[99] 그러나 아스카데라飛鳥寺에서는 3금당이라는 가람배치 이외에는 고구려 사원과 공통되는 요소가 전혀 발견되지 않았고, 불탑의 형식도 팔각형이 아닌 정사각형이다.

이러한 문제점을 해결하기 위해 삼금당이 2시기에 걸쳐 순차 조영되었다거나 백제 지역에서 삼금당과 비슷한 가람배치가 발견될 것이라는 기대, 백제화된 고구려 문화가 다시 일본에 전파되었을 것이라는 대안이 제시되기도 했다. 그리고 왕흥사지 발굴에서 동서 회랑지 북쪽에서 대형의 부속건물지(도면3-5)가 발견되자 그것이 일본으로 건너가 아스카데라飛鳥寺 동서 금당지로 변형되었을 것이라는 견해가 제기되었다.[100]

그러나 백제 사원에서 공통적으로 확인되는 동서 회랑지 북쪽의 부속건물지들은 여러 개의 방으로 이루어지고, 중축선에서 비켜나 배치되어 공적인 측면이 강한 승방僧房과 같은 것으로 보아야 한다. 능산리사지의 목간 출토 상황에 관한 검토 결과와 미륵사지 승방지의 사례는 이를 잘 보여주고 있

寺院の展開と古代日本』, 塙書房(재수록).

98 清水昭博, 2012,『古代日韓造瓦技術の交流史』, 清文堂; 최영희, 2019,「일본 畿內地域 초기 조와기술의 도입과 전개」,『선사와 고대』61.

99 奈良國立文化財硏究所, 1958,『飛鳥寺發掘調査報告』; 坪井清足, 1982,「飛鳥寺創建諸説の檢討」,『文化財論叢』, 奈良文化財硏究所創立30周年記念論文集.

100 佐川正敏, 2010,「王興寺と飛鳥寺の伽藍配置・木塔心礎設置・舍利奉安の形式と系譜」,『古代東アジアの佛教と王權』, 勉誠出版.

다.[101] 또 군수리사지의 동회랑지 동쪽 건물지(도면3-3)나 왕흥사지의 서회랑지 서쪽 건물지(도면3-5)는 6세기 후반에 백제 사원에서 점차 다원식사원多院式寺院의 흔적을 보여주는 것으로 이해할 수 있어, 백제 사원에서 아직까지 아스카데라飛鳥寺 삼금당과 유사한 건물지가 보이지 않는다고 해도 3금당만 고구려 계통이라고 하기 보다는 고구려 문화가 백제화된 다음 그것이 다시 일본에 전해진 것으로 보아야 한다는 반론이 나오게 되었다.[102] 사원의 조영은 고분에 비해 기술 상호간 제휴도가 높고, 아스카데라飛鳥寺 조영은 처음부터 백제의 기술자들이 하나의 프로젝트팀과 같은 형태로 조직화되어 건립된 것으로 보아야하기 때문이다.

아스카데라飛鳥寺와 짝을 이룬 비구니 사원인 도유라데라豊浦寺에서는 아스카데라飛鳥寺에서는 확인되지 않은 소위 부속건물지의 흔적이 확인되었다. 이 사원의 강당지 서쪽에는 남북 26m 이상으로 추정되는 회랑 또는 승방(尼坊)과 같은 건물이 확인되었다.[103] 보고자는 이를 '장랑상건물지長廊狀建物址'라 명명했는데 이 건물지 남쪽에서 소위 사천왕사식四天王寺式 가람배치에서 흔히 보이는 서회랑지가 검출되었다(도면7-1). 다시 말하면 금당지와 강당지 서쪽에서 서회랑지가 확인되고, 그 회랑지 북쪽에 남북으로 긴 장방형의 승방처럼 생긴 건물지가 확인되는데 이는 백제 사원에서 말하는 부속건물지에 해당한다.[104]

강당 동서쪽의 별도건물은 오사카大阪 시텐노지四天王寺에서도 유사한 흔

101 이병호, 2014,『백제 불교 사원의 성립과 전개』, 96~101쪽.

102 이병호, 2013,「백제사원과 일본 飛鳥寺 삼금당의 원류」,『百濟硏究』57: 2015,『百濟寺院の展開と古代日本』, 塙書房(재수록).

103 大西貴夫, 1998,「豊浦寺 第3次調査」,『奈良縣遺跡調査概報』, 奈良縣立橿原考古學硏究所.

104 이병호, 2019,「백제 사찰의 역사 · 문화적 가치」,『동아시아 문화의 정수, 백제왕도』, 문화재청.

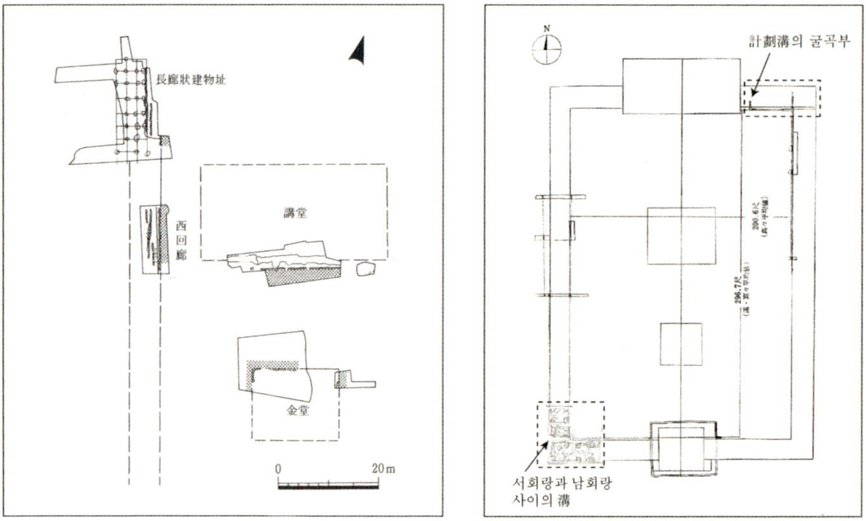

〈도면 7〉 豊浦寺(1)와 四天王寺(2)의 부속건물지

적이 확인된다(도면7-2). 시텐노지四天王寺는 중문과 목탑, 금당, 강당이 남북일직선상에 배치된 일탑일금당식 가람배치의 전형을 보여주며, 부여 군수리사지와 가람배치나 규모가 동일한 것으로 일찍부터 주목되었다.[105] 그러나 백제 절터에 관한 조사 사례가 증가하면서 기존의 통설과 달리 시텐노지四天王寺에도 강당지 동쪽에 별도건물別途建物로 추정할 수 있는 흔적이 확인되며,[106] 강당지의 경우도 동서로 긴 한 동의 건물이 아니라 백제 사원에서 자주 보이는 소위 1동 2실 건물이었을 가능성이 지적되면서 사천왕사식 가람배치 자체에 약간의 수정이 불가피해졌다.[107]

---

105 石田茂作, 1969,「百濟寺院と法隆寺」,『法隆寺雜記帖』, 學生社.

106 綱伸也, 2018,「四天王寺の發掘調査」,『地より湧出した難波の大伽藍』, 四天王寺寶物館.

107 이병호, 2011,「百濟 定林寺式伽藍配置의 展開와 日本의 初期寺院」,『百濟研究』54.

7세기 중엽 난바難波 천도遷都에 따른 시텐노지四天王寺의 가람정비 과정에서 주목되는 것이 와적기단瓦積基壇의 존재이다. '와적기단'은 건물의 기단을 만들 때 기와를 쌓아 기초를 다진 것을 가리키며 백제 특유의 건축기술로 알려져 있으며, 일본에서는 백제 멸망 이후에 전해졌다고 보는 것이 통설이다.[108] 그런데 오사카大阪 시텐노지四天王寺 창건기 중문지와 남쪽 회랑지 기단에서 와적기단과 석축기단이 함께 발견되었다. 외부에서 잘 보이는 바깥쪽은 석재를 가공해서 기단을 쌓았지만 보이지 않는 곳에는 와적기단을 사용했는데, 이러한 모습은 부소산사지 중문지에서도 동일하게 확인된다. 이처럼 시텐노지四天王寺는 중문과 회랑의 기단, 나아가 가람 조영 전체에서 백제 영향이 인정된다.[109]

기나이河內 지역에 소재한 신도하이지新堂廢寺도 주목된다. 신도하이지新堂廢寺의 동서 회랑지 북쪽에는 동방건물과 서방건물이 배치되어 있는데, 백제 사원에서 말하는 부속건물지에 해당한다. 신도하이지新堂廢寺는 가람중심부에서 북서쪽 300m 떨어진 곳에 가메이시고분龜石古墳으로 불리는 횡구식석곽이 발굴되었는데 특이하게 석곽 주변을 암키와로 쌓았다. 이곳에서 발견된 암키와는 신도하이지新堂廢寺 가람중심부의 중문지나 그 중간에 위치하는 오간지이케オガンジ池 와당적瓦窯跡에서 출토된 기와와 동일한 기술로 제작되었다.[110] 이처럼 신도하이지新堂廢寺와 가메이시고분龜石古墳은 부여 능산리고분군과 능산리사지처럼 고분과 사원이 세트를 이루고 배치되었음을 잘 보여준다. 이 사원이야말로 일본 고대사원 중에서 백제 사원을 가장

---

108 田邊征夫, 1978,「古代寺院の基壇-切石積基壇と瓦積基壇」,『原始古代社會研究』4, 校倉書房; 田邊征夫, 1997,「瓦積基壇と渡來系氏族」,『季刊 考古學』60.

109 綱伸也, 2005,「日本における瓦積基壇の成立と展開」,『日本考古學』20.

110 粟田熏, 2002,「お龜石古墳の築造年代」,『藤澤一夫先生卒壽記念論文集』; 富田林市教育委員會, 2003,『新堂廢寺跡・オガンジ池瓦窯跡・お龜石古墳』.

충실하게 모방했다고 할 수 있다.[111]

그밖에 익산 제석사지나 왕궁리유적처럼 사원과 왕궁이 세트를 이루는 모습은 639년 백제궁百濟宮과 백제대사百濟大寺의 조영이나 그전 시기 아카루가노미야斑鳩宮과 와카쿠사가람若草伽藍의 관계에서도 확인된다.[112] 제석사지 폐기장 유적처럼 사역 외곽에 기와나 소조상, 벽체 파편을 폐기하는 방식은 가와라데라川原寺 우라야마유적裏山遺蹟에서도 유사한 양상이 확인된 바 있다.[113]

111 大脇潔, 2010,「飛鳥・藤原京の寺院」,『飛鳥から藤原京へ』(古代の都1), 吉川弘文館.

112 이병호, 2013,「백제 사비시기 도성의 의례 공간과 왕권」,『韓國古代史硏究』71.

113 崔聖銀, 2011,「百濟塑像の樣相とその傳播」,『飛鳥・川原寺裏山遺跡と東アジア: 資料集』, 關西大學文學部考古學硏究室 ; 최성은, 2013,「백제 7세기 소조상의 양상과 전파」,『百濟文化』49.

Ⅳ. 맺음말

이상에서 불교 수용 과정부터 멸망기에 이르는 백제의 주요 사원 유적에 관한 고고학적 발굴 성과와 중요한 쟁점들을 소개하고, 그것이 주변국인 고구려 · 신라 · 일본의 고대사원과 어떤 관련성을 갖는지를 검토해 보았다.

백제는 공주 대통사를 건립하면서 본격적인 가람을 조영하기 시작했고, 사비 천도 이후 정림사지나 능산리사지, 군수리사지를 건립하면서 백제식 사원형을 완성하였다. 왕흥사지와 미륵사지에서는 기존에 보이지 않던 새로운 요소들이 확인되는데, 도성 내외 주요 사원들은 왕궁과 도성을 수식하는 가장 중요한 기념비적 건조물이었다. 백제 사원에는 중국이나 고구려와 활발하게 교류한 흔적이 확인되며, 신라나 일본 고대사원의 발전에도 지대한 영향을 미친 것을 알 수 있다. 백제는 주변 국가들과 활발하게 교류하면서 백제적인 사원형을 완성시켜 나갔으며, 국내외 정치 · 외교 무대에서 그러한 기술을 적극적으로 활용하여 자국의 이득을 실현시켜 나갔다.

이 글에서는 중국 불교 사원과 출토 유물에 관한 검토가 빠져 있고, 불교 조각을 중심으로 한 미술사적 성과 역시 자세히 다루지 못했다. 향후 중국 남북조 사원과의 비교는 백제식 사원형의 특징을 명확히 하는데 기여

할 것으로 생각되며 자료의 증가를 기대한다. 비교적 장기간의 자료를 소개하다보니 자료의 나열이나 소개에 머물 수밖에 없었음을 고백한다. 학술대회의 취지에 맞춰 발제를 위한 불가피한 측면이 있었음을 밝히며 양해를 구한다.

참고문헌

국립경주박물관, 2011, 『慶州工業高等學校內 遺構收拾調査』.

국립부여문화재연구소, 2009, 『왕흥사지Ⅲ』.

국립부여문화재연구소, 2011, 『부여 정림사지 발굴조사보고서』.

국립부여문화재연구소, 2019, 『제석사지 폐기유적 발굴조사보고서Ⅲ』.

국립부여박물관, 2016, 『부여 구아리사지』.

金正基, 1984, 「彌勒寺塔과 定林寺塔-建立時期의 先後에 관하여-」, 『考古美術』 164.

김기섭, 1990, 「백제 전기 도성에 관한 일고찰」, 『淸溪史學』 7.

김길식, 2008, 「百濟始祖 仇台廟와 陵山里寺址-仇台廟에서 寺廟로」, 『韓國考古學報』 69.

김낙중, 2021, 『고고학으로 백제문화 이해하기』, 진인진.

김동하, 2019, 「경주 사천왕사지 출토 綠釉水波形塼에 대한 검토」, 『佛敎美術史學』 28.

김봉건, 2016, 「신라와 백제 사찰 건축 비교 연구」, 『황룡사지 발굴조사 40주년 기념 국제학술대회 발표자료집』, 국립경주문화재연구소.

김상현, 1999, 「백제 위덕왕의 부왕을 위한 추복과 夢殿觀音」, 『韓國古代史硏究』 15.

김상현, 2009, 「百濟 武王代 佛敎界의 動向과 彌勒寺」, 『韓國史學報』 37.

김수태, 1998, 「백제 위덕왕대 부여 능산리 사원의 창건」, 『百濟文化』 27.

김영심, 2013, 「사리기 명문을 통해 본 백제 사비시기 국왕과 귀족세력의 권력관계」, 『韓國史硏究』 163.

김유식, 2006,「황룡사지 출토 신라기와를 통해 본 신라기와의 과제」,『기와를 통해 본 미륵사와 황룡사』, 한국기와학회.

大橋一章, 2013,「6세기 후반 백제사원의 사리안치에 대하여」,『百濟文化』48.

문화재관리국 문화재연구소, 1989,『彌勒寺』Ⅰ.

박경식, 2015,「미륵사지석탑의 기술력이 신라 석탑에 미친 영향」,『新羅文化』45.

박순발, 2005,「고구려와 백제-泗沘樣式 백제토기의 형성 배경을 중심으로」,『고구려와 동아시아: 문물교류를 중심으로』. 고려대박물관.

박순발, 2015,「정림사, 어떤 사찰인가」,『定林寺와 永寧寺』, 국립부여박물관.

박순발, 2019,「백제 불사 입지 비교 연구」,『百濟研究』70.

박순발, 2020,「백제 佛寺의 전개와 大通寺」,『백제왕도 학술대회: 대통사지 현황과 과제』충남역사문화원 학술대회자료집.

박현숙, 2022,「미륵사지 금제사리봉영기를 둘러싼 쟁점과 과제」,『韓國古代史研究』105.

배병선, 2008,「부여지역 백제 건물지의 구조」,『정림사-역사문화적 가치와 연구현황』, 국립문화재연구소.

배병선, 2010,「미륵사의 배치와 건축유구를 통해 본 백제 조영 기술」,『백제 불교문화의 寶庫, 미륵사』, 국립문화재연구소.

배병선, 2015,「사비시기 백제 가람의 불탑과 사리장엄」,『백제 사리장엄과 동아시아 불교문화』, 국립부여문화재연구소.

부여문화재연구소, 1993,『부여 구아리 백제유적 발굴조사보고서』.

소현숙, 2016,「태안 마애삼존상의 도상과 성격」,『百濟文化』54.

소현숙, 2019,「성왕의 대통사 창건과 양 무제」,『百濟文化』60.

소현숙, 2019,「예산 사면석불의 제작 시기와 성격, 그리고 백제의 대중교섭」,『東岳美術史學』26.

이병호, 2013, 「飛鳥寺에 파견된 백제 와박사의 성격」, 『韓國上古史學報』 81.

이병호, 2014, 「7세기대 백제 기와의 전개양상과 특징」, 『百濟文化』 50.

이병호, 2014, 『백제 불교 사원의 성립과 전개』, 사회평론.

이병호, 2016, 「강진 월남사지 출토 백제 기와의 제작시기와 그 성격」, 『韓國中世史研究』 44.

이병호, 2016, 「부여 동남리사지의 성격」, 『先史와 古代』 48.

이병호, 2017, 「백제사원과 삼국의 불교문화 교류」, 『普照思想』 49.

이병호, 2018, 「유물을 통해 본 대가야의 불교문화」, 『한국불교학』 86.

이병호, 2018, 「익산 미륵사지 출토 백제 수막새의 기초적 검토」, 『百濟學報』 24.

이병호, 2019, 「공주 반죽동 출토자료로 본 백제 대통사의 위상」, 『百濟文化』 60.

이병호, 2019, 「백제 사찰의 역사 · 문화적 가치」, 『동아시아 문화의 정수, 백제왕도』, 문화재청.

이병호, 2020, 「백제의 기와 제작기술과 생산체제의 변화」, 『先史와 古代』 64.

이병호, 2021, 「공주 반죽동 출토 백제 기와의 기초적 검토」, 『무령왕릉 발굴 50주년 성과』 공주대 백제문화연구소 국제학술대회 발표자료집.

이상일, 2021, 「백제 사찰 부속건물지의 구조와 기능」, 『문화재』 54-1.

이송란, 2011, 「백제 미륵사지 서탑 유리제사리병과 고대 동아시아 유리 제작」, 『美術資料』 80.

이장웅, 2010, 「백제 사비기 오제 제사와 능산리사지」, 『百濟文化』 42.

이장웅, 2016, 「백제 동악 계람산과 현광의 옹산 범찰」, 『韓國古代史探究』 23.

이한상, 2010, 「신라고분 속 외래문물의 조사와 연구」, 『中央考古研究』 6.

이한상, 2014, 「금공품으로 본 백제와 신라 · 가야의 교류」, 『백제의 먼나라 이웃나라』, 국립부여박물관.

장경호, 1990, 「미륵사와 황룡사의 가람 비교론」, 『百濟寺刹建築』, 예경산업사.

장경호, 2004, 『아름다운 백제 건축』, 주류성.

장재원, 2021, 「백제 사비도성의 범위」, 『湖西考古學』 48.

정병삼, 2002, 「고대 한국과 일본의 불교교류」, 『韓國古代史研究』 27.

정자영, 2008, 「백제의 심초 및 사리봉안」, 『文化財』 41-1.

정자영, 2012, 「부여 정림사지 가람배치와 편년적 검토」, 『韓國上古史學報』 76.

정자영 · 탁경백, 2007, 「한국 고대목탑의 기단 및 심초부 축조기법에 관한 고찰」, 『文化財』 40.

정재윤, 2007, 「예산 사면석불의 조성 시기와 그 배경」, 『百濟研究』 45.

조경철, 2006, 「동아시아 불교식 왕호 비교: 4~8세기를 중심으로」, 『韓國古代史研究』 43.

조경철, 2015, 『백제불교사연구』, 지식산업사.

조경철, 2021, 「백제 대통사와 『법화경』 「화성유품」 신앙」, 『韓國思想史學』 68.

조성윤, 2021, 「신라 瓦의 始原 문제」, 『新羅文化』 58.

조원창, 2002, 「百濟 二重基壇 築造術의 日本 飛鳥寺 傳播」, 『百濟研究』 35.

조원창, 2003, 「백제 웅진기 부여 용정리 하층 사원의 성격」, 『韓國上古史學報』 42.

조원창, 2005, 「백제 기단축조술의 대신라 전파」, 『建築歷史研究』 42.

조원창, 2008, 「웅진~사비기 와당으로 본 고구려 제와술의 백제전파」, 『白山學報』 81.

조원창, 2010, 「백제 정림사지 석탑 하부 축기부 판축토의 성격」, 『韓國古代史探求』 5.

조원창, 2020, 「부여 정림사 소조상의 출토 층위와 목탑 존재의 검토」, 『先史와 古代』 63.

조원창, 2021, 『성왕, 공주에 대통사를 세우다』, 서경문화사.

조은경, 2013, 「백제 사찰 강당지를 중심으로 본 고대 건축의 구조와 벽체 구성」, 『백제사찰연구』, 국립부여문화재연구소.

佐川正敏, 2006,「일본고대 목탑기단의 구축기술 복원과 심초 설치 형식의 변천에 관한 연구」,『百濟硏究』44.
佐川正敏, 2015,「일본 불탑의 전개와 구조적 특징」,『百濟硏究』62.
주경미, 2010,「한국 석탑 출현기 사리장엄방식의 변화 양상」,『百濟硏究』62.
주경미, 2014,「미륵사 석탑 사리장엄구의 구성과 의의」,『百濟硏究』59.
주경미, 2018,「백제 왕흥사지 출토 사리장엄구와 6세기 동아시아 불교문화」,『百濟硏究』67.
주경미, 2022,「무령왕릉 출토품의 미술사 연구 현황과 과제」,『百濟文化』76.
주홍규, 2020,「부여지역 출토 백제 구획선연화문 수막새의 제작시기와 전통」,『韓國上古史學報』110.
최성은, 2013,「백제 7세기 소조상의 양상과 전파」,『百濟文化』49.
清水昭博, 2003,「百濟 大通寺式 수막새의 성립과 전개」,『百濟硏究』38.
최연식, 2007,「월출산의 관음신앙」,『天台學硏究』10.
최연식, 2011,「6세기 동아시아 지역의 불교 확산 과정에 대한 재검토」,『충청학과 충청문화』13.
최연식, 2012,「미륵사 창건의 역사적 배경」,『韓國史硏究』159.
최영희, 2010,「新羅 古式수막새의 製作技法과 系統」,『韓國上古史學報』70.
최영희, 2016,「백제 사비기의 조와계통과 생산체제」,『百濟硏究』63.
최영희, 2019,「일본 畿內地域 초기 조와기술의 도입과 전개」,『선사와 고대』61.
충남대박물관, 1998,『聖住寺』.
충청대박물관, 2007,『부여 임강사지』.
탁경백, 2016,「정림사지 창건시기 재고」,『건축역사연구』25-4.
土田純子, 2010,「泗沘樣式土器에서 보이는 高句麗土器의 影響에 대한 檢討」,『韓國考古學報』72.
한나래, 2012,「백제 사찰 부속건물지의 유형과 성격」,『古文化』80.

홍사준, 1969, 「백제의 칠악사와 오함사 소고」, 『百濟文化』 3.

諫早直人, 2017, 「飛鳥寺の發掘と塔心礎埋納品」, 『飛鳥・藤原京を讀み解く』, 奈良文化財研究所.

綱伸也, 2005, 「日本における瓦積基壇の成立と展開」, 『日本考古學』 20.

綱伸也, 2018, 「四天王寺の發掘調査」, 『地より湧出した難波の大伽藍』, 四天王寺寶物館.

龔巨平, 2022, 「南京西營村南朝佛寺遺址考古發現與研究」, 『백제와 남조 사원의 새로운 인식』(국제학술대회 자료집), 국립부여문화재연구소.

吉村怜, 1977, 「百濟武寧王妃木枕に描かえらた天人誕生圖」, 『美術史研究』 14.

吉村怜, 1983, 『中國佛教圖像の研究』, 東方書店.

奈良國立文化財研究所, 1958, 『飛鳥寺發掘調査報告』.

大橋一章, 1997, 『飛鳥の文明開化』, 吉川弘文館.

大西貴夫, 1998, 「豊浦寺 第3次調査」, 『奈良縣遺跡調査概報』, 奈良縣立橿原考古學研究所.

大脇潔, 2010, 「飛鳥・藤原京の寺院」『飛鳥から藤原京へ』(古代の都1), 吉川弘文館.

大脇潔, 2016, 「塔の考古學」, 『日本古代考古學論集』, 同成社.

藤澤一夫, 1971, 「古代寺院の遺構に見る韓日の關係」, 『アジア文化』 8-2.

藤澤一夫, 1999, 「難波鑄錢司及百濟尼寺考」, 『大阪の歷史と文化財』 2, 大阪市教育委員會.

李炳鎬, 2015, 『百濟寺院の展開と古代日本』, 塙書房.

富田林市教育委員會, 2003, 『新堂廢寺跡・オガンジ池瓦窯跡・お龜石古墳』.

飛鳥資料館, 1986, 『飛鳥寺』.

石田茂作, 1969, 「百濟寺院と法隆寺」, 『法隆寺雜記帖』, 學生社.

栗田熏, 2002,「お龜石古墳の築造年代」,『藤澤一夫先生卒壽記念論文集』.

薗田香融, 2016,「東アジアにおける佛教の傳來と受容」,『日本古代佛教の傳來と受容』, 塙書房.

田邊征夫, 1978,「古代寺院の基壇-切石積基壇と瓦積基壇」,『原始古代社會硏究』4, 校倉書房.

田邊征夫, 1997,「瓦積基壇と渡來系氏族」,『季刊 考古學』60.

田村朋美, 2017,「飛鳥寺塔心礎出土の真珠製小玉」,『奈良文化財研究所紀要2016』.

佐川正敏, 2010,「飛鳥寺木塔心礎考」,『坪井清足先生卒壽記念論文集』.

佐川正敏, 2010,「王興寺と飛鳥寺の伽藍配置・木塔心礎施設・舍利奉安形式の系譜」,『古代東アジアの佛教と王權』, 勉誠出版.

佐川正敏, 2016,「古代日本の佛塔の展開と構造的特徵: 韓中の新發見と比較を踏えて」,『日本古代考古學論集』, 同成社.

淺野淸, 1958,「飛鳥寺の建築」,『佛教藝術』33.

青木敬, 2012,「掘込地業と版築からみた古代土木技術の展開」,『文化財論叢Ⅳ』(奈良文化財研究所創立60周年記念論文集).

青木敬, 2017,『土木技術の古代史』, 吉川弘文館.

淸水昭博, 2005,「軍守里廢寺址出土軒丸瓦の檢討」,『MUSEUM』596.

淸水昭博, 2012,『古代日韓造瓦技術の交流史』, 淸文堂.

淸水重敦・山下秀樹, 2009,「古代寺院建築における特異な基壇・平面とその構造」,『奈良文化財研究所紀要2008』.

崔聖銀, 2011,「百濟塑像の様相とその傳播」,『飛鳥・川原寺裏山遺跡と東アジア: 資料集』, 關西大學文學部考古學研究室.

坪井清足, 1982,「飛鳥寺創建諸說の檢討」,『文化財論叢』, 奈良文化財研究所創立30周年記念論文集.

坪井清足, 1985,『飛鳥の寺と國分寺』(古代日本を發掘する2), 岩波書店.

花谷浩, 2000,「飛鳥寺・豊浦寺の創建瓦」,『古代瓦研究Ⅰ』, 奈良文化財研究所.

종합토론

백제의 불교 수용과 전파

좌장 최연식(동국대학교)

토론 소현숙(덕성여자대학교)
길기태(국가기록원)
이병호(공주교육대학교)
조경철(연세대학교)
주경미(충남대학교)
강희정(서강대학교)

종합토론 1부

조영훈 소장(한성백제박물관) : 지금부터 제20회 쟁점백제사 학술회의 오후 종합토론을 시작하도록 하겠습니다. 유튜브 중간 채팅창을 통해서 질문을 받고 있는데요. 이후 종합토론 다 끝난 후에 5시경 정리해서 좌장 선생님께 드리도록 하겠습니다.

종합토론 시간에는 동국대학교 사학과 최연식 교수님께서 좌장을 맡아 진행해 주시겠습니다. 또 연세대학교에 계시는 조경철 선생님, 충남대학교에 계시는 주경미 선생님, 서강대학교에 계시는 강희정 선생님께서 참여하십니다. 그럼 이제부터는 좌장 선생님께 진행을 부탁드리도록 하겠습니다.

좌장 최연식 : 안녕하십니까? 오늘 '백제의 불교 수용과 전파' 종합토론의 좌장을 맡은 동국대학교 사학과의 최연식입니다.

오전에 세 분 선생님의 발표가 있었고 오후에는 지금부터 오후 5시 반까지 그 세 분 선생님 발표에 대해서 여러 가지 측면에서 전공자 선생님들이 문제제기를 하고 답변을 하는 토론시간을 갖도록 하겠습니다. 오전 발표에서도 잠깐 얘기가 있었습니다만, 오늘 학술회의는 본래는 한성백제시대의 불교 수용의 문제에 초점을 맞추려는 계획이었습니다. 그런데 저희 발표하시는 선생님들 그리고 토론 선생님들이 같이 모여서 논의한 결과 "아직 그 한성백제시대의 불교에 관해서는 여러 가지 문헌자료나 어떤 유적, 유물 등으로 볼 때 본격적인 논의를 하기에는 조금 부족한 점이 있다."고 의견을 모았고, 나아가 이번에는 저희가 이 쟁점백제사에서 불교에 대해서 처음 다루는 기회인만큼 백제 불교 전반에 대한 종합적인 모습을 살펴보는 것이 필요하다고 의견이 모아졌습니다. 그 결과 오늘과 같은 내용의 발표회가 되었습니다. 나중에 오늘의 토론을 거치고 나서 특히 오늘 토론과정에서 중요한 문제들이 발견된다면 그런 문제들을 중심으로 보다 구체적인 다른 학술회의의 장은 앞으로 마련하지 않을까 그렇게 생각을 합니다. 그런 점에서 오늘 백제 불교의 전반적인 문제에 대해서 굉장히 폭넓게 그리고 전문적인 발표가 있었고 또 아마 토론도 이어지리라고 생각합니다. 오늘 참여하신 발표자 선생님 그리고 토론자 선생님들은 다 이 분야의 전문가들이시니까, 또 사실 백제 불교 전반에 걸쳐서 그것만을 대상으로 하여, 백제불교 전반에 대해서 검토하는 상당히 의미 있는 자리라고 생각을 합니다. 그래서 선생님들께서 평소 생각하시는 것들을 가감 없이 오늘 다 같이 얘기하시면 우리가 백제 불교에 대해서 현재 무엇을 알고 있고 또 앞으로 무엇을 알아야 되는가 하는 것들이 잘 드러나지 않을까 생각합니다. 그런 점들을 선생님들께 다시 한 번 부탁드리면서 종합토론을 시작하려고 합니다.

1. 강희정 선생님의 지정토론

먼저 1부에서는 오전에 발표하신 세 분 선생님 발표에 대해서 지정토론을 맡으신 선생님들의 토론 혹은 질의 그리고 그에 대해서 발표자 선생님의 답변을 듣는 시간을 갖도록 하겠습니다. 제일 먼저 서강대학교 강희정 선생님의 토론을 듣도록 하겠습니다. 강 선생님 부탁드리겠습니다.

강희정 : 네, 안녕하세요? 서강대학교 강희정입니다. 한성백제박물관에서 주관하는 쟁점백제사 '백제의 불교 수용과 전파'를 논의하는 뜻깊은 학술회의에서 토론을 맡게 되어 영광입니다. 게다가 금요일이고, 저는 그렇게까지 열심히 공부를 하고 싶지 않았지만 아침 10시부터 와서 발표를 듣고, 그리고 또 점심 먹자마자 바로 이렇게 토론을 하게 되어서 저의 게을러지는 마음에 채찍질을 해 주신 것 같아서 또한 감사하다는 말씀을 드리고 싶습니다.

한성, 웅진, 부여 그 백제 고도에서 계속 진행된 발굴 성과와 연구의 축적에도 불구하고 사실상 백제 불교에 관해서는 여전히 연구가 충분하다고는 여겨지지가 않습니다. 그래서 백제 불교와 불교사, 불교미술 전반을 되짚어 볼 수 있는 이렇게 중요한 자리를 마련해 주신 한성백제박물관과 다른 수고해 주신 여러 선생님들께도 깊은 감사를 드립니다. 오늘 제가 지정토론을 하게 돼서 미리 받아본 소현숙 선생님의 연구는 아까 발표도 들으셨겠지만, 그 발표보다도 자료집을 보시면 내용이 훨씬 더 방대합니다. 아마도 백제 불교 및 백제 불교미술 연구를 집대성한 발표였다고 보아도 무방할 정도로 상당히 정치한, 아주 치밀한 논의를 해 주셨습니다. 빈틈없는 선행 연구 검토를 통해서 백제 불교의 도입과 전개, 불교미술의 제작까지 총망라한 치밀한 발표문을 읽고 저의 생각과 공부를 다시 검토할 수 있는 기회가 됐다는 점에 다시 감사를 드립니다. 그래도 백제 불교에 대해서 지식이 일천한 제가 갖게 된 얕은 생각을 한 번 여쭤보는 것으로 토론자의 소임을 다하고자 합니다.

본 토론자는 크게 백제 불교와 불교조각으로 나누어서 여쭤보고자 합니다. 우선 소현숙 선생님께서는 백제 불교 전반적으로 남조의 영향을 굉장히 중요하게 보고 계십니다. 물론 선생님만은 아니고 백제 연구자들 모두 다 그렇게 보시는 것 같습니다. 백제의 지정학적 위치라든가 백제에서 발굴된 유물의 성격, 문헌 기록 등을 통해 볼 때 물론 타당하다는 생각도 듭니다. 다만 저 역시 비슷한 관점에서 생각했을 때 저 스스로 지녔던 의문이 몇 개 있어서 이 자리를 빌려서 여쭤보고자 합니다.

첫째로는 백제 불교 수용의 배경에 관한 것입니다. 백제는 중앙집권적인 고대국가로서의 사상적 기반으로, 혹은 왕권 강화의 이념으로 불교를 선택적으로 수용했으며, 백제의 공식 요청에 의해서 동진에서 마라난타가 온 것으로 이해됩니다. 선생님도 여기에 동의하시는 걸로 읽혔습니다. 백제의 역사적 상황과 왕실의 입장을 고려하면 충분히 이해가 갑니다. 하지만 우리가 백제 불교 수용 당시 중국 남조의 동진 불교에 대해서 생각을 하지 않을 수 없는데요. 과연 동진에서 이 시기에 불교가 고대국가의 사상적 기반 역할을 충실히 하고 있었나? 백제가 이것을 잘 알고 있었는가? 여기에 대해서 저는 약간 의문을 갖고 있습니다. 우선 서진 말기인 300년경에 일어난 '팔왕의 난'이라든가, 그 후에 바로 이어진 311년경의 '영가의 난' 등으로 인해서 서진 왕실은 존속할 수 없는 타격을 입었고 동진은 바로 서진 멸망 직후에 세워졌습니다. 하지만 동진 역시 역사적인 상황이 순탄하지 않았죠. 그래서 5호16국 시대, 그리고 바로 이어지는 남북조 시대 역사의 그 혼란의 한가운데 있었다, 이렇게 볼 수가 있는데요. 침류왕 원년에 마라난타의 초전으로 백제에 불교가 전해진 것이 정설이기는 하지만 바로 이 직전인 383년에 전진왕 부견이 동진을 침략했습니다. 사현이 비수에서 전진을 크게 이긴 '비수대전'이 383년이었고 이어 동진 왕실은 사마도자가 집권했지요. 하지만 사마도자가 정치를 잘 못했기 때문에 나라가 혼란에 빠집니다. 동진의 효무제는 사마도자에게 정사를 맡기고, 국정을 등한시하다가 396년에는 아예 피살됩니다. 효무제가 불교를 믿었던 것은 사실이지만, 그가 불교를 받아들여서 왕권을 강화했다고 볼 수 있는 근거는 제가 생각할 때는 그다지 크다고 보기가 어렵습니다. 이와 같은 동진의 역사적 상황에도 불구하고 백제가 왕권 강화와 고대국가로의 비약적인 발전을 위해서 적극적으로 불교를 수용했다고 볼 수 있는지, 있다면 그 근거는 무엇인지 궁금합니다.

아울러 동진 불교를 왕실 불교 혹은 국가 불교라고 말할 수 있는가? 그에 대해서도 약간 의문이 드는데요. 그 뒤에 길기태 선생님께서도 발표 중에 말씀하셨지만 아신왕이 "불법을 숭신하여 복을 구하라"라고 한 부분이 오히려 백제 초기불교의 성격을 단적으로 보여주는 것이 아닐까? 그런 생각을 하게 됐습니다. "승려의 신이神異가 불교 확산에 도움을 주었고, 이것이 왕권 확대와 관련이 있다"는 길기태 선생님의 주장은 적절한 것으로 보입니다. 우리가 중국 불교사에서 가령 석륵과 불도징의 사례 등에서 볼 수 있듯 신이란 5호16국 시기 화북불교에서 흔히 볼 수 있는 것입니다.

다음은 개로왕이 귀족 불교를 견제하기 위해 왕즉불王卽佛 사상을 특징으로 하는 북조 불교에 익숙한 고구려 승려 도림을 중용했다고 보는 견해에 관한 것입니다. 먼저 이 시기 고구려에서 왕즉불 사상이 어떤 양상을 보였는지 좀 궁금합니다. 북위가 왕즉불 사상을 강조한 것은 사실상 제가 볼 때는 문성제의 복불령復佛令 이후로 보아야 할 것 같습니다. 그리고 개로왕이 표문을 올린 북위 황제는 471년, 5살의 나이로 제위에 오른 효문제입니다. 그리고 그에게 양위한 헌문제는 476년에 문명황태후 풍씨에게 살해당합니다. 그런데도 이 시점, 470년 전후 북위의 불교를 우리가 여전히 왕즉불 사상에서 이해할 수 있는지 저는 조금 의문이 들었습니다. 왕즉불 사상을 구현한 운강석굴 초기굴, 즉 담요오굴이죠. 운강석굴을 조영한 사문통 담요 역시 문성제 사후에 실각한 것으로 추정될 뿐만 아니라 문성제의 뒤를 이어 연달아서 어린 나이에 즉위한 헌문제와 효문제, 북위 황제들입니다. 이들 모두 승상과 태후가 섭정을 했기 때문에 결코 북위의 황권이 강했다고 보기는 어렵습니다. 그렇다면 개로왕이 전사하는 475년 전후의 북조 불교가 과연 백제의 왕권 강화에 도움을 줄 수 있는 기반을 어느 정도라도 제공할 수 있었을까? 이 점에 대해서는 의문을 갖지 않을 수 없습니다.

아울러 남조 불교를 사문불경왕자론沙門不敬王者論에 입각한 귀족 불교라고 보고 그것이 백제 불교의 기본적인 성격이라고 보는 일반론에도 저는 동의하기가 어렵습니다. 남조에서 사문이 귀족이었기 때문에 황제에게 예경하지 않은 것이 아니라 남조 불교가 인도 불교의 근본 성격을 그대로 유지하고 있어서 가능한 일이었기 때문입니다. 인도 불교에서의 관습은 남전南傳 불교, 즉 동남아로 전해진 상좌부 불교에서도 그대로 이어집니다. 중국과 달리 사문이 더 높은 자리를 차지한다는 서술은 현장과 의정의 기록에도 나오기 때문에 이것을 남조 불교의 특수성이기는 하지만 그렇다고 해서 남조가 귀족불교였기 때문이라고 말하기는 좀 어렵지 않을까 저는 그렇게 생각을 했습니다.

백제의 불교조각에 관해서 대부분의 경우, 소현숙 선생님의 견해를

〈그림 1〉 부여 군수리 석조여래좌상

〈그림 2〉 장천 1호분 예불도

존중하며 많은 부분 거기에 동의하고 있습니다. 다만 몇 가지 저와 생각이 다른 점이 있어서 소현숙 선생님의 고견을 청하고자 합니다. 뚝섬 출토 금동불좌상의 경우에는 고구려 작으로 보는 것이 일반적이며, 물론 한성기 백제 작으로 볼 수도 있습니다. 하지만 백제 불상이라는 근거가 그렇게 명확하다고 보기는 좀 어려운 상황이라고 생각이 됩니다. 뚝섬 불상은 군수리여래좌상〈그림 1〉보다는 사실 회화라도 장천 1호분 벽화〈그림 2〉나 후조 건무 4년명 338년에 사자대좌가 있는 불좌상과 더 비슷해 보이는데, 여기에 대해서 선생님 견해를 조금 더 설명해 주시면 좋을 듯합니다.

다음으로 이제 그 뒤에 길기태 선생님이나 이병호 선생님이 다 말씀을 하셨지만 미륵사 삼원가람 문제인데요. 이전에는 평양의 청암리사지라든가 군수리사지의 발굴에 따라서 1탑 3금당에서 미륵사지 삼원가람으로 변형이 됐다고 본 견해들이 많이 있었습니다. 근데 사실 중국의 가람과 선생님이 비교를 하셨는데 그러기에는 미륵사 건립기인 640년경, 즉 수당대 장안의 가람에 대한 충분한 평면조사와 발굴이 있었다고 보기는 좀 어렵지 않을까 생각이 됩니다만, 그래도 중국에 대해서는 선생님께서 더 잘 아실 것 같아서 그 부분에 대해서 혹시 비교 가능한 사례가 있는지, 발굴이 진행이 된 부분이 있는지 여쭤보고 싶습니다. 현재로서는 백제만의 굉장히 특징적인 가람이라고 볼 수는 있지만 중국에 이보다 비슷하거나 약간 앞선 시기에 지어진 신통사, 신홍사, 용호사 등의 가람 배치에 대한 그 이해가 좀 더 선행이 되어야 하지 않을까 하는 생각이 듭니다.

다음으로 불교조각을 통해 본 대중 교류 문제입니다. 전반적으로 남조 불교조각의 선행성과 북조에 미친 남조 불교와 불교미술의 영향에 관한 알렉산더 소퍼라든가 요시무라 레이, 슈바이 선생님 등의 견해를 남조의 영향력을 강조하는 한족 중심주의적 시각이라는 지적을 하신 것에 대해서 저 역시 전적으로 동의하는 바입니다. 그도 그럴 것이 상당히 풍부한 북조의 미술자료에 비해서 남조의 불교미술은 영세하기 그지없기 때문입니다. 근래 들어서 남경南京을 비롯해서 중국의 남조에서 새로운 자료들이 계속 발굴되고 있는 것은 이 문제에 대한 좀 더 면밀한 검토를 가능하게 해 주는 고무적인 발견이라고 하지 않을 수 없습니다.

사실 우리 학계에서 지적하고, 또 충분히 알려졌듯이 성왕 19년에 양의 공장을 요청한 일이나, 양의 장인이 만든 것으로 보이는 전돌이 백제 여러 곳에서 확인되는 점, 무령왕릉과 기타 고분에서 발견된 수입 자기 등은 백제에 미친 남조 미술의 영향을 충분히 짐작하고도 남습니다. 하지만 애석하게도 남조의 불교조각은 유례가 적습니다. 서산 마애불을 비롯해서 보주를 든 보살상의 존재는 그나마 좋은 증거가 되고는 있지만 이 역시 보주가 아니라 합이라는 점에 대해서는 일말의 아쉬움을 남깁니다. 하지만 가탑리 불입상이 굽타기 불상의 영향을 강하게 드러내는 양 중대통 원년 석불과 유사하다고 볼 수 있느냐? 이 점에 대해서도 저는 의문이 듭니다. 무엇보다도 굽타기 인도 불상의 옷 주름 처리와 많이 닮았다고 보기도 어려울 뿐더러 착의법도 같지 않습니다. 굽타기 불상의 특징은 통견이면서 신체의 굴곡을 강하게 드러내는 데 있지만 가탑리 불상은 인체의 윤곽선을 표현한 정도에 불과하며 인체를 그렇게 과감하게 드러냈다고 볼 수는 없습니다. 좌우로 떨어진 옷자락 처리 역시 가장 굽타기 불상과 유사하다고 여겨지는 병령사 169굴의 불입상과는 현격한 차이가 있습니다. 오히려 중국식 복제에 가깝죠. 호류지 헌납보물 143호 〈그림 3〉 역시 마찬가지입니다. 잘 아시는 대로 젠코지, 즉 선광사 불상은 그 원래 상이, 제가 기억하는 한, 한 번도 공개되지 않았습니다. 그래서 그 전승은 그냥 단순한 전승일 뿐 실제로 그것을 모방해서 만들었느냐 하는 것은 아직까지 연결하기에는 무리가 있어 보입니다. 오히려 빈양중동에서 동위 천평 2년명 석조삼존불, 맥적산 석굴 등 동위에서 북제로 이어지는 중국식 착의를 한 불상의 변화과정을 가탑리상이 보여준다고 생각합니다만, 이 점에

〈그림 3〉 法隆寺 献納宝物 143호

대해서 어떻게 생각하시는지 궁금합니다.

다음으로 갑인명 광배와 관북리 출토 광배의 문제입니다. 갑인명 광배는 양식상의 비교를 통해서 고구려 작으로 추정하는 견해와 백제 작으로 추정하는 견해가 대립되었지만 잇따른 백제지역에서의 광배편 발굴로 인해서 다시 백제 작으로 기울어지는 듯합니다. 저도 충분히 이해하고 동의가 됩니다만, 선생님께서 지적하셨듯이 일본에서 만들어졌다고 보기는 어려우며 백제 현지에서 제작되었을 가능성도 매우 높다고 생각합니다. 하지만 갑인명 광배가 백제 작이라고 하더라도 '이를 남조의 영향을 받은 것으로 볼 수 있는가?' 하는 것은 또 다른 문제라고 생각합니다. 가령 메트로폴리탄미술관 소장의 동위 정광 5년명 불상을 생각해보면 동위 계통의 영향이 강하게 보이는 점에 대해서 양식에 의한 연대와 제작국 비정이 명문보다 덜 중요하게 여겨지는 것은 아닌가 하는 우려가 조금 있습니다. 잘 아시는 대로 양식은 바꿀 수 없지만, 명문은 후각後刻이나 추각追刻이 가능한 것도 역시 고려해야 된다고 봅니다. 굉장히 위험한 발언을 제가 했습니다. 그렇다고 해서 갑인명 광배가 후각이다, 뭐 이런 이야기는 아닙니다만, 기왕이면 갑인명 광배와 관북리 광배 가운데 어느 것이 선행한다고 보시는지 선생님의 견해가 궁금합니다.

백제의 소상들이 남조의 영향 아래 제작됐다는 점에 대해서도 같은 문제를 제기할 수 있습니다. 신목을 이용해서 몸통과 두상을 따로 만들어 성형했다는 점은 특별히 남조만의 특징이라고 할 수는 없고, 다만 소성의 경우는 백제 소상에 나타나는 특징이라고는 생각이 됩니다. 혹시 백제 소상에도 유약을 발랐던 흔적이 있는지 궁금합니다. 정림사지 출토 백제 소상들이 6세기 중엽 이전에 제작되었다면 현전하는 조각 중에서도 상당히 빠른 시기의 장래로 볼 수 있으며 양의 영향은 분명하다고 생각이 됩니다. 아니면 진나라와도 지속적으로 관련을 맺고 그 영향을 받았다고 보아야 할까요? 그렇다면 정림사지 석탑 역시 미륵사지 석탑보다 선행하는 것으로 판단해야 할지 잘 모르겠습니다. 아까 이병호 선생님께서 목탑과 석탑에 대해 말씀하셨지만, 이 부분에 대해서도 좀 더 검토가 필요하다고 생각이 됩니다. 미륵사지 발견 사리기로 인해서 석탑의 조형 연대가 상당히 늦춰진 것을 생각하면 정림사지 석탑이 그보다 축조 시기가 올라갈 가능성도 있다고 볼 수는 있지 않을까. 그런 생각을 해 봤고요. 소조상을 만들어서 소성하는 것은 기술의 문제기는 하지만 습하고 비가 많은 남조의 기후적 특성으로 인한 불가피한 선택이었다고 볼 수 있습니다.

선생님께서 지적하신 바와 같이 백제 불상의 양식적 원류를 남조와 북조로 분리해 판단하기는 어려운 문제입니다. 우선 예산 사면불의 경우, 사방불보다는 중심주中心柱에 기원을 둔 것으로 보입니다. 불상 양식은 수대隋代 조각의 영향을 받았다고 볼 수도 있지만 수대 불교조각은 사실상 수의 존속기간이 짧아서 북제와 초당 사이 과도기적 조각으로 정밀하게 그 특징을 단정하기가 어려운 것이 사실입니다. 빅토리아 앤드 알버트 미술관의 수대 조각으로 보면 인체를 드러내기 시작하는 단계라고 볼 수 있으며 수대의 대형석상에 비해서 화전리 사면불은 오히려 두꺼운 옷으로 신체를 가리는 데 치중한 조각으로 생각됩니다. 게다가 중심주라는 형식은 멀리는 금탑사 석굴, 가까이는 운강석굴에서 볼 수 있는 대표적인 북조 석굴 사원의 특징이라는 점을 생각하지 않을 수 없습니다. 화전리 석불이 예산 현지의 돌이 아니라 예산에서 20㎞ 이상 떨어진 공주의 활석이 많이 섞인 편마암을 가져와서 조각했다는 점에서도 사면불 조성을 위한 준비기간 역시 짧지는 않았을 것으로 추정되는 바, 수대 조각 양식을 반영할 만한 시간적인 여유가 과연 있었을지는 의문이 남습니다.

한반도 고대의 불교조각, 특히 금동상들이 산동성 조각의 영향을 받았다는 것은 어찌 보면 산동에서의 금동불 발굴이 아니었다면 쉽게 나오기 어려웠을 논의입니다. 선생님께서는 산동성 박흥이나 제성 출토 삼존불과 남경 신가구 출토 삼존불을 비교한 후지오카 유타카의 견해를 빌려서 한반도의 일광삼존불이 산동이 아니라 남조 기원이라고 추정하셨습니다. 최근 양양 진전사지에서 출토된 삼존보살상을 보면 부여 군수리 출토 보살상과 비슷한 양식적 특징을 보이고 있어서 오히려 산동 박흥, 제성, 남경 출토품들보다도 고식을 보여줍니다. 그렇다고 해서 우리가 양양의 이 금동보살상이 일광삼존불 계통 조각의 기원이라고 할 수는 없겠지요. 그렇다면 이들 일광삼존불 혹은 금동불, 보살상들의 선후 관계나 양식적 원천을 좀 더 세밀하게, 혹은 보수적으로 판단해야 하는 것은 아닐까 하는 생각이 듭니다. 그런데 아시다시피 선생님께서도 쓰셨지만, 산동은 469년에 북위에 편입됐습니다. 그만큼 그전에는 남조 문화의 전통과 역사를 오래도록 유지해온 지역입니다. 특히 불상들이 발견된 임치, 제남은 남조기의 중심지였죠. 따라서 이미 남조의 문화적 전통을 지닌 산동의 불교 조각을 기준으로 다시 남조 조각의 영향을 받았다고 하는 건 좀 이상한 일이란 생각이 듭니다. 물론 산동 북부지역의 중심이 되는 도시가 청주였고 청주가 대표적인 교역의 중심지였다는 것을 생각하면 이 지역에서 한반도나 중국 내륙으로의 왕래가 훨씬 수월했기 때문에 새로운 양식을 받아들이거나 창안하는 일이 다른 어느 지역보다 빨랐으리라고 생각이 되기는 합니다. 그렇기 때문에 더더욱 남조, 북조 어느 한쪽이 불교미술의 원류 내지는 중심이었다라고 말하기는 좀 어려운 것은 아닐까 하는 생각도 듭니다.

반가사유상의 요패 수식에 관한 것도 저는 견해가 조금 다른데요. 선생님께서 그 보탑문을 중요한 도안의 근거로 삼으신 것도 충분히 이해가 가고 동의하는 바가 있습니다. 새로운 요소의 도입이라는 측면에서는 더더욱 중요하다고 봅니다. 하지만 한편으로 요패 수식과 보탑문, 보주, 비천과 같은 일종의 문양 요소들은 전체 양식이나 형식의 전개에서는 부차적인 것으로 생각이 됩니다. 조각으로 말씀드리자면 전체 조각상의 형태, 신체 비례, 모델링, 양감 표현과 같은 것들이 양식 판단의 기준으로 되어야 된다고 생각합니다. 형식도 물론 중요하지만, 도상은 물론이고 조각의 기준, 조성의 중심이 되는 것으로 치면 문양과 장신구 표현은 상대적으로 부차적이라고 생각이 되는데, 제시하신 임구 출토 반가상의 요패는 분명하지만, 양식상으로 우리나라의 반가사유상과는 상당히 차이가 있어서 산동의 영향을 말하기는 어렵지 않을까 생각이 됩니다. 물론 반가상이 하북에는 많은 반면에 남조의 사례가 없는 것은 시사하는 바가 큽니다.

저는 신라 조각을 중심으로 편단우견의 불입상의 전래에 관한 논문을 낸 적이 있어서 정읍 보화리 불입상에 대해서는 관심이 컸습니다. 이 두 불상은 정읍이라는 발견 위치로 보나 형태로 보나 신라의 금동제 편단우견불입상과는 일부 계통을 달리하는 것으로 보이며 백제의 다른 석조조각과도 양식적으로 친연성을 보이지 않습니다. 무엇보다도 완벽한 환조이고 새로 등장한, 처음 나오는 편단우견상이라는 점에서 또 그렇습니다. 그래서 저는 혹시 이것이 통일 직후의 조각은 아닐까 이런 생각을 했는데요. 편단우견상은 이크슈바크 왕조 치하에 있었던 아마라바티와 나가르주나콘다에서 기원을 찾는 편이 맞다고 생각을 합니다. 남조에서는 편단우견불입상이 제가 아는 한 발견되지 않았고, 산동성 청주의 편단우견상들은 보화리는 물론 숙수사지 등 신라 전래 내지 출토 편단우견상과 양식상 차이가 있습니다. 청주 용흥사지의 상들이 훨씬 더 날렵하고 하체가 빈약하며 신체의 율동미를 별로 보이지 않는다는 점에서 시대적인 차이가 있다고 생각합니다. 조금 불편하더라도 6, 7세기 제작으로 보이는 동남아시아의 편단우견상에 훨씬 더 가까운 특징을 보여주는 것을 인정해야 할 것 같습니다. 특이하게도 인도 본토에서도 편단우견불상은 마투라에서 처음 제작된 이후 곧 통견으로 바뀌어 중부 이북에서는 유사한 형식의 착의를 한 불상을 찾아보기가 쉽지 않습니다. 스리랑카에도 시대가 7세기 이전으로 올라가는 편단우견상은 거의 없습니다. 오히려 동남아 각지에서 발견된 사례가 훨씬 더 신라 편단우견상에 가깝고 이들 금동상을 석조로 변환한 것이 보화리 편단우견불입상이라고 생각이 됩니다.

지금까지 선생님의 그 발표문 연구의 흐름을 따라서 제가 평상시에 가지고 있었던 의문을 한 번 같이 논의해 보고자 여쭤봤습니다. 문헌과 자료가 빈약한 고대 불교미술, 특히 백제의 불교와 불교조각에 대해서 정답은 없다고 생각합니다. 최대한 합리적이고 객관적인 설명을 할 수 있다면 그것으로 학문의 큰 진전이 가능하지 않을까 싶습니다. 지금까지 백제 불교에 관한 기존의 연구 성과를 집대성한 매우 어려운 발표를 해 주신 데 깊이 감사를 드리며, 들어주셔서 감사합니다. 발표보다 더 길었을까 봐 걱정입니다.

좌장 최연식 : 네, 감사합니다. 강희정 선생님 굉장히 많은 문제들을 폭넓게 지적을 해 주셨는데요. 여기에 대해서 소현숙 선생님께서, 시간은 많이 드릴 순 없습니다마는, 그 중요한 점 위주로 말씀을 해 주시면 감사하겠습니다.

소현숙 : 예. 제가 원래 이 글을 보낼 때 워낙 광범위한 분야를 다루고 있어서 토론자 선생님께 죄송한 마음이 들었는데요. 그걸 꼼꼼하게 읽어 주시고, 저로 하여금 모르는 사실도 알려주시고, 또 고민해 봐야 할 문제들에 대해서 지적해 주신 데 감사드립니다.

굉장히 질문이 많으신데 그중에서 제가 답할 수 있는 게 있고, 또 종합토론에서 논의되어야 할 게 있는 것 같습니다. 제가 기존의 연구 성과나 쟁점들을 중심으로 정리를 하다 보니까 그걸 소개한 것들이 상당히 많습니다. 그런 건 이후 종합토론으로 돌리는 게 좋을 것 같습니다.

첫 번째, 백제 불교 수용과 관련해서 과연 동진 불교가 왕실 불교, 국가 불교로 볼 수 있는지의 문제입니다. 왜냐면 우리가 보통 침류왕의 불교 수용을 왕권 강화와 체제 정비라는 관점에서 보는데, 그 당시 동진 황실의 불교가 과연 그런 성격을 가지고 있었느냐라고 질문해 주셨습니다. 사실 전체적으로 보면 저도 강희정 선생님하고 생각이 상당히 많이 비슷하거든요. 왜냐하면 중국에서 불교가 황권과 적극적으로 결합하는 것은 보통 5세기 말부터라고 보거든요. 그러니까 동진시대가 아니고. 황권이 불교라는 걸 적극적으로 이용해서 치국과 연관시키는 것들은 일본학자들의 연구에 의하면 5세기 후반, 5세기 말 정도부터 시작하는 것으로 봅니다. 그래서 동진 불교를 과연 국가 불교적 성격이 있느냐? 저도 좀 없다고 봅니다. 다만 동진 황제 중에서도 384년 침류왕이 불교를 수용하기 이전의 황제들, 즉, 간문제와 효무제 시기와 관련해서는 불교 관련 기사가 유독 많습니다. 비록 효무제는 비수대전이 끝난 후에는 거의 음탕한 일로 굉장히 비판 받고 불교와 멀어지기도 하는데요. 그렇지만 그 이전에는 오계를 받은 황제로서 진서에 기록이 되기도 하거든요. 그래서 침류왕은 비수대전 시기까지 이루어진 동진 황제들과 관련된 불교 정보를 통해 백제에 불교를 수용했을 것으로 봅니다. 이 당시 동진 황제들이 주목했던 것은 불교를 적극적으로 이용하는 치국, 즉 적극적인 불교치국책을 하겠다라고 하는 것보다는, 아까 제가 발표에서 잠깐 말씀드렸듯이 간문제와 효무제 모두 재이를 없애주는 승려의 신이한 역할에 굉장히 중점을 두고 불교를 바라봤거든요. 그래서 저도 그런 면에서 선생님의 생각하고 좀 비슷하고요. 동진 불교를 보통 귀족 불교로 보는데, 그런 동진 불교의 귀족 불교적 성격을 백제가 과연 내켜했을 것인가? 왕권의 입장에서라고 봤을 때 좀 의문이 들고요. 그리고 귀족 불교라고 하는 것은 북조 불교의 성격과는 대립되는 관점에서 설명하는 개념 같거든요. 그러니까 사문불경왕자론이라고 하는 것도 실은 선생님 말씀대로 불교는 원래, 사문은 왕자를 예배하지 않아도 되는 존재였는데, 이게 중국에 들어오면 달라지는 거 같습니다. 아까 왕즉불 사상과 관련해서 설명을 해주셨는데요. 선생님은 460년 복불과 관련한 때부터 왕즉불 사상이 있었을 것이라고 지적하셨는데, 일단 기록상으로는 태조 도무제 시절의 법과가 황제를 '당금여래'라고 합니다. 4세기 말~5세기 초에 그런 얘기를 했는데, 실제로 정말 그렇게 이루어졌을까는 별개로 하더라도 기록은 일단 그렇게 남아 있거든요. 그러니까 북조 불교에서는 황제 권력이 승단을 좌지우지할 수 있던 것으로 보입니다. 동진에서도 사문불경왕자론을 가지고 논쟁하는 이들은 주로 승려가 아니라, 그 당시의 관료들이었거든요. 그러니까 관료들 안에서 "예배를 해서는 안 된다, 된다." 이런 논의들을 하고 있습니다. 당시 승단의 지도자들이 가진 계층적 성격, 그리고 양무제에서 보듯이 나중에 황제들이 이러한 승단세력을 누르기 위해서 굉장히 노력했지만 상당히 어려웠던 점이 나타나는데, 인도 승단에서 유래하는 원론적인 문제도 있었지만, 귀족계급이 가지고 있었던 힘들 때문에 누르기 어려웠던 점으로 인해 동진 불교를 귀족 불교라고 보는 것 같습니다. 그래서 이 동진 불교가 가지는 귀족 불교적 성격에 대해서는 선생님의 의견에 동의합니다. 그런데 이게 과연 백제에 수용될 수 있었는가라고 하는 문제는 이따 종합토론에서 한 번 같이 의견을 나누었으면 합니다. 특히 도림의 중용을 왕즉불 사상과 관련해서 언급한 조경철 선생님께서 하실 말씀이 많다고 생각을 해서 그때 의견을 들어봤으면 좋겠습니다.

그 다음에 두 번째로, 백제 불교조각과 관련해서 굉장히 좋은 말씀들을 많이 해 주셨는데요. 일단 불교조각의 문제를 말씀드리기 전에 전제로 하고 넘어가야 할 것은 불교미술사에 있어서 양식의 문제입니다. 그러니까 미술사를 하는 사람들이 모두 가지는 큰 고민 같은데요. 선생님은 "조그만 모티프나 형식보다 양식이 중요하다"라고 말씀을 하셨는데 이 양식이라고 하는 것이 상당히 모호하다는 점이 있고요. 새로운 양식이라고 하는 것, 즉 우리가 북위 양식, 동위 양식, 북제 양식이라고 하는 것들이 어느 시대에 똑 떨어진 것이 아니고 그 시기 안에서도 지역마다 변화variation가 상당히 많기 때문에 저는 이 양식이라고 하는 어떤 거대한 흐름은 주시해야 하지만, 그 흐름 속에서 구체적으로 무언가를 결정하는 것들, 특히 새로운 모티프 등을 좀 더 주의 깊게 봐야 한다는 생각을 가지고 있습니다. 그런 점이야말로 선생님하고 제 생각에 큰 흐름은 같지만, 조금 다른 점이라고 생각이 듭니다. 세 번째, 뚝섬 출토 상을 제가 백제 작품으로 볼 여지도 있다고 말씀드린 것은, 제가 특별한 근거가 있어 말씀드린 건 아니고요. 우리가 보통 뚝섬 출토 상을 북조 조각과의 유사성 때문에 고구려 작으로 보는데, 뚝섬이라고 하는 출토지의 지리적 위치, 그리고 백제의 보원사지 출토 상에서 보듯이 초기에는 북조 영향을 받은 고구려 작품의 특징이 드러나는 백제 불상이 출현하는 점에서 봤을 때 뚝섬 출토 상을 그냥 고구려 작이라고 하기보다는 좀 가능성을 열어두자는 의미에서 그렇게 말씀을 드렸습니다.

그 다음에 삼원가람 문제는 이따 또 얘기가 나오겠죠. 이병호 선생님을 비롯해 이야기가 나올 것으로 생각이 드는데, 이 삼원가람이 현재 확인되는 중국 사지는 북제 조팽성사지〈그림 4〉인 것 같아요. 북제 조팽성사지는 1탑 1금당은 아니고, 삼원이긴 하지만 양쪽의 동원과 서원의 규모가 아주 작고 그곳에서 탑지는 발견이 안 됐습니다. 동원과 서원이 미륵사지와는 좀 다른 형태지만, 현재 삼원가람으로서 발굴이 된 건 북제시대까지는 확인이 되는 것 같습니다.

네 번째는, 이게 항상 학계의 논제인데요, 백제 불교조각에서 보이는 남조 영향설과 북조 영향설입니다. 선생님 말씀에 저도 동의하는 건 뭐냐면, 남조 미술의 어떤 선행성에 대한 논의 문제입니다. 심각하게 얘기하시는 분들은 간혹 선진성이라고도 보통 얘기를 하는데 저는 그 말을 쓰고 싶지 않아서 그냥 선행성, 좀 먼저 출현한다 이렇게 썼는데요. 남북조 불교미술을 봤을 때, 남조의 선행성으로 인한 남조미술의 북조에 대한 영향을 강하게 주장하는 것들이

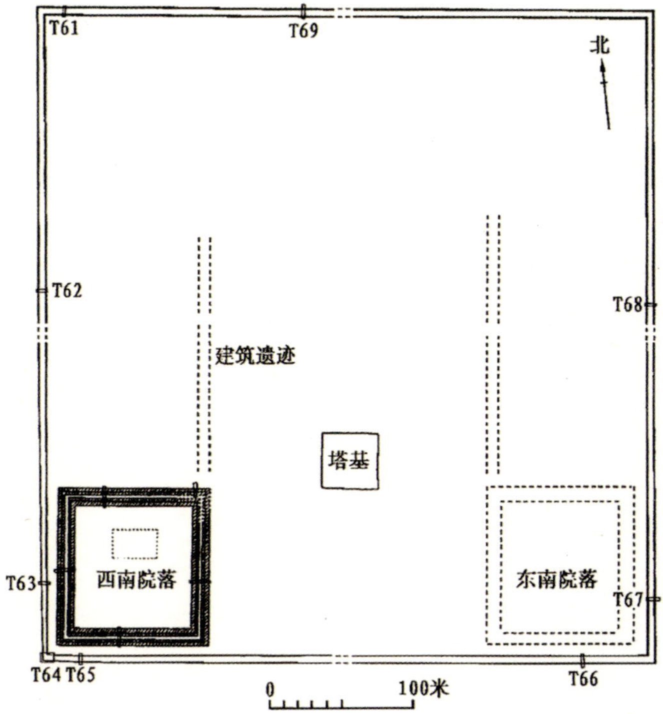

〈그림 4〉 북제 조팽성사지

한족 중심주의적 시각이라고 보는 것에 대해 저도 동의합니다. 다만 백제의 경우에는 남조와 밀접한 교류를 했기 때문에, 그러한 한족 중심주의적 시각이 아니라 백제와 남북조와의 관계 속에서 살펴볼 때는 그런 관념에서 탈피해도 좋지 않을까라는 생각이 듭니다. 실질적으로 남조 유물은 별로 없지만 문헌 기록에는 남조 불교 유물에 대한 기록들이 상당히 많고, 또 굉장히 화려해서 북조 사신들이 가서 감탄하는 이야기들이 나오고 있거든요. 호북성 양양지역은 불교의 중심지였음에도 불구하고 현재 1구의 상도 안 나오잖아요. 기록은 엄청 많이 남아 있는데. 그래서 일단 저는 그런 가능성을 놓고 우리가 비교할 수 있는 것은 세부적인 것까지 다 해봐야 되

〈그림 5〉 부여 가탑리 출토 금동여래입상

는 거 아닌가. 이런 관점에서 선생님의 그런 거시적인 흐름과 조금 다른 이야기를 드렸습니다.

가탑리 불상 이야기를 하셨는데요. 저도 가탑리 불상〈그림 5〉이 선생님 말씀대로 몸 윤곽을 그대로 드러내지는 않지만, 다만 백제 불교조각사의 흐름에서 봤을 때 기존의 몸을 다 가리던 데서 조금 진전을 보이고, 또 복제가 팔뚝에 걸리던 거에서 어깨로 넘어가고, 옷 주름의 흐름이 굽타기에 나타나는 비대칭적으로 떨어지는 특징이 나타납니다. 이런 특징을 김춘실 선생님께서 양 중대통 조상과 비교하신 것 같아요. 그래서 이러한 것들을 새로운 요소의 유입으로 보시고, 이걸 남조와의 관련성 속에서 설명을 하신 것으로 생각이 되는데요.

저 잠깐 선생님한테 여쭤볼 게 있어요. 제가 동위 천평 2년 석조삼존불을 아까 말씀드렸는데, 동위 천평 2년 석조삼존불이 저는 후지이유린관에 소장된 거냐고 물어봤더니 메트로폴리탄이라고 말씀을 하셨는데요, 선생님이 말씀하시는 동위 천평 2년의 석조삼존불 또는 맥적산 석굴에서 나타나는 중국식 착의라고 하는 게 쌍령하수식 같은 거 말씀하시는 건가요?

강희정 : 딱히 쌍령하수는 아니고 통견인데 속에 내의가 보이는 이중착의법을 말하는 거예요.

소현숙 : 예. 가탑리 같은 경우는 내의가 보이고, 양 중대통 상도 내의가 보이는데 아주 깊게 파지지는 않았거든요. 슬쩍 파졌는데, 북조 불상들은 대부분 내의가 많이 보이는 것 같아요. 쌍령하수라고 하는 게 뭐냐면 대의가 밑에까지 길게 내려오다 보니까 많이 파진 건데요. 양 중대통 상은 조금 파졌습니다. 그러니까 이에 대해 "인도 굽타양식의 중국화 양상으로서 속옷이 좀 보인다."라는 설명을 하고 있기 때문에 저는 오히려 북조의 깊이 파진 중국식 복제보다는 양 중대통 상에 좀 가깝지 않나라는 생각이 들고요. 그리고 가탑리 상을 잘 보시면 아시겠지만 상의 양쪽에 옷이 굉장히 날카롭게 뻗쳐 있잖아요. 군의 자락이. 이게 남조에서 나타나는 특징적인 옷의 표현법입니다. 여전히 남조적인 성격을 유지하면서 새로 들어오는 요소들이 결합되어 있어서 굉장히 복잡한 양상을 보이지만, 전체적으로는 북조 조각보다는 오히려 양대 상에 가깝다. 저는 그렇게 보고 싶습니다.

그 다음에 갑인명 광배인데요. 선생님께서 앞서 명문의 추각 가능성에 대해 이야기를 하셨는데요. 사실은 갑인명 광배의 명문을 추각이라고 발표하신 분도 계셔요. 김창호 선생님은 갑인명 광배가 추각이라고 말씀을 하시기도 하셨는데, 금동상에서는 추각의 가능성이 있기 때문에 그 점은 굉장히 조심해서 봐야 된다고 생각합니다. 그리고 금방 말씀하신 것처럼 "명문은 추각이 충분히 가능한데, 상의 양식은 속일 수 없다." 이 말도 맞는 말씀이신데요. 그럼에도 불구하고 저는 양식의 경우, 옛날 고양식을 채택할 수도 있고, 또 지역적으로도 달라서 빨리 나타나는 경우도 있고 늦게 나타나는 경우들이 있기 때문에 이런 것을 판단하는 데는 좀 더 복합적으로 종합된 어떤 고려가 있어야 되지 않겠나, 이런 생각이 듭니다.

갑인명 광배하고 관북리 출토 광배의 경우, 관북리 출토 광배가 좀 선행하는 것 같아요. 왜냐하면 조금 고식을 보이고 있어서 그렇습니다.

그 다음에 소상의 문제는 이병호 선생님이 계시니까 워낙 잘 아시겠지만, 제가 공통점으로 설명한 것은 연구자 선생님들의 글을 읽으면서 보니까, 이른바 유약의 흔적이 있는 것. 즉 소성의 흔적이 있는 것을 부여지역 소조상과 남조 소조상의 공통점으로 지목하고 계셨어요. 그리고 제가 또 남경에 가서 허윈아오 선생님을 만났을 때 그 분이 새로이 출토된 남조 소조상들을 보여주시면서, "남조 소조상들은 모두 이렇게 유약 흔적 있어. 다 이렇게 소성한 거야. 이게 북조와 다른 점이야."라고 이야기를 하시더라고요. 그런 면에서 백제 소상의 제작방식이 남조와 유사하다는 점을 연구자 선생님들의 논문을 토대로 그렇게 정리했습니다.

그 다음에 정림사지 석탑과 미륵사지 석탑의 문제는 이따 나중에 종합토론에서 같이 논의하시는 게 좋을 것 같아요. 전문가분들이 계시니까.

그 다음에 화전리 사면불〈그림 6〉같은 경우도 굉장히 좋은 지적을 하셨는데요. 저는 오늘 처음 알았습니다. 화전리 석불이 예산 현지 돌이 아니라 예산에서 20㎞ 이상 떨어진 공주의 활석이 많이 섞인 편마암을 가져와 조각했다는 것을.[1] 제가 2016년 예산군에서 나온

1 예산사면불의 석재에 대한 지적은 2022년 국립부여박물관 특별전 '백제인 돌을 다스리다: 治石'의 특별전 도록에 언급되었다. 즉 '예산사면불의 재질은 활석질의 편마암이며, 예산군의 지질은 대부분 화성암이고 편마암은 예산군 대흥면 자락에 주로 분포하므로 사면불상을 따로 제작하여 현재 위치로 이동했을 가능성'을 지적했다(p.136). 그러나 현재 사면불상은 형태가 매우 불규칙하다. 본인은 높이 3m가 넘는 대형 석제를 대략적인 가공도 하

종합보고서를 보고 관련 논문을 쓸 때만 해도 그런 조사들이 이루어지지 않아서, 원 자리의 자연석을 이용한 이 사면석불을 마애불의 범주에 넣을 수 있다고 했습니다. 원래의 위치에 있는 바위를 이용했기 때문에 마애불의 범주에 넣을 수 있다는 얘기를 하신 분도 계셨거든요. 그런데 오늘 석재가 이동되어 왔다는 것을 처음 알았습니다. 제가 이 사면불을 주제로 논문을 쓰면서 크게 조심했던 것 중의 하나가 새로운 수대 형식이 이 상에 나타난 점이었습니다. 수대의 새로운 형식이 있다고 얘기는 했지만 양식적으로는 고양식이거든요. 그러니까 신체가 거의 드러나지 않는 옛날 양식인데, 새로운 형식이 출현해서 형식과 양식의 불일치를 어떻게 봐야 할 것인가라고 하는 문제에 있어서는 고민을 했습니다. 우리나라 불교 조각사 연구하시는 분들은 시대를 올려봐야지 내려 보면 혼을 내는 경우가 있잖아요. '백제가 일찌감치 이런 걸 만들었지, 왜 시기를 늦다고 보는 거야?' 이런 얘기를 하는 경우도 많으시거든요. 그래서 당시 논문을 쓰면서 제작시기를 7세기, 이렇게 못 박지는 않았는데요, 양식적으로는 6세기 중반까지 올라가는 게 예산 사면석불인 것 같아요. 제작시기를 6세기 중반에서부터 6세기 말, 혹은 7세기 초까지도 보는데, 저는 제작 양식은 고양식을 채택할 수도 있다고 생각하거든요. 충남 연기군에서 나온 상들은 굉장히 고양식으로 만들어졌잖아요. 그래서 명문이 없었으면 절대로 신라 통일 이후의 상이라고 보기 어렵다는 이야기를 합니다. 그래서 시대 편년에 있어서는 새롭게 출현한 형식들을 주목해야 한다, 그게 시대를 판가

지 않은 거의 원석 상태로 현재 위치로 이동해왔다고 보기는 어렵다고 생각한다. 그러므로 석재의 이동 가능성에 대해서는 이후 좀 더 정밀한 연구를 진행할 필요가 있다.

〈그림 6〉 예산 화전리 사면석불

름하는 관건이 되지 않겠느냐라는 생각을 저는 개인적으로 가지고 있어요. 그래서 예산 사면불의 경우 선생님께서는 제게 에둘러서 질문을 해 주셨지만, 결국은 사면불의 제작시기와 관련된 질문으로 생각이 됩니다.

그 다음에 금동불과 관련해서, 저도 선생님 말씀대로 산동지역 조각의 원류가 남조냐, 북조냐와 같은 질문은 우리가 할 필요는 없다고 생각합니다. 왜냐면 산동지역은 남북조 문화가 교류하는 교계 지역이었거든요. 그래서 북조문화도 많이 나타나고 남조문화도 많이 나타납니다. 다만 산동지역에서도 북조와 가까웠던 지역과 남조와 가까웠던 지역에서는 어떤 차이점이 드러나는 것만은 확실한 것 같습니다. 그리고 산동의 내륙하고 산동의 해안가 지역도 큰 차이가 나타나고 있어 산동지역을 가지고 산동지역 문화의 원류는 북조다 또는 남조다 통틀어서 얘기할 수는 없을 것 같고 개개사안별로 봐야 되지 않을까 생각하고 있습니다. 그러니까 불교미술사 연구가 좀 더 정교해져야 하는 게 아닌가라는 생각이 듭니다.

반가사유상의 요패 수식에 관해서 선생님도 말씀하셨지만 저도 우리나라 반가사유상이 산동지역의 영향을 받았다고 보기는 어렵다고 생각합니다. 다만 우리나라와 일본에서 굉장히 유행하는 형식이 왜 북조에서는 출현하지 않는가라고 하는 의문은 계속 있었잖아요. 그래서 어떤 분은 그런 요패 수식이 한국에서 창안된 것이라고도 봤거든요. 그런데 한국에서 창안된 것이라고 보기 어렵게 된 건, 산동에서 그런 형식을 가진 반가상이 나왔기 때문이고, 그래서 그런 해석에 수정이 가해졌던 것인데요. 북조에는 없는데 산동에는 있고, 남조에는 그 상 자체가 아예 없고. 물론 기록에는 반가사유상의 기록은 있지만. 그래서 저도 산동에 대한 남조의 영향설에 무게를 두고 추론을 했지만, 이 부분도 계속 가능성을 열어두어야 할 필요가 있다고 생각하고 있습니다.

그 다음에 세 번째 보화리 불입상〈그림 7〉에 관한 건데요, 저도 선생님의 편단우견과 관련된 글을 읽어봤거든요. 이것을 준비할 때도 읽었고 예전에도 읽어봤는데 정읍 보화리에 대해서 안 쓰셨길래 제가 인용을 안 했습니다. 이 부분은 선생님께서 전문적으로 연구를 하셨기 때문에 아마도 오늘의 지적이 이후 제가 논문을 보강하는 데 큰 도움이 될 거라고 생각합니다. 그런데 선생님, 조금 궁금한 게 있습니다. 보화리상과 관련해서 지금 선생님께서는, 산동지역 상은 움직임이 없는데, 우리나라 신라 숙수사지 상의 경우는 삼곡 등 움직임이 굉장히 크다. 이런 것은 6, 7세기 동남아 조각의 영향이 큰 것 같다. 그것을 거슬러 올라가면 아잔타와 같은 석굴사원과 관련이 있다고 설명을 하셨는데요. 정읍 보화리 편단우견 불상의 경우, 동작이

〈그림 7〉 정읍 보화리 석불입상

크다고 봐야 되나요? 제가 보기에는 보화리상은 경주 숙수사지 출토상 가운데서도 동작이 큰 상들과는 좀 다른 계통이란 생각이 듭니다. 그건 궁금해서 여쭤본 것이구요, 정읍 보화리상 관련해서는 선생님의 논문을 토대로 좀 더 자세하게 보충하도록 하겠습니다.

굉장히 많은 질문을 해 주시고 또 새로운 부분에 대해서 저로 하여금 지식을 주시고 또 미술사 하는 사람으로서 양식과 형식의 문제, 모티프의 문제에 대해 고민할 기회를 주신 데에 대해서 감사드립니다.

2. 조경철 선생님의 지정토론

좌장 최연식 : 감사합니다. 토론하신 강희정 선생님도 굉장히 많은 문제를 제기하셔서 그 답변도 조금 길어졌던 것 같습니다. 시간이 많이 지났는데요. 두 번째로 연세대학교에 조경철 선생님의 토론을 듣도록 하겠습니다.

조경철 : 소개받은 조경철입니다. 사실 오늘 발표에서도 나왔지만 제가 백제 불교사 석사논문을 1995년도에 썼으니까 한 28년 정도 백제 불교를 공부하고 있는데요. 그 계기가 됐던 절이 대통사였습니다. 그런데『삼국유사』기록에는 대통사가 신라의 법흥왕이 양나라 무제를 위해서 절을 지었다. 이렇게 돼 있어요. 그런데 우리나라에서 다른 나라 황제를 위해서 절을 지었다. 이게 흔한 건 아니거든요. 우리가 중국 문화의 영향을 많이 받고 중국을 떠받들기는 했지만, 물론 조선시대에 만동묘라든가 대보단에서는 명나라 황제를 위한 제사를 드렸죠. 그래서 과연 그런가 해서 의문을 갖고 공부를 하다가 대통이라고 하는 이름이 양나라 무제의 연호가 아니고『법화경』에 나오는 대통불이구나. 대통불일 수도 있겠다. 그런 생각을 하게 된 계기는 백제의 사택지적비라고 하는 비석이 있습니다. 유명한 비석이죠. 백제에 남겨진 하나뿐인 비석이니까요. 그런데 그 지적이라고 하는 인물이『법화경』에 대통불의 큰 아들로 나오는 거죠. 그래서 이게 중국 황제를 위해서 지었다고 하는 것이 문제가 있는 것이 아니냐. 그래서 사실 그 대통사라는 문제를 가지고 한 30년 동안 이렇게 제가 백제 불교를 공부하고 있고 대통사를 공부하고 있습니다.

〈그림 8〉 백제 사택지적비. 부여박물관

그런데 지금 여기 발표자 세 분, 토론자 세 분 앉아있는데 사실은 제가 여기 혼자 앉아있고 다섯 분은 다 저기 앉아있어야 해요. 왜냐면 앞으로 토론이 진행되면서 말씀을 드리겠지만 제가 주장하는 것에 대해서 다 반대하시는 분들입니다. 그렇다고 해서 제가 기세가 꺾이는 것은 아니고요. 오늘 이번 기회를 마련해서 제가 공부했던 대통사에 대해서 여러분들과 의견을 나누고 저의 의견에 반대하시는 분들도 의견을 들어보고 그것을 통해서 저도 한 단계 업그레이드되는 시간이 됐으면 합니다.

오늘 전체 발표 주제가 '백제의 불교 수용과 전파'인데요. 제 석사 논문 제목이 '백제 불교의 수용과 전개'입니다. 약간 다르죠. '의' 자가 들어간 곳이 다르죠. 여기는 백제의 불교 수용과 전파인데, 제 석사 논문은 백제 불교의 수용과 전파입니다. 그러니까 사람들이 '백제 불교가 따로 있는 거야? 왜 제목이 그렇지? 백제의 불교 그거 아닌가?' 그렇게 의문을 많이 받았는데 저는 공부하면서 백제 불교가 있다고 생각을 합니다. 제가 백제 불교와 백제사를 공부하면서 느끼는 점은 오늘 중국 영향도 많이 나오고 특히 남조 영향에 대해서 많이 나오는데 백제사에 나타나는 여러 불교 문화현상을 중국 남조의 어떠한 틀 안에서 또는 중국 불교의 틀 안에서 해석을 하려고 하는 시도가 옛날부터 있어왔고 지금까지 쭉 이어져 왔습니다. 사실 그것은 어쩔 수 없는 공부 방법이죠. 왜냐면 백제 불교에 대한 기록이 많이 남아있지 않습니다. 그러니까 당연히 그 실상을 알기 위해서는 백제가 주로 접했던 중국이라고 하는 나라, 특히 그 나라 가운데 남조에 대한 불교라든지 불교 조각이라든가 이런 것에 대한 이해가 있어야 하죠. 당연합니다. 그것을 통해서 백제 불교의 일면이 밝혀지기도 하는데요. 제가 좀 아쉽게 생각하는 것은 중국 불교와 백제 불교를 비교할 때 백제 불교의 다른 점이 있습니다. 백제 불교의 다른 점은 당연히 중국 불교를 통해서 알 수가 있죠. 뭐가 다른지 그 데이터가 있어야 하지 않습니까? 그런데 백제 불교의 다른 점만 얘기하는 거예요. 백제 불교의 다른 점만. 왜 백제는 왜 다른가? 그것에 대한 설명이 없습니다. 예를 들어서 여러분 잘 아시는 서산 마애삼존불〈그림 11〉, 태안 마애삼존불〈그림 9〉 저는 미술사는 모르지만 양식이 좀 다릅니다. 그런데 그 구도가 중국과는 달라요. 왜냐면 중국에 여러 불상 사례가 있지 않습니까? 그런데 미술사를 하시는 분들은 중국 사례를 가져와서 설명을 합니다. 태안이든 서산이든. 그런데 (보이는) 다른 점만 얘기하지, 거기서 하나 더 들어가서 그러면 백제는 왜 이렇게 다른 구도로 만들었는가? 왜 태안처럼 보살을 가운데에 두었는가? 이것에 대한 2차적인 설명이 없어요. 저는 그게 백제 불교라고 생각합니다. 이건 제가 총론적인 질문이고요. 각론으로 들어가 보겠습니다.

〈그림 9〉 태안마애보살삼존불

불교 수용인데요. 한성백제박물관에서 사실 백제 불교에 대해서 이러한 집중토론시간을 가졌는데 한성 시기 불교에 대해서는 기록이 없습니다. 마라난타가 왔다는 기록이랑 그다음에 한산에 절을 지었다는 기록이랑 도승度僧했다는 기록, 숭신불법구복崇信佛法求福 네다섯 정도밖에 안 돼요. 그러니까 사실 이것을 통해서 어떠한 백제 불교의 실상을 파악하기는 힘들어서 오늘 여러 이야기가, 동진에 대한 이야기, 동진 불교가 왕족 불교냐, 귀족 불교냐 여러 가지 논의가 있는데 동진에 대한 어떤 불교적 논의를 하더라도 백제 불교를 설명할 수가 없어요. 단지 동진 불교가 그렇기 때문에 백제 불교는 그렇겠구나 하는 추측밖에 할 수 없다고 하는 거죠. 그래서 상당히 어려운 점은 있는데, 저는 이러한 기록의 미비점 속에서 한성시기 불교를 공부하면서 여러 가지 불교와 관련된 논의를 했습니다. 여러분 잘 아시는 칠지도 관련해서도 칠지도의 이름이 불교에서 얘기하는 칠각지라고 하는 깨달음과 관련된 칠각지라든가 칠지도에 나오는 성은 '성聖'자에 '음音', (성음) 이것을 부처의 음성으로 이해한다든가. 이게 맞다는 얘기는 아닙니다. 그런 논의가 있었다고 하는 거죠. 특히 칠지도의 제작연대를 종래에는 369년으로 보았는데 어떤 분은 408년으로 보기도 합니다. 그걸 태화4년 11월 16일로 판독을 하면 그게 연대가 408년이 돼요. 그러면 이게 백제 불교 수용 이후가 됩니다. 그러니까 칠지도에 나오는 글귀도 일단 불교적으로 접근은 할 수가 있어요. 그다음에 저는 대신 칠지도의 제작연대를 태화4년 5월 16일로 보고 있기 때문에 362년으로 봐서 저는 칠지도를 적극적으로 불교와 연결시키지는 않지만요.

두 번째로 백제 정치사에서 중요한 좌평이 있습니다. 소위 6좌평이라고 하죠. 좌평 이름 가운데 내법좌평이라고 있어요. '내內'자에다가 '법法'자를 쓰는 건데 이것은 불교를 의미 있는 용어입니다. 물론 이 좌평제도가 한성시기에 완비된 것은 아니고 보통 사비시기에 내신좌평이니 내두좌평이니 내법좌평이니 이런 좌평의 이름이 만들어졌다고 하는데, 그 이름을 만들 때 내법으로 만들었다고 하는 것은 이게 내법좌평이라고 하는 것은, 백제 한성시기에 등장하거든요. 그래서 그것을 불교와 연관을 시켜보기도 했습니다. 여러 가지 논의는 길기태 선생님께서 앞에서도 해 주셨고 제가 요즘 좀 강조하고 있는 측면은 중국의 정세의 변화입니다. 중국의 정세의 변화에 고구려와 백제가 능동적으로 외교 접촉을 해서 불교를 받아들인 측면이 강하지 않나. 여러분들, 사람과 사람이 가까워지는 방법, 나라와 나라가 가까워지는 방법 가운데 혹시 만약에 저와 가까워지고 싶으시다면 여기 『백제 불교사 연구』라는 책이 있거든요. 이 책을 하나 가져오셔서 저한테 사인을 해달라고 하면 가까워지는 겁니다. 제가 무슨 말씀을 드리는 거냐면 고구려의 입장에서 또는 백제의 입장에서 고구려가 전진과 또는 백제가 동진과 가까워지기 위해서는 전진이나 동진에서 어떤 사상체계가 있을 거 아닙니까. 그런데 유교나 도교 같은 경우에는 나름대로 그때 왕래가 있었습니다. 왕래가 있었는데 예를 들어서 불교 같은 것은 정식으로 이렇게 건네받지를 않았거든요. 그러니까 백제의 입장에서나 고구려의 입장에서는 두 나라한테 이렇게 좀 '저희한테 승려를 보내주시면 고맙겠습니다.' 하는 게 일종의 외교적 관계이면서 새로운 사상에 접하는 계기로 볼 수가 있는 거죠. 그래서 그때 동진의 불교가 어떤 형태였고 귀족 불교에서 백제에서 받아들이고 싶어 했고 왕족 불교에서 받아들이고 싶어 했고 그런 관점보다는 백제나 고구려 같은 경우에는 그런 대외적 관계가 많이 영향을 끼치지 않았나 생각이 들고, 대내적으로는 고구려 같은 경우에는 371년에 고국원왕이 백제하고 싸우다 전사하거든요. 그러니까 상당히 고구려로서는 어려운 상황에 처해있는 거죠. 그래서 소수림왕 입장에서는 이것을 어떻게든 난국을 극복하려고 하는 노력을 해야 하는데, 저는 그것의 일환의 하나가 전진으로부터의 불교 수용이라고 생각합니다. 그다음에 전진의 입장에서는, 물론 고구려도 마찬가지지만. 전진이 고구려와 국경을 접하고 있던 연나라를 371년에 몰아내거든요. 그러니까 전진과 고구려는 자연스럽게 국경을 접하게 됩니다. 새로운 외교관계, 국경이 맺어지게 되는 거죠. 그래서 두 나라 사이에는 어떤 형태로든 외교관계를 개선할 필요가 있었는데 마침 그때 국제정세하고 고구려 내 국내정세가 서로 맞아떨어져서 그런 상황이 되지 않나 생각하고요. 그다음에 남쪽에 있었던 백제는 이러한 고구려의 움직임에 대해서 주목하고 있었다고 하는 거죠. 그래서 372년에 고구려하고 전진이 불교를 서로 주고받을 때 백제는 동진과 외교관계를 맺습니다, 372년. 그러니까 그때 대응을 한 거죠. 그다음에 동진으로부터 불교를 받아들일 때는 전진과 동진이 대결상태에 있다가 비수의 싸움으로 동진이 이기자 백제의 입장에서는 고구려도 견제할 겸 해서 남쪽에 있는 동진과 불교를 적극적으로 맺지 않았나 이렇게 생각을 했습니다.

얘기가 좀 길어졌는데요. 그다음에 두 번째, 세 번째, 네 번째, 다섯 번째, 여섯 번째는 다 대통사에 관련된 질문인데요. 이건 지금 질문 드리기보다 앞으로도 계속 논의가 될 것 같은데요. 2번 문제는 이런 겁니다. 대통사가 양나라 무제의 연호를 따서 지은 절이면 당연히 양나라 황제를 위해서 지은 절이죠. 그런데 우리나라에 중국 황제를 위해서 지은 절이 없습니다. 일단 사례가 아주 희박하다는 거죠. 처음이라는 겁니다. 그다음에 연호라고 하는 것은 피휘라고 그래서 다른 나라에서는 주로 사용할 수가 없죠. 물론 연호를 딴 절이 있기는 있습니다. 저도 예전에 이것을 글에서 언급을 하긴 했는데, 그런데 정시사나 경명사나 이 절들은 다 그 나라의 연호예요. 그 나라의 황제의 연호입니다. 그러니까 이것은 피휘의 관점이 아니죠. 이것을 경명사나 정시사를 지었다고 해서 이게 휘를 어겼다. 그렇게 생각하지는 않습니다. 정시사와 경명사의 예를 들어서 대통이 연호로 만든 절이다. 이것에 대해서는 동의할 수 없는 부분이 있고, 그다음에 이것은 제가 다 확인은 못해 봤습니다. 아마 제가 모를 수도 있는데 중국의 역대 왕이나 우리나라의 역대 왕이나 주변에 신라, 고구려 같은 경우에 왕이 죽었을 때 왕과 왕비가 죽었을 때 3년상 기간에 다른 나라 황제를 위해서 절을 세운 사례가 있는지, 다른 나라 황제를 위해서. 아니, 자기 나라 왕을 위해서 절을 짓지도 않는데, 굳이 장례기간에 다른 나라 황제를 위해서 지은 절이 있는지. 그다음에 대통사 같은 경우에는 백제 성왕이 세웠는데 여러분, 백제 성왕하면 무령왕릉 잘 아시죠? 얼마나 공을 들여서 만들었습니까? 그 정도로 백제 성왕이 아버지에 대한 효심이 깊었다고 한다면, 물론 그 효심은 왕권을 정당하게 받기 위한 한 방편이기도 했지만요. 그러면 당연히 아버지를 위해서 절을 지었다고 생각하는 게 당연하게 생각하는 것이 아닙니까? 당연하지 않습니까? 중국에도 그런 사례가 많고요. 무령왕릉을 그렇게 공들여 지으면서 절은 짓지를 않다가 중국 황제를 위해서 지었다. 이것은 동의할 수가 없어서 그런 사례가 있는지 얘기해봤고요.

그다음에 설사 대통이 중국 황제를 위해서 지었다고 하더라도 이게 물어봤을 거 아닙니까. 대통사를 짓는데 중국에서 대통이라는 연호를 쓰는데 중국에서는 대통이 어떻게 해서 만들어진 것인가 신하들한테 물어봤겠죠. 신하들이 얘기했겠죠. 그래서 제가 찾아봤더니 이 대통이라고 하는 말은 어떠한 특별한 불교적/사상적 배경에 의해서 나온 게 아니고 동태사에 양무제가 예를 들어서 그냥 스님이 됐습니다, 일반적으로. 스님이 됐어요. 머리는 깎지 않았지만. 그것을 사신이라고 하는데 그러니까 신료들이 난리가 났죠. 황제가 황위를 버리고 절에 들어가면 어떻게 합니까? 그러니까 이제 '그러면 내가 절에서 나가려면 환속금을 내야 한다.' 그래서 그냥 몇 억만의 돈을 동태사에 지불하고 그 동태사에서 빠져나옵니다. 그 빠져나올 때 동태사와 황궁을 드나들던 문이 있는데 그 문의 이름을 대통이라고 지은 거예요. 그러니까 양무제가 동태사에서 사신하고 나온 것을 기념하기 위해서 대통이라는 이름을 지었는데 그 대통을 어떻게 지었느냐? 그 동태사할 때 ('동'의) 'ㄷ'에다가 ('태'의 'ㅐ') 그 글자를 조합해서 (대를 만들고 태의 'ㅌ'과 동의 'ㅗㅇ'을 합쳐 통을 만들었는데), 그것을 남북조 반어南北朝反語라고 합니다. 일종의 말장난이죠. 그게 하도 유행해서 그것을 남북조 반어라고 했어요. 그래서 대통을 지은 겁니다. 당연히 그것을 성왕이 알았겠죠. '그래? 그러면 불교에서는 대통이 뭐라고 하지?' 당연히 물어봤을 거 아닙니까? 자, 그렇다고 한다면 그래서 저는 이 대통사가 『법화경』에 보면 대통불, 전륜성왕, 법왕, 위덕불, 지적 이런 용어들이 나와요. 그러면 대통은 그렇다고 합시다. 백제 성왕이 있어요. 백제 성왕이 있는데 이 성왕이 왕 재위시절의 이름인지 아니면 왕이 죽은 다음의 시호인지는 논란이 있습니다. 만약에 이름이라고 한다면 대통이라는 연호를 알았을 때 이미 그보다 앞서 성왕이라고 칭하고 있던 거죠. 성왕이라고 칭하고 있는데 중국에서 대통으로 바꿨다. 그럴 때 승려들한테 '대통은 중국에서는 남북조 반어로 만들었는데 불경에는 혹시 뭐라고 나오나, 대통이?' 당연히 물어봤을 거 아닙니까? 그러면『법화경』이라고 하는 것은 웅진시기 때부터 널리 읽혀진 경전이라 당연히 알고 있었겠죠. 그래서 '아, 예. 거기 『법화경』 경전에 의하면 성왕은 대통불의 아버지로 나옵니다.', '아, 그래? 그러면 좋겠다.' 이건 추정이지만. 그런데 이것까지 아니라고 해요, 이것까지 아니라고. 그러면 이제 위덕왕이 죽었습니다. 위덕왕은 시호죠. 시호를 올릴 때 신하들이 '이 위덕이 유교에서는 뜻이 뭐냐? 불교에서는 뜻이 뭐냐?' 이런 논의가 있었을 거 아닙니까? 그 불교 승려가 '이 위덕은 『법화경』에 나옵니다. 『법화경』에도. 어느, 어느 경전에도

〈그림 10〉 폐와무지 출토 인장와와 명문기와의 "대통"

〈그림 11〉 서산 마애 삼존불

나오지만.', (성왕이 답하길) '아, 그래요?' 그러면 『법화경』에 위덕이라는 말도 나오고 성왕이라는 말도 나오고 대통이라는 말도 나오는데 백제에서 『법화경』이 그렇게 융성했는데 위덕이라는 말까지 나올 때까지 대통불을 몰랐다고 하는 건 말이 안 된다는 거죠. 저는 대통사를 창건할 때부터 이 대통이 『법화경』의 대통이라고 주장을 했지만 한 발 양보해서 창건할 때는 아니더라도 또 대통이 양나라 무제의 연호라고 하더라도 연호를 받아들인 다음에는 그 대통이라는 의미와 성왕이라는 의미와 위덕왕이라는 의미가 『법화경』에 나온다는 것은 알고 있다는 거죠. 그래서 처음에는 대통사가, 연호를 제가 인정을 한다면 연호를 들어왔다고 하더라도 백제에서는 『법화경』이 유행했기 때문에 그런 『법화경』이라는 여러 구도를 활용했을 가능성이 있다. 저는 이런 것을 백제 불교라고 생각을 하는 겁니다. 이하의 질문은 나중에…

〈표 1〉『법화경』과 백제왕실의 비교

	『法華經』	百濟 王室
父	轉輪聖王	聖王
子	大通佛	威德王
孫	釋迦佛	法王

좌장 최연식 : 시간이 제한되어 있으니까 이제 다른 문제들에 대해서 얘기해 주시죠.

조경철 : 네. 나중에 간단하게 얘기하겠습니다. 그다음에 백제 불교와 여성의 문제인데요. 신라와 달리 백제에는 왕비가 언급이 많이 안 되어 있어요. 한성시기에는 아이부인이 언급이 되어 있고 팔수부인, 사

비기에는 창왕명 사리감의 매형공주 그다음에 익산 미륵사의 사택왕후 이렇게 네 명이 언급이 되어 있는데 이 네 명의 부인 가운데 매형공주와 사택왕후는 확실히 불교적 의미가 있죠. 아이부인은 침류왕의 어머니로 나오는데, 불교 수용시기에 이름이 특별히 언급이 된 것을 보면 불교와 관련이 있다고 해서 백제 불교와 여성의 문제에 대해서도 관심을 기울일 필요가 있고, 그런 의미에서 익산 미륵사 사리봉영기에서 나온 왕후즉신의, 이 '즉신'이라고 하는 의미는 여성도 성불할 수 있다고 하는 그러한 즉신성불에서 왔을 가능성이 있지 않을까 해서 이것을 한 번 더 논의를 해보면 어떨까 해서 제시를 해봤고요.

그다음에 『대승사론현의기』와 관련해서는 그다음에 혜균의 미륵경전 『미륵경유의』인데, 우리 사회자 선생님께서 주장하고 계시기는 한데 익산 미륵사를 과연 삼론학적 관점에서 또는 미륵경유의 관점에서 설명할 수 있는가. 왜냐면 미륵하생신앙에 대한 이해에 부정적인 측면이 있고 그다음에 이 당시에 미륵사를 창건할 정도가 되면 유식학자들도 많이 있었을 텐데, 경흥 같은 사람은 물론 백제말의 승려지만. 그래서 익산 미륵사를 삼론학적 측면으로 설명하는데 한계가 있지 않나. 그렇게 생각을 해봤고요.

아홉 번째는 감은사가 아까 이병호 선생님 말씀하시기에 금당의 하부가 익산 미륵사와 비슷하다고 했는데 저는 일전에 신라의 쌍탑이 이 익산 미륵사의 3개의 탑 가운데 쌍석탑에서 쌍탑이 유래해서 신라로 건너가지 않았나 이렇게 설명을 해봤습니다. 마지막으로 10번은 칠지도라든가 태안 마애삼존불이라든가 서산 마애삼존불, 익산 미륵사에 3개의 탑 같은 경우 상당히 다른 양식이 보이는데 중국이나 또는 다른 나라와 달리. 이렇게 특별한 양식이 보일 수 있었던 백제문화의 사상적 · 문화적 배경은 무엇인지 궁금해서 적어봤습니다.

좌장 최연식 : 감사합니다. 주로 동태사에 관한 말씀을 하셨고요. 그 외에는 백제 초기의 불교 수용관계를, 그러니까 백제의 입장에서 중국과의 외교관계를 적극적으로 봐야한다는 입장에서 해석을 하셨고, 그다음에 익산 미륵사 사리봉영기에 나오는 왕후즉신의 문제 그리고 익산의 미륵사의 사상적 배경에 대한 것, 미륵사 삼탑과 쌍탑 이런 문제들을 언급을 하셨는데 여기에 대해서 발표는 소현숙 선생님과 길기태 선생님을 주로 해서 하셨어요. 그래서 두 분 선생님께서 이 문제들 중에서 말씀하실 수 있는 것들 위주로 말씀해 주시고 넘어가는 것은 뒤에 2부 토론에서 이야기를 하도록 하겠습니다. 길기태 선생님께서 먼저 준비하셨으면 말씀해 주시기 바랍니다.

길기태 : 조경철 선생님께서 말씀하신 부분 중에 첫 번째 외교관계는 백제가 불교를 수용하는 과정 속에서 당연히 검토되어야 할 사항으로 생각합니다. 결국 두 번째, 세 번째, 네 번째, 다섯 번째, 여섯 번째까지는 대통사와 관련된 부분으로, 이 부분은 선생님께서도 말씀하셨듯이 다음 시간에 집중적으로 얘기가 되어야 할 것입니다. 다만 제 생각을 말씀드리면 두 번째 말씀하신 것처럼 다른 황제를 위하여 절을 세운다는 부분에 대해서 그러니까 "위양제창사爲梁帝創寺" 같은 경우는 "위양제爲梁帝"라는 부분을 과연 어떤 관점에서 봐야 될지에 대해서 우리의 고민이 필요하지 않을까 싶습니다. 무슨 말씀이냐면 "위양제爲梁帝"라는 것을 직접적으로 양무제를 위하여로 우리가 바로 해석을 해야 될 것인지 아니면 양과의 친연성을 강조하기 위

하여 이러한 용어가 나온 것이 아닌지에 대한 고민이 필요할 것 같고요.

두 번째 생각했던 부분은 대통사의 위치입니다. 대통사가 당시에 왕궁에서 보면 제민천 건너편에 있고 대통사 뒤에는 봉황산이 있고 봉황산 건너편에 무령왕릉이 보이고 있는 그러한 관점에서 봤을 때 대통사를 왕궁과 연결시켜 생각할 것인지 아니면 무령왕릉과 연결하여 생각할 것인가에 대해서 좀 더 생각을 해봐야 되지 않을까 그런 생각을 했습니다.

세 번째 그 당시에『법화경』이 백제 사람들한테 지배층이든 귀족세력이든 많이 읽혔을 것이라는 것에 대해서는 누구나 쉽게 생각할 수 있고, 그리고 선생님께서 말씀하시는 것처럼 화성유품에 대해서도 잘 알고 있었을 거라고 생각을 합니다. 그렇기 때문에 대통지승여래에 대해서도 잘 알고 있었고,『법화경』에서의 법왕이 석가모니 부처님이라는 것도 잘 알고 있었을 것이란 생각은 듭니다. 다만 대통이라는 용어가 사용이 되었을 때 이 대통이라는 용어가 연호냐, 아니면 대통지승여래의 대통이냐는 것에 대해서 우리가 논란이 있던 첫 번째 이유는 제가 처음에 말씀드렸던 것처럼 "위양제爲梁帝"라는 그 해석 부분에서 파생된 게 아닌가 생각합니다. 대통이라는 사찰명이 연호이든 아니면 대통지승여래의 대통이든 이 두 가지는 저는 하나는 제외시키고, 그러니까 연호는 아니고 대통불만 맞고 아니면 연호이다. 과연 그 당시에 동일한 시기에 동일한 용어가 사용되고 있었는데 이건 하나는 맞고 하나는 아니다라고 우리가 판단을 내릴 수 있는지 그 부분에 대해서도 우리가 고민을 해야 하지 않을까 그런 생각을 했습니다.

법왕이 석가모니불이냐, 전륜성왕이냐 하는 부분에 대해서는 이에

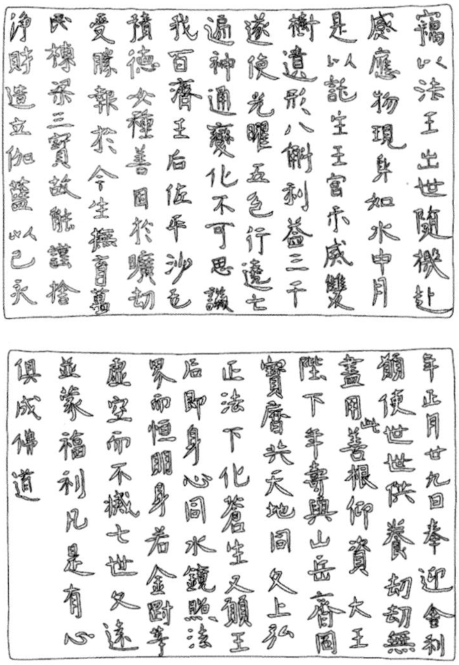
竊以法王出世隨機赴
感應物現身如水中月
是以託生王宮示滅雙
樹遺形八斛利益三千
遂使光曜五色行遶七
遍神通變化不可思議
我百濟王后佐平沙乇
積德女種善因於曠劫
受勝報於今生撫育萬
民棟梁三寶故能謹捨
淨財造立伽藍以己亥

年正月廿九日奉迎舍利
願使世世供養劫劫無
盡用此善根仰資大王
陛下年壽與山岳齊固
寶曆共天地同久上弘
正法下化蒼生又願王
后卽身心同水鏡照法
界而恒明身若金剛等
虛空而不滅七世久遠
並蒙福利凡是有心
俱成佛道

〈그림 12〉 미륵사지 사리봉안기

대한 선생님의 언급이 없어서 다음 시간에 토론하는 것으로 하겠습니다. 그리고 사리봉영기〈그림 12〉에 나오는 왕후즉신의 문제인데요. 저도 지난번에 발표하였듯이 여기서 왕후즉신이라는 것은, 왕후의 즉신 성불과 관련이 있고 사택적덕의 따님인 왕후가 현생에서 부처가 될 수 있기를 바라는 것으로 해석하였습니다. 그리고 신라에서 선덕왕이나 진덕왕의 여성 성불에 앞서서 백제에서 보이는 모습으로 저는 보고 있습니다.

삼론학과 미륵경유의는 아까 선생님이 말씀하신 것처럼 다음 시간에 다시 한번 토론하실 테니, 다만 미륵사〈그림 13〉 삼탑 가운데 목탑이 가운데에 있고 동탑과 서탑이 이루어진 부분입니다. 오전에 이병호 선생님께서 발표하신 내용에서와 같이 공통점이 찾아지기 때문에 이것을 쌍탑으로 봤다는 부분에 대해서 잠깐 제 생각을 말씀드리면, 중원과 서원과 동원이 차례대로 만들어지고 있고 중원과 동원과 서원을 하나로 분리해서 생각할 수 없다면 탑의 존재 또한 삼탑 그러니까 중원의 목탑과 서탑 그리고 동탑을 서로 연결해서 생각해봐야 하지 않을까 합니다. 감은사 석탑과 미륵사 석탑의 어떠한 공통점이 있다고 치더라도 이러한 것은 (삼탑의) 연결선상에서 찾아가는 것이 더 좋지 않을까 하는 것이 제 생각입니다.

〈그림 13〉 익산 미륵사지 복원도

열 번째로 선생님께서 하신 내용은 백제의 불교가 아닌 백제 불교라는 관점에서 우리가 불교사를 봐야 한다는 취지의 말씀 같습니다. 저도 그 부분에 대해서는 우리가 백제의 불교가 아니라 백제 불교, 다시 말씀드리면 우리가 계속 남조의 영향이냐, 북조의 영향이냐를 가지고 계속 논하고 있지만 결국 남조의 영향, 북조의 영향을 얘기하는 것 자체도 백제 불교를 찾아가는 하나의 과정이라고 생각하고 있습니다. 우리가 태안마애삼존불이라든지 아니면 서산마애불 그리고 미륵사의 삼원 가람 같은 형식들은 결국 백제가 남조든 북조든 불교의 영향을 받았을 테고 그것을 백제화 해서 만들어낸 양식으로 봐야 되지 않을까 하는 것입니다. 그렇다면 우리가 백제의 불교가 아니라 백제 불교의 현 모습으로 선생님이 보았듯이 그러한 모습 속에서 우리가 불교문화를 바라봐야 하지 않을까합니다. 이상입니다.

좌장 최연식 : 고맙습니다. 길기태 선생님께서 전반적인 말씀을 하셨고요. 소현숙 선생님.

소현숙 : 대통과 관련해서 말씀드리면, 연호는 피휘의 대상이 아니거든요. 왜냐면 연호를 쓴 그릇도 엄청 많고, 조상기도 굉장히 많습니다. 연호는 일단 피휘 대상이 아닌 것으로 봐야 한다고 저는 생각합니다. 그리고 대통사처럼 '누구를 위하여, 그러니까 다른 나라 황제를 위하여 절을 지은 적이 있느냐, 그것도 3년 상중에'라고 물으셨는데, 중국에서는 황제가 3년 상을 치른 경우가 거의 없기 때문에 그런 사례는 없다고 봐야 할 것 같습니다. 만약에 백번 양보를 해서 『삼국유사』의 기록을 믿는다고 했을 때, 당시 백제는 양과 조공책봉체제를 하고 있었잖아요. 그렇다면 양무제를 위해서 절을 짓는다고 해도 문제가 되지는 않는다고 저는 생각합니다. 그 당시 조공책봉체제라는 성격 아래에서는 말이죠. 일단 그 정도입니다.

3. 주경미 선생님의 지정토론

좌장 최연식 : 감사합니다. 대통사 문제는 중요하니까 2부 토론에서 한 꼭지로 다시 이야기를 하도록 하겠습니다. 마지막으로 충남대학교 주경미 선생님께서 토론을 해 주시기 바랍니다.

주경미 : 안녕하십니까? 토론을 담당한 주경미입니다. 저는 이병호 선생님의 발표에 대해서 토론문을 작성하긴 했는데요. 몇 가지는 다른 분들도 함께 종합토론 시간에 이야기를 할 수 있을 것 같아요. 일단은 시간이 없기 때문에 미리 보낸 토론문을 읽는 것으로 토론을 대신하도록 하겠습니다.

384년 동진에서 온 서역승 마라난타가 백제 침류왕에게 불교를 전해서 백제에서 불교가 공인된 이후 백제의 불교문화는 크게 발전했습니다. 특히 백제 왕실은 6세기 후반 일본에 불교를 처음 전래해서 일본 불교의 기초를 쌓는 데 가장 중요한 역할을 할 만큼 동아시아 불교문화권에서 매우 독자적이고 독특한 위상을 가지고 있었습니다. 그렇지만 아쉽게도 현존하는 백제 불교문화 관련 유적이나 유물들은 대부분 6세기 후반 사비기 이후에 만들어진 것으로서 4세기 후반 이후 한성기와 웅진기 초기에 백제 불교문화에 대해서는 아직까지 논의하기 어려운 점이 상당히 많습니다. 또한 이와 관련하여 오늘 진행되는 바와 같이 대통사 같은 경우 학계의 논란도 상당히 많습니다.

이번 이병호 선생님의 발표는 문헌 기록과 최근까지의 고고학적 발굴 결과들을 종합해서 정리하셨고, 한성기부터 웅진기, 사비기까지의 백제 불교 사원유적의 특징들과 현재까지의 연구 성과, 관련 논의들을 매우 잘 정리해 놓으셔서 저에게도 굉장히 많은 도움이 되었습니다. 최근에 나온 모르는 논문들도 상당히 많았고요. 여러분들이 자료집을 보시면 아시겠지만, 이병호 선생님께서 워낙 참고문헌이나 각주를 꼼꼼하게 달아놓으시고 상반되는 견해들에 대해서도 잘 정리해 놓으셔서, 학계 사람들에게 아주 큰 도움을 주는 훌륭한 사학사적 연구라고 생각합니다.

그리고 저는 기본적으로 발표자의 견해와 다르지 않고 대부분의 견해가 발표자와 비슷하기 때문에, 대부분의 경우에 대해서는 제가 동의를 하는 부분이 많아서 논쟁적인 토론을 하기에는 부족한 점이 많습니다. 또한 건축사와 와당 연구는 제가 거의 문외한에 가깝기 때문에 제가 평소에 궁금해 하던 것, 고구려와 백제, 신라와의 관계, 일본과의 관계를 중심으로 해서 몇 가지 중요한 문제를 중심으로 이미 여섯 가지 질문을 드렸습니다.

첫 번째 질문은 한성기 불교사원의 존재 여부와 성격에 관련된 문제입니다. 불교가 전래된 384년부터 고구려의 침공으로 웅진으로 천도하는 475년까지의 기간 동안 한성에서는 불교사원이 적어도 두세 곳은 있었을 가능성이 있지만 지금까지 불교사원 유적으로 확인된 곳은 하나도 없습니다. 발표자 쪽에서 언급하신 바와 마찬가지로 몽촌토성 서남지구에 판축대지 유적이 불탑일 가능성이 제기되기는 했지만, 사비기 이후의 사원 건축과는 구조가 다소 다르기 때문에 여러 가지 논란이 있습니다. 백제의 불교사원 유적은 대부분 일탑일금당 구조를 가지고 있다고 알려져 왔습니다. 그래서 탑이 없는 건물지의 경우, 혹은 몽촌토성과 같이 탑인지 아닌지 모호한 판축대지 유적과 같은 경우에는 일반주거용 혹은 행정용 건축들과 다소 차이가 있다고 보기는 하면서도, 그렇다고 해서 이것이 불교사원 유적이라고 확정하지 못하고 있는데요. 그 이유는 명문자료나 불교 관련 유물들, 특히 불상이나 사리기 또는 연화문와당과 같은 존재들이 확인되지 않고 있기 때문입니다. 특히 4세기에서 5세기 백제 혹은 고구려 유적에서는 불상이 설치되었던 흔적을 거의 발견하기 어렵기 때문에 불교사원으로 확정하지 못하는 경우가 많습니다. 그렇지만 대형불상을 봉안한 불교사원이 건립되는 시기는 중국에서도 5세기 중반 이후가 됩니다. 특히 최근에는 선비족이 건립한 북위시대의 대형 석굴들 중심으로 대형 불상의 건립에 대한 연구들이 많이 나오고 있는데요. 이런 점으로 볼 때, 처음 불교가 전래되었던 4세기 후반의 백제 한성 지역에서는 대형 불상을 봉안한 불교사원이 아예 존재하지 않았을 가능성이 더 크다고 생각합니다. 마찬가지로 동남리사지와 같이 불탑이 없는 불교사원 유적들이 백제 지역에 존재했던 것으로 볼 때, 한성기에는 대형의 목조건물로 지은 탑도 존재하지 않았을 가능성이 있다고 생각합니다.

제가 자료집에 옥충주자玉蟲厨子〈그림 14〉의 사진을 소개해 놓았는데요. 일본에서는 옥충주자나 귤부인주자橘夫人厨子〈그림 15〉와 같이 소형의 불상을 봉안한 불감佛龕이 전래되어 오고 있습니다. 또한 중국 양무제의 아육왕탑 관련 기록이나 수대의 돈황막고굴 벽화 등을 보면, 일반 전각 내에 중소형의 서역식 보탑寶塔, 혹은 조그마한 소탑小塔을 봉안한 불교사원이 있었던 것이 확인이 됩니다. 역시 〈그림 16〉을 보시면, 돈황막고굴 419굴에 그려진 수대 벽화 속에서, 일반 처마가 있는 전각 안에 한쪽 구석에 아육왕탑 또는 서역식 보탑이라고 하는 작은 복발탑覆鉢塔이 있고 그를 향해서 사람들이 공양을 하는 모습을 볼 수가 있습니다. 그러므로 백제에서도 불교

〈그림 14〉 옥충주자. 일본 7세기. 높이 2.26m. 일본 나라 법륭사 소장.

〈그림 15〉 귤부인주자. 일본 8세기. 높이 2.63m. 일본 나라 법륭사 소장.

〈그림 16〉 서역식보탑을 봉안한 전각. 수대. 돈황막고굴 419굴 벽화 중 세부.

전래 초기의 불교사원들은 후대에 발전한 목탑이나 석탑 혹은 대형 불상을 봉안한 거대한 금당과 같은 것이 존재하지 않았을 가능성을 생각해볼 필요가 있다고 생각합니다. 이러한 중국과 일본의 초기 불교사원의 기록이라든지 도상 예들을 고려한다면, 한성기의 독특한 판축대지 유적이 한성기의 불교사원 유적이었을 가능성은 좀 더 커질 수 있다고 생각하는데요. 지금 제가 제시한 자료들을 고려하여 이에 대한 발표자의 견해가 어떤지 궁금합니다.

두 번째 질문은 527년 백제의 성왕이 건립한 웅진의 대통사 관련한 문제입니다. 이 문제는 제가 좀 넘어갈까요? 이따가 하는 게 나을 것 같아서 두 번째 문제는 다 읽지 않고 넘어가도록 하겠습니다. 다만, 양나라 무제가 522년에 영파 아육왕사의 아육왕탑을 발굴하고 건립하는 과정에서 새 탑을 쌍탑으로 지었다는 기록이 나옵니다. 이와 같이 522년 양무제의 쌍탑이 건립되었다면요. 대통사의 탑 문제를 재고할 필요가 있지 않을까 합니다. 대통사는 지금 현재 중심축에서 탑지가 안 나와서 탑지 유무에 대해서 말이 많거든요. 여기에 만약 쌍탑이 있었는데 우리가 그동안 쌍탑 건립을 생각해보지 않았기 때문에 중심축을 중심으로 한 탑지 조사에 실패하고 아직까지 탑지를 못 찾고 있을 가능성은 없는지, 그 문제에 대해서 역시 발표자께 여쭤보고 싶었습니다.

세 번째 질문은 한성기 백제의 초기 불교와 고구려 그리고 북조와의 관계를 논의할 때 항상 간과되어 온 부분인 한반도 서북한 지역의 불교문화에 대한 것입니다. 한반도 서북한 지역은 기원전 108년 한무제에 의해서 한사군 중 하나인 낙랑이 평양에 세워진 이후에 평양지역을 중심으로 발전했는데, 이 지역은 313년 고구려에 의해서 낙랑이 완전히 멸망하면서 고구려의 영역이 된 것으로 알려져 있습니다. 평양지역에서는 초기 고구려 고분벽화들이 발견되었는데 그중에서도 가장 중요한 것은 357년의 묵서명을 가진 안악 3호분입니다. 역사학계에서는 이 고분을 묵서명에 나오는 동수의 이름을 따라서 중국계 귀화인 동수의 무덤으로 보는 경향이 강하지만, 미술사학계에서는 고분의 구조와 도상적 특징들, 그리고 후대 고구려 고분벽화의 관계 등을 통해서 고구려의 왕릉으로 보는 안휘준 선생님의 학설을 따르고 있으며, 일반적인 개설서나 개설 강의에서도 고구려의 왕릉급 고분 벽화로 보고 있습니다. 특히 흥미로운 것은 안악 3호분의 묘주 초상도의 도상입니다〈그림 17〉. 안휘준 선생님께서는 이미 20년 전에 이 묘주 초상도의 도상이 불교의 유마거사 도상을 차용한 것으로서 불교 공인의 이전에 고구려 불교 전래 가능성을 보여준다고 하신 바 있습니다. 최근 와당과 금속공예 분야에서도 백제와 낙랑의 물질문화 교류 가능성이 논의되고 있으며, 낙랑계 유민을 비롯한 한반도 서북한 지역민들의 백제 유입설 등이 문헌사학계에서도 제기되고 있는데요. 이러한 관계로 볼 때 백제와 낙랑 혹은 한반도 서북한 지역의 문화와의 관련성을 고려해본다면, 이 지역이 4세기 전반 고구려의 치하에 들어왔다고 하더라도 서북한 지역에 이미 일찍부터 불교가 전래되어 있을 가능성은 있습니다. 낙랑 멸망 이후 백제와 서북한의 지역의 교류가 완전히 단절됐는지에 대해서는 또 다른 문제라고 생각을 합니다만. 이와 관련해서 저는 백제의 침류왕이 384년 마라난타의 전법을 계기로 불교를 공인하게 된 배경에는 이미 4세기 전반부터 한반도 서북한 지역에 불교가 전래되어 있었을 가능성이 있었을 수도 있다고 생각합니다. 백제의 불교는 중국 남북조 지역 양쪽을 통해서 다 전래되었을 것이라고 생각하고 있으며, 양쪽으로부터의 불교 전래 가능성을 좀 더 적극적으로 상정해볼 필요가 있지 않은가라는 의문을 최근 가지고 있습니다. 발표자께서도 고구려계 토기라든지 기와 제작 기술이 웅진기에 갑자기 등장했다기보다는 그 이전부터 나온 것들의 영향 그리고 북조와 고구려와의 관계를 말씀하셨는데요. 이와 관련해서 한성기

〈그림 17〉 묘주 초상도. 고구려 357년경. 황해도 안악군 안악3호분 벽화.

백제불교 문화와 그다음에 서북한 지역의 4세기 정도의 불교문화 교류 가능성 또는 서북한 지역의 4세기의 불교문화의 존재 가능성 등에 대해서는 어떻게 생각하시는지 간단하게 말씀해 주시면 좋겠습니다.

네 번째 질문은 불교 건축기술에 대한 부분입니다. 이것을 다 읽으면 시간이 좀 많이 걸리긴 하겠지만, 다른 분들도 다 읽으셨으니, 저도 여기는 다 읽겠습니다. 백제와 고구려, 신라의 불교 건축기술 교류 문제입니다. 특히 백제 웅진기 불교 사원유적에서 고구려계 기와와 고구려계 토기, 이중기단, 그리고 1진 2실과 같은 형식이 나오는 점은 고구려계 건축기술의 전래로 보는 것이 일반적인 듯합니다. 지금까지 고구려의 불교사원 유적은 그다지 많이 발굴된 편은 아니지만 팔각탑을 가진 1탑 3금당 형식 구조가 많다고 알려져 있습니다. 그런데 사실 팔각탑의 평면을 가진 탑은 같은 시기에 중국에는 거의 없어요. 아직까지는 고구려에서만 나온다고 하고 있는 중이고요. 중국에서 팔각탑이 나오는 것이 오히려 시대가 많이 늦은 당나라, 요나라 쯤이 되어야하기 때문에요. 지금도 건축 관련 학자들 중에는 팔각탑이라는 것 자체를 중국 한대 이후의 팔각당 형식의 건축을 따라서 고구려에서 창안된 것으로 보는 견해도 있고, 또 어떤 경우에는 탑이나 불교사원이 아예 아니라고 보는 견해도 있어서, 다소 복잡한 문제가 있습니다.

일단 고구려를 제외한 중국 인근 지역에서는 팔각형 평면을 가진 비슷한 시기의 탑으로는 북량北涼(397~439) 시대에 한시적으로 제작된 북량석탑北涼石塔 정도뿐인데, 북량석탑들은 대부분 소탑이고 기단만 팔각형 평면일 뿐이며, 그 위쪽에는 서역식의 복발탑이 올라가 있는 형식입니다. 그중에서 유명한 428년명의 고선목탑高善穆

塔의 사진을 제가 소개해 놓았습니다〈그림 18〉. 이러한 형식의 탑은 사실 중국 남북조 시대에서는 북량시기를 제외하고는 거의 유행하지 않았습니다. 그 시기에만 만들어진 특별한 형식이고요. 또다른 문제는 최근 고구려의 불교사원 유적을 발굴해보면 발해나 고려시대까지 계속 유지된 경우가 많다는 점이 확인되었다는 점이에요. 그러므로 저는 고구려 시대의 팔각탑 유적이라고 하는 것에 대해서도 사실 우리가 좀 더 다시 정밀하게 검토해볼 필요가 있는 게 아닐까라는 의문을 가지고 있습니다.

〈그림 18〉 고선목탑高善穆塔. 중국 북량 428년. 높이 44.6㎝. 중국 감숙성박물관 소장.

한편, 이중기단과 하성초석의 경우에는 백제와 고구려계라고 얘기를 하는데요. 하성초석은 잘 모르겠지만 적어도 이중기단의 경우에는 북위나 북제·북주 시대, 즉 중국 북조시대 목탑들에서도 비슷한 형식들이 보이는 것 같습니다. 그래서 이중기단과 하성초석이라는 것이 과연 고구려계라고 단정할 수 있는지, 오히려, 불교 건축의 공통적인 특징, 특히 북조 지역에서 유행했던 북조 불교사원의 목조건축에 보이는 양식적 특징이라고 보는 것이 더 맞지 않을까라는 생각이 잠시 들었습니다.

한성기 불교사원 유적이 확인되지 않은 현재의 상태에서는 어느 것도 단정할 수 없긴 하지만, 불교사원 건축기술이 북조에서 고구려와 백제로 각각 전래되었을 가능성, 그리고 서북한 지역의 건축기술이 백제로 전래되었을 가능성 등에 대해서는 지금까지 학계에서 한 번도 논의를 하지 않았기 때문에, 그런 점들을 다시 한 번 상기해볼 필요가 있다는 질문을 드리고 싶어서 길게 말씀을 드렸습니다. 저는 지금까지 백제 불교문화를 모두 동진과 양나라와 같이 중국 남조 불교문화의 영향만으로 파악해왔던 연구 경향이 대부분 아마도 일제강점기 이후 일본 불교학계의 영향이 아닐까라는 생각을 하고 있습니다.

넘어가서 다음은 다섯 번째 질문입니다. 백제의 영향을 받은 일본 불교 사원유적에 대한 부분이고요. 여기에서 제가 언급하고 싶었던 부분은 호류지 금당의 석가삼존불을 제작한 도리불사 같은 경우에 백제계 장인의 후손이라고 알려져 있지만, 그것에 대해서 한일 학계의 견해가 다르다는 점입니다. 또한 기술 전래 부분에서도 지금 백제와 고구려의 영향 중 어느 쪽이냐에 대한 견해가 일본 학계에서도 조금씩 다른데요, 발표자께서 시간이 없으셔서 그 부분에 대한 설명을 너무 간단하게 지나가셔서요. 그 부분에 대해서 좀 더 일본 학계의 연구 현황과 그에 대한 우리 입장에서의 비판적 측면을 중심으로 간단하게 알려주셨으면 좋겠어요. 이 문제는 종합토론으로 돌려서 이야기해 주셔도 될 듯합니다.

마지막 질문은 질문이 아니라 오류 수정, 혹은 지적 부분입니다. 논문 중에서 "사천왕사지 출토 녹유 능형전과 익산 미륵사지 출토의 납유리 성분이 동일하기 때문에 제작기술 간에 관계가 있다, 내지는 백제의 영향이다"라고 한 선행 연구를 인용하셨는데요. 그 부분에 대해서는 문제가 많으므로 주의해야합니다. 제일 문제는 유리와 유약 제작은 메카니즘이 완전히 다르다는 점입니다. 물론 익산 미륵사지와 왕궁리사지에서 백제의 납유리 제작기술을 알려주는 유구와 유물들이 다수 출토가 되었고, 유리 제작기술이 7세기 백제 불교사원에서 굉장히 발달했다는 것은 사실입니다. 그리고 7세기 이후 오히려 통일신라기에 제작된 칠곡 송림사 출토 사리장엄구의 녹유리병 같은 경우가 백제 유리와 같은 성분을 가지고 있기 때문에, 이 유리병이 백제계 제작기술로 만들어졌다는 유리병의 국내 제작설이 이미 오래전에 이인숙 선생님에 의해서 제기된 바 있습니다. 그리고 최근 녹유리 성분이 같은 예들이 익산과 통일신라 각지에서 나오는 사례가 많으므로, 백제계 장인들의 유리 제작기술이 통일신라에 영향을 줬다는 이야기에 대해서는 저도 완전 동의합니다. 그렇지만 문제는 유리를 제작하는 기술과, 와당이나 전의 유약을 만드는 기술은 전혀 다르고, 유약은 유리보다 훨씬 쉽게 만들고 기술의 성격도 상당히 다릅니다. 메카니즘이 전혀 다른 유리와 유약을 비파괴 성분 분석 결과의 유사함으로 같은 기술 계통으로 비교하는 것은 방법론적으로 상당히 큰 문제가 있고요, 기술사적으로도 완전 오류입니다. 특히 유리를 갈아서는 도기의 유약으로 쓸 수가 없어요. 유리가 훨씬 더 높은 온도에서 만들어지기 때문에요. 그러므로, 두 성분 분석 결과가 같은 점을 그렇게 비교하시면 안됩니다. 오히려 이렇게 성분 분석 결과가 비슷한 점은 같은 성분의 광물질이나 재료를 원료로 썼을 가능성 정도만 이야기할 수 있지 않을까 합니다. 이 경우에서는 도기 유약에 납 성분이 높아졌다는 게 특징인데요, 그걸 제작기법이 같다고 비교하는 것은 문제가 많아서 그 부분을 제가 지적하고 있는 것입니다. 오히려 이 문제를 해결하기 위해서는 부여 지역에서 나오는 녹유의 성분과 사천왕사지 녹유의 성분을 비교하는 것이 더 필요합니다. 즉, 유약 성분의 비교가 훨씬 더 직접적으로 필요하고, 그 다음으로는 부여 지역에 나오는 광물질의 분석과 원료 수급문제를 논의를 하지 않으면 소용이 없는 부분이라서, 이렇게 단순 성분 수치 비교만 해서 잘못 비교하면, 고대 기술사 연구와 이해에 있어서 오류가 반복 확산될 가능성이 크다는 생각을 합니다. 여기까지 해서 제가 마무리하도록 하겠습니다. 감사합니다.

좌장 최연식 : 굉장히 긴 내용을 비교적 짧은 시간에 잘 정리해 주셨습니다. 그러면 이병호 선생님께서 답을 해 주시기 바랍니다.

이병호 : 질문 감사합니다. 제가 답변드릴 수 있는 것도 있고 없는 것도 있는 것 같습니다. 상세하게 답변을 드려야 하는데 시간을 아끼기 위해서 최대한 간결하게 답변을 드리겠습니다.

첫 번째 질문에 대한 것인데요. 한성기 불교사원 특히 대형의 목조탑이나 금당과 같은 건물이 없을 가능성이 있고 그리고 사진으로 제시해 준 것과 같은 불감 같은 것이 있을 가능성에 대해서는 저도 충분히 동의하는 바입니다. 저는 이 첫 번째 질문을 들었을 때 떠오르는 게 있었습니다. 2008년 5월이더라고요. 서울의 주요 일간지에서 풍납토성 경당지구 206호 건물지에서 가로세로 10m 방형, 깊이 3m의 구덩이가 발견되었다. 한성기 최초의 4, 5세기 단계 목탑지로 추정된다는 신문기사였습니다. 정말 놀라운 일이었죠. 아마 기억하시는 분도 계실 겁니다. 그런데 불과 한 달 뒤에 그것은 목탑의 건물지가 아니라 약 150여 기의 토기들이 27단 정도 쌓여있는 우물 터였다는 것이 판명되면서 결국에는 해프닝이 되고 말았습니다. 개인적으로 이 기사를 접하고, 또 오보가 수정되는 과정을 보면서 더 놀랐던 것은 과연 한성기에, 우리가 생각하는 대형의 목탑 건물이라는 것이 있을 수 있는가, 아직 중국에서도 나오지 않는 그런 건물이 있다고 생각할 수 있을까라는 생각을 사실 처음 해봤거든요. 그런 점에서 저는 주경미 선생님이 방금 지적하신 부분, 그리고 몽촌토성 그 판축대지라고 명명한 유구를 검토할 때도 중국에서도 나오지 않은 게 백제에서 더 빨리 나온다는 것이, 과연 그러한 것이 성립 가능할까라는 것을 염두에 두면서 중국 자료와 함께 그리고 조금 더 많은 비교 자료가 있는 주변 국가와의 비교 검토하는 것이 필요하다는 데에 동의하는 바입니다.

두 번째 질문은 나중에 또 논의가 된다고 하니까 넘어가고 다음에 답변드리고자 합니다. 다만 쌍탑에 대해서는 선생님이 지적하신 대로 영파 아육왕탑이나 장간사의 경우 쌍탑 건립 관련 기사가 남아 있어 유명하죠. 그런 점에서 대통사에 쌍탑이 건립되었을 가능성은 충분히 상정 가능하다고 생각합니다. 다만 백제 최초의 본격적인 사원이라고 할 수 있는 대통사에 쌍탑이 건립되었다고 한다면 사비천도 이후에 건립된 주요 사원들에서 왜 쌍탑이 보이지 않을까라는 부분도 함께 설명돼야 한다고 생각합니다. 그래서 저는 가능성 자체를 부정하거나 배제할 수 없지만 가능성은 매우 낮다는 것이 제 개인적인 생각입니다.

세 번째 질문에 대해 답변 드리겠습니다. 한반도 서북한 지역 특히 낙랑 지역의 불교문화의 존재 가능성 그리고 그것이 고구려에 영향을 미쳤을 가능성에 대해서는 저도 사실은 고민을 한 적이 있습니다. 왜냐면 백제의 경우도 그렇고 고구려의 경우에도 그렇고 불교 수용 이전에, 불교 공인 이전에 과연 자체적인 유물이나 유구에서 중국 불교의 흔적을 찾을 수는 없을까? 불교라는 것이 갑자기 들어오지는 않았을 가능성이 높다고 생각하는 것이 더 적절해 보이는데, 그렇다면 그 앞 시기, 372년이나 384년 이전에 뭔가 힌트들이 있을 것 같은데 그런 것이 있을까? 과연 그것은 무엇일까라는 것이었습니다. 그런 점에서 낙랑군 내에서 불교적인 요소, 모티브들을 찾으려고 했지만 사실은 쉽지 않았습니다. 나중에 다른 질문과도 맥락이 닿는 것인데 자료가 없다 보니까 이 부분에 대해서는 쓰고 싶어도 쓸 수 없는 그런 한계가 있습니다.

그리고 지적하신 357년 안악 3호분의 묘주의 도상에 관한 내용들은 제가 모르던 사실이기 때문에 나중에 다시 한번 더 확인을 하겠습니다.

그리고 아까 길기태 선생님 발표에서도 언급이 있었습니다만 덕흥리 고분군에서 유주자사 진과 관련된 묵서명의 '석가문불 제자'라는 그런 문자들이 있는 것을 보면 적어도 372년에 고구려의 불교 수용 과정에서 특히 낙랑군 그리고 그 유민들의 영향이라고 하는 것은 결코 간과할 수 없고 그것이 고구려뿐만 아니라 백제에도 일정한 영향을 주었을 가능성에 대해서 저는 계속 예의주시하고 있지만, 앞서 말씀드린 것처럼 자료 부족으로 아직 못하고 있습니다. 다만 최근에 풍납토성이나 그 주변 한성기 유적에서 기와 그리고 낙랑계 토기, 금속공예품에서 백제와 낙랑의 물질문화의 교류 가능성들이 계속 확인되거나 제기되고 있습니다. 그런 점에서 저는 백제 불교 수용 과정에서 낙랑의 영향이 어떤 역할을 했는지가 중요한 관심사의 하나다. 이렇게 말씀드리고 싶고요. 다만 제가 서북한 지역의 불교문화와 관련해서 시각을 달리해서 중요시 여기는 것이 어떤 것이냐면, 사실 불교가 수용될 수 있는 전제로서 중요한 것이 바로 한자 해독능력에 대한 것이라고 생각합니다. 그런 점에서 5세기 단계에 왕 씨, 장 씨, 고 씨 등 낙랑의 와전명에서 나오는 성씨들이 백제의 대중국 외교 무대 전면에서 활동하고 있는 것을 중시한다면, 역시 4세기 후반에 백제가 중국에서 불교를 수용할 때 그런 바탕이 되었던 것은 아니었을까 라는 측면도 함께 언급하고 싶습니다. 그리고 한성기 기와 연구에서, 사실은 기와 연구밖에 말할 수밖에 없는 것이 다른 물질 자료들은 아직 이를 추정할 만한 여지가 없습니다. 그렇기 때문에 기와를 계속 언급할 수밖에 없는데 낙랑계, 고구려계 그리고 남조, 북조계 기술이 모두 확인된다는 사실은 굉장히 중요하고, 이것은 나아가 웅진기 대통사의 창건기와를 설명할 때도 중요하다고 생각합니다. 또 좀 더 시야를 넓혀서 과연 그렇다면 백제적인 기술 혹은 백제적인 요소라는 것이 어떤 것일까를 추출할 때 중국의 영향을 받아서 한나라 때부터 이미 자체적인 기와를 생산해왔던 현재 베트남 지역에 대한 고려가 있어야겠다는 것을 언급하고 싶습니다. 특히 베트남 지역에서는 오래전에 인면문수막새라고 볼 만한 것들이 출토되었는데요. 베트남 지역에서는 낙랑 단계에 해당하는 기와도 나오지만, 3~4세기 단계의 인면문수막새가 함께 나오고 있어서〈그림 19〉 비교할 여지가 큽니다. 다만 아쉬운 것은 베트남에서 아직 연화문수막새에 대한 사례가 보고되지 않다는 것인데요. 어쨌든 그런 것들이 한성·웅진기 백제의 기와 전개과정과 어떤 공통성과 차별성이 있을까라고 생각을 참고한다면, 어느 게 정말 백제적인 것일까에 대해서 조금 더 설명이 용이하지 않을까 이런 생각을 함께 해봤습니다.

네 번째 고구려 이야기인데요. 사실은 그렇죠. 고구려에 대해서 특히 팔각형 목탑이 중국에도 없는데 정말 이게 고구려 시기에 만든 것이고 고구려적인 창안이라고 할 수 있는가. 진짜 어려운 문제죠. 그런데 일제강점기 때 조사되고 나서 그 이후에 우리가 접근 자체가 불가능하기 때문에 현재는 과거의 자료를 믿을 수밖에 없는 상황이다. 그런데 저는 항상 그런 생각은 합니다. 우리가 항상 오리지 널리티originality가 있고 독특한 것이라고 하지만 저는 꼭 그럴까라는 생각을 항상 하고 있어서 이 부분에 대해서 계속 예의주시하고 싶다는 것을 말씀드리고 싶습니다. 그리고 이중기단, 상층기단과 하층 사이에 있는 하성초석이라고 하는 것이 고구려계라고 단정할 수 없고, 중국 남북조 시대 건물지 자료에 대해서도 관심을 가져야 한다는 지적에 대해서도, 그리고 그것이 일본인들이 만들어놓은 패러다임 속에서 벗어나지 못한 측면이 있다는 것도 분명히 인정을 합니다. 다만 딱 일주일 전입니다. 부여박물관에서 치석 특별전과 연계해서 학술대회를 했는데요. 거기에서 사비시기의 능산리형 횡혈식석실이라고 하는 것의 특징으로 얘기되는 것이 돌을 판석으로 갈아서 그것을 가구식 기단처럼 연결한 웅진기와 전혀 다른 형식의 왕릉급 고분들이 만들어지고 그런 형식들이 능산리 귀족 무덤뿐만 아니라 지방에까지 확산되는 모습을 이야기하면서 그 영향이 아마도 중국 특히 남조나 북조의 영향일 것이라는 이야기들이 계속해서 오가는 것을 보았습니다. 다만 저는 그게 정말 그럴까라는데 의심을 가지고 있는 것이 중국 남북조의 경우에는 사실 좀 더 중요한 건축 재료로 사용되었던 것이 나무나 흙이었다는 점입니다. 오히려 고구려나 백제의 경우에는 돌을 더 적극적으로 이용했고 성곽 축조에서 그런 것을 더 확인할 수 있기 때문에 굳이 그것을

〈그림 19〉 인면문수막새. 2-3세기, 사휜(Sa Huynh) 문화. 베트남 중부 지역 출토. 베트남 다낭 참파조각박물관 소장. (사진 : 주경미)

중국에서 찾아야 한다는 것에 대해서는 저는 의심을 가지게 되었습니다. 다만 백제의 경우 사원 축조에 기단 축조 · 구축 방식, 고분에서의 판석조를 사용하는 새로운 스타일의 이입이라고 하는 것은 중국보다는 오히려 고구려의 영향이 더 강했을 가능성, 그리고 고구려와의 관련성이 더 중요한 문제라고 생각하는데 그 부분이 한 번도 언급되지 않은 부분이 오히려 아쉬웠다는 것을 함께 말씀드리고 싶었습니다.

마지막 부분에 대해서는 여러 가지 많이 있습니다만 일본의 연구에서 제가 호류지 석가삼존불에 대해서 말할 것은 아니고, 다만 호류지의 전신사원이라고 알려진 와카쿠사가람若草伽藍의 경우에 일본의 기와 연구에 의하면 아스카데라, 토유라데라豊浦寺, 와카쿠사가람 그리고 시텐노우지四天王寺로 이어지는 호시구미星組 계열 수막새는 범상의 진행 과정에 대한 연구들이 있어서 그것이 조영된 순서에 대해서는 거의 이견이 없는 것 같습니다. 다만 와카구사가람의 경우에는 호류지 내부에 위치해 있다 보니까 굉장히 조사가 일천합니다. 그리고 부분적인 배수로 공사에 수반되는 아주 소규모 발굴들만 이루어지다 보니까 이것이 1탑 1금당이라는 것은 확실하지만 그것이 백제와 어떤 관련성이 있을까에 대해서는 사실은 앞으로 자료의 증가를 기대하는 수밖에 없다는 것을 말씀드리고 싶고요.

마지막 질문하신 내용 중 오류라고 말씀하셨는데 제가 이것을 인용하는 과정에서 약간의 오해가 있었던 것 같습니다. 사실은 선생님 지적대로 녹유 기와의 유약 성분과 녹유와 유사한 성분이 함유된 유리제품의 성분 비율이 같은 점이 곧바로 기술 계통의 유사성을 말하는 것이 아니라는 것은 당연한 지적이라고 생각 합니다. 다만 선생님이 이미 언급하셨지만 백제 멸망 전후한 시기에 백제의 유리 제작기술이 신라에 영향을 주었다는 것도 이미 많은 사람들이 언급을 했는데 과연 그러면 그 성분까지 같은가에 대해서 비교해봤더니 성분까지 동일하다라는 것이고요. 이미 보셔서 선생님도 아시겠지만 황룡사지의 녹유벽돌, 사천왕사 녹유신장벽돌 그리고 녹유 부연화에 보이는 녹유의 납 함유량과 이것은 서로 동일합니다. 그런데 오히려 능형전이라고 하는 벽돌의 납 함유량은 오히려 백제와 유사하기 때문에, 유리 가공기술이나 이런 것들을 차치하고라도 그 유사성을 언급할 수 있다는 것에 대해 인용을 했던 것 같고요. 더 나아가서 김동하 씨의 논문에서는 미륵사지 서석탑의 가장 밑바닥에 납 유리판이 깔려 있는 점을 함께 고려하면서 그런 것들이 사천왕사지 목탑지 능형전과의 어떤 유사성을 언급하기 위한 과정 속에서 과학적인 성분 분석치를 활용한 것이라는 점을 부연 설명드립니다. 이상 답변을 마치겠습니다.

좌장 최연식 : 주경미 선생님, 혹시 부연하실 게 있으면…

주경미 : 제가 원래 조용히 있으려고 그랬는데요. 기회를 주시니 두 가지만 더 말씀드리겠습니다. 일단 답변 감사하고요. 종합토론에서 좀 더 많은 것을 할 것이라고 기대합니다만, 일단 맨 마지막의 사천왕사지 와당의 녹유 성분 분석 문제는 지금 미술사나 고고학에서 제일 문제가 되는 문제 중 하나입니다. 과학적 분석 결과가 중요하긴 하지만, 분석 결과의 해석에 대해서는 학자들이 언제나 제대로 고민할 필요가 있습니다. 이번 경우와 같이 서로 비교하기 어려운 물질들을 비파괴 성분 분석 결과만 가지고 같은 물질처럼 비교하면서 비슷한 성분들이 나오니 같은 것이라는 이상하고 엉뚱한 해석을 하

고 새로운 학설이라고 내 놓으면 종종 그 엉뚱한 해석에 난감해지게 됩니다. 특히 이번 경우에는 비교 대상이 안되는 물질들을 같은 관점에서 같은 물질처럼 비교하는 오류를 저질러서 제가 지적을 한 것입니다. 이 시기에는 유약이 많아지는데요, 유약이 표현하고자 하는 색상이 다양해지면서, 성분도 달라질 수 밖에 없습니다. 초록색이 많이 나는 유약을 만들기 위해서는 당연히 납 성분을 더 섞을 수 밖에 없는 부분도 있습니다. 또한 제가 이번에 도자기 굽는 분들과도 이 문제에 대해서 이야기를 좀 나누어 봤는데요, 유약에서의 납 성분은 유약의 색상 변화 문제와 제작하는 전돌판의 면적 등을 위해서 추가되어야 하는 경우가 많다고 합니다. 그러므로 넓은 판에 시유할 때에 납을 좀 더 넣는 것은 유약이 녹는 온도를 낮추어 좀 더 쉽게 굽기 위한 방법이라고 하더군요. 그러므로 유약의 경우에는 표현하고자 하는 색상의 문제와 만드는 흙판의 면적 문제를 고려해서 성분 비교 분석을 해야 하는데, 비파괴 분석 결과 수치만 가지고 유리 성분과 직접 비교하는 것은 문제라는 점을 지적하고 싶습니다.

그다음에 한 가지 더 부연할 것은 고구려와의 관계에 대한 것입니다. 제가 사실 지금까지 고구려 불교를 공부해 본 적이 없어요. 그래서 이번에 토론 준비를 하면서 고구려 불교를 대충 보다 보니까, 광개토대왕이 평양에다가 절을 지었더라고요. 그리고 광개토대왕 이후부터 시작을 해서 백제와 신라가 열심히 불교를 받아들이거든요. 광개토대왕이 불교 공인 이후의 왕이잖아요. 그래서 이 사람이 그 당시에 스스로, 우리는 기록이 남아있지 않지만 법왕 내지는 전륜성왕의 개념을 갖고 있었던 존재가 아니었을까 라는 소설을 잠깐 혼자 쓰다가 말았고요. 그다음 7세기 고구려 불교에서 큰 문제가 생기는 게 연개소문 연간의 배불排佛을 하잖아요. 그래서 그때 만약에 불교계 사람들이 백제로 이주를 했다면, 고구려계의 영향이 있을 수 있다는 생각이 들었어요. 그런데 배불 시기와 상황에 대해서 제가 정확하게 모르겠더라고요. 그래서 그 부분에 대해서 이따 종합토론시간에 다른 분들께서 얘기를 해 주시면 좋겠다고 생각합니다.

4. 조경철 선생님의 대통사 관련 부연 토론

좌장 최연식 : 알겠습니다. 백제 불교문화에 고구려의 영향이 나타난다고 하는 것을 어떻게 볼 것인가는 중요한 문제니까 종합토론에서 당연히 다뤄야 된다고 생각을 합니다.

1부 토론이 현재 한 10분 정도 시간이 남아있는데요. 저희가 유튜브도 하기 때문에 정확하게 맞춰야 할 필요가 있을 것 같습니다. 그래서 아까 조경철 선생님께서 시간관계 때문에 하시고 싶은 말씀을 못하셨는데 한 8, 9분 사이에 하시고 싶은 말씀을 하시면 이따가 저희가 대통사 논의할 때 조금 시간을 아낄 수 있지 않을까 싶습니다. 조경철 선생님께서 대통사와 관련해서 부연하실 것을 지금 해 주시면 고맙겠습니다.

조경철 : 『법화경』에 석가모니의 계보가 나오거든요. 그래서 전륜성왕의 아들이 대통인데 출가해서 부처가 돼요. 그래서 대통불이고 그 대통불에게는 출가하기 전에 16명의 아들이 있었는데 첫째가 지적이고 막내가 석가모니, 법왕입니다. 이게 『법화경』 화성유품에 나오는 석가모니의 계보예요. 그런데 백제사에 보면 백제 성왕이 있고 그 다음에 대통사라는 절이 있습니다. 그다음에 대통불은 화성유품에 보면 대통불을 위덕세존이라고도 해요. 그러니까 위덕불이라는 거

죠. 백제에 법왕이 있고 그다음에 왕은 아니지만 사택지적이 있습니다. 그래서 『법화경』 화성유품에 등장하는 석가모니의 계보가 우연하게 백제의 왕계에 보이는 거예요. 그런데 혈연상 정확하게 맞아떨어지지는 않지만 경전과 『법화경』에 이 정도의 상관성이 있다면 저는 이 대통사를 『법화경』 화성유품의 관점에서 봐야 된다고 하는 건데, 그 가운데에 법왕이라고 하는 게 나옵니다. 저는 예전부터 법왕을 백제학계에서는 유교적 의미의 왕으로 봤어요. 내법좌평도 유교적 의미로 봤듯이. 법왕은 저는 대통불의 계보에 따라서 법왕을 석가모니로 본 거죠. 그런데 여러분들이 이 법왕이 석가모니가 아니라 전륜성왕을 말하는 경우도 있다. 충분히 동의합니다. 그런데 법왕이 석가모니를 말하고 전륜성왕이라고 말하는 것은 불교의 일반적인 관점입니다. 그것이 백제에서는 어떻게 받아들여졌는지는 별개의 문제라는 거죠. 그럴 때 백제에 수많은 경전이 들어와 있을 거 아닙니까. 그런데 우리가 알 수 있는 경전은 몇 안 되죠. 그러면 사실 저는 법왕의 1차적인 의미는 백제에서 유통된 경전에서 찾아야 한다고 생각을 합니다. 누차 얘기했지만 백제에서는 『법화경』이 유행을 했죠. 그리고 거기 보면 『법화경』에 보면 법왕이 열아홉 차례가 등장해요. 100% 다 석가모니입니다. 그다음에 『법화경』에 전륜성왕이 등장하죠. 그래서 이 법왕이 전륜성왕을 말하는 것은 인정을 하는데 백제 불교에서도 과연 전륜성왕으로 이해를 했을까? 저는 그것을 질문 드린 것이고요. 미륵사 출토 사리봉영기에 보면 "법왕 출세"라고 그래서 법왕의 아들인 무왕이 쓴 사리봉영기에 법왕이 등장하지 않습니까. 그래서 저는 법왕이 백제에 한한다면 전륜성왕을 말하기보다는 석가모니를 말하는 것으로 봐야 된다. 그렇게 되고요.

그리고 5번 같은 경우 위덕왕과 법왕의 관계가 조카 관계에요. 그런데 경전에서는 부자관계죠. 그러니까 서로 이게 안 맞다. 그래서 제 견해를 비판을 하는데 어느 정도까지 100% 일치하는 것을 원하는지 저는 상당히 궁금합니다. 여기 최연식 선생님도 계시지만 최연식 선생님이 좀 다른 방면으로 혜왕과 법왕의 이름을 남제의 문혜태자와 문선왕과 연결시켰는데 부자관계가 아니에요. 백제에서는 부자관계인데 중국에서는 형제관계인데 이럴 경우에는 그러면 이거를 어떻게 이해합니까? 이건 광범위하게 이해해줘야 하지 않느냐. 예를 들어서 고려시대 부석사에 「원융국사비」에 보면 거기에도 대통과 지적이 나옵니다. 거기는 대통이 아니라 지승여래로 나오지만, 거기에 보면 그 스님을 원융국사를 대통불이라고 얘기해요. 왕 자신을 지적이라고 얘기합니다. 그러면 부자관계가 아니잖아요. 그럼에도 충분히 존중한다는 의미에서 그럴 수 있죠. 그다음에 여기에는 쓰지 않았지만 천태지의 같은 경우 천태의 제자 가운데 백지가 있는데 천태스님을 우러르기를 대통이라고 하고 자신을 지적이라고 하는 것. 그래서 제 견해를 비판하는 것은 받아들이겠는데 그 근거가 경전에서는 부자관계인데 백제사에서는 삼촌관계다. 그것 때문에 인정할 수 없다. 그런 (억울한) 경우도 있고, 그다음에 제가 위덕왕을 『법화경』에 나오는 위덕왕이라고 주장을 하고 있는데 이 위덕도 불교 경전에는 많이 나옵니다. 많이 나와요. 구체적으로 위덕이 어느 경전에 나오는지 일단 좀 묻고 싶습니다. 어떤, 어떤 경전의 위덕인지. 예를 들어서 『법화경』을 보면 위덕이라는 글자가 열여덟 차례가 나와요. 그러면 당연히 백제에서 『법화경』이 유행을 하고 수많은 법화승려들이 있다면 위덕왕의 시호를 짓거나 할 때. 아까도 얘기하지만 당연히 자문을 받았을 거란 얘기죠. 그럴 때 이 위덕이 보편적인 용어이기 때문에, 그건 맞습니다. 보편적인 용어는. 이 위덕이라고 하는 의미가 백제에서는 어떻게 받아들였느냐. 그 점에 주목해 주셨으면 좋겠다는 말씀을 드립니다.

마지막으로 6번은 대통사의 창간 연대가 527년이고 이 대통사에 관련 기록이 원종흥법 염촉멸신이라고 하는 이차돈 순교 이야기를 하는 곳에 나옵니다. 이차돈의 순교를 『삼국유사』에는 527년이라고 돼 있는데 저는 이건 잘못됐다고 생각을 해요. 원래 528년인데 최치원이 쓴 봉암사 지증대사에 이차돈의 순교 연대를 뭐라고 언급을 했냐면 반동태일춘反同泰一春이라고 했습니다. 동태사에 사신하고 돌아온 지 1년. 그러니까 528년이 되는 거죠. 그런데 이 『삼국유사』, 여타 사서에서 이차돈의 순교 연대를 달마가 중국에 선종을 전한 연대인 527년으로 맞춘 겁니다. 그래서 신라시대에는 528년이었던 것이 고려시대에는 527년으로 변하게 된 거죠. 만약에 일연이 이차돈의 순교 연대를 528년으로 알았다면 과연 이 대통사를 언급하면서 대통원년에는 이차돈의 순교가 있기 때문에 다른 절을 지을 수 없다느니 이런 얘기를 하지 않았을 거라는 얘기죠. 나중에도 언급이 되겠지만 『삼국유사』 원종흥법 염촉멸신조는 여러 가지로 문제점을 안고 있는 지적이고 충분한 사료 비판을 한 다음에 논의를 진행시켜야 한다는 게 제 생각입니다. 이상입니다.

좌장 최연식 : 알겠습니다. 저희가 딱 원래 예정되었던 시간에 종합토론 1부를 마치게 되었습니다. 20분간 휴식을 가진 다음에 3시 20분부터 종합토론 2부 시간을 갖도록 하겠습니다. 감사합니다.

종합토론 2부

좌장 최연식 : 시간이 되어서 종합토론 2부를 시작하겠습니다.

오전에 세 분 선생님 발표 그리고 오후에 세 분 선생님의 토론과 그에 대한 발표자 선생님들의 답변을 들었습니다. 저희가 지금까지는 백제 불교에 대한 전반적인 여러 가지 문제들을 종합적으로 이야기하였습니다. 그런데 저희 학술회의는 제목 자체가 '쟁점백제사'이니까 조금 더 쟁점을 좁혀서 그에 대한 선생님들의 의견을 듣는 것이 이 종합토론 2부의 내용이 되겠습니다. 그래서 종합토론은 일단 시기별로 나누어서 한성기, 웅진기, 사비기로 나누어서 각 시기 불교의 수용과 전파에 관한 내용들을 살펴보려고 합니다.

먼저 한성기에 대해서는 오늘 발표나 토론에도 나왔습니다만, 백제가 불교를 수용한 배경 또는 목표. 이런 것이 어떤 것이었나를 이야기해보고자 합니다. 이 문제에 대해서 기존에는 주로 왕권강화의 측면에서 이야기가 됐지만 오늘은 발표나 토론에서 불교의 신이성, 특히 토착신앙과의 관계 이런 것에 주목한 이야기들이 나왔습니다. 그 점을 이야기해보고자 합니다.

또 하나는 한성기의 초기사원에 대해서, 아까 발표에도 잠깐 언급됐습니다만, 백제는 수용한 직후에 사찰을 건립했다고 했는데 그 사찰의 성격에 대해서 같이 이야기해보고자 합니다.

웅진기에 관해서는 계속 나왔던 대통사의 문제를 이야기하고요. 그다음에 웅진 말기에 길기태 선생님 발표에 언급됐습니다만, 인도에 다녀왔다고 하는 겸익에 관한 자료를 어떻게 볼 것인가 하는 문제, 그리고 꼭 웅진기만의 문제는 아니겠습니다만, 그때부터 나타나는 백제 불교에 미치는 고구려적인 요소를 어떻게 볼 것인가 하는 문제들을 이야기하고자 합니다.

마지막으로 사비기에 관해서는 사비기에는 주요 사찰들이 많이 만들어졌고 그들의 선후 관계도 주목됩니다. 아까 이병호 선생님 발표나 토론에서도 이야기된 정림사와 미륵사 탑의 선후 관계, 그리고 왕흥사와 같은 주요 사찰의 성격에 대해서 살펴보고자 합니다. 또 오늘 토론에서 많이 언급됐던 백제 불교에 남조만의 영향이 있었는가, 물론 남조 중심이겠지만, 그밖에 북조의 영향 혹은 동남아의 영향 이런 것들이 있었습니다. 그에 대해 살펴보고 마지막으로 백제의 불교 사상과 관계되는 혜현이라든지 혜균 등에 대해서도 시간이 되면 이야기하고자 합니다.

1. 백제 한성기 불교 수용의 배경

그래서 먼저 한성기에 대한 이야기부터 시작하고자 합니다. 먼저 그 수용 배경에 대해서 아까도 나왔습니다만, 과연 백제가 불교를 왜 받아들였는가. 그리고 초기 불교의 특징을 무엇이라고 볼 것인가 하는 문제입니다. 여기에 대해서는 아까 길기태 선생님께서 발표를 하시면서 조금 언급하신 것 같은데 그리고 소현숙 선생님이나 강희정 선생님도 언급을 하셨습니다. 여기에 대해서 제가 지명을 하려고 하니 강희정 선생님께서 이 문제에 대해서 간단히 말씀을 해 주시고 그에 대한 다른 선생님들이 의견이 있으면 듣는 것으로 하겠습니다. 백제가 초기에 왜 불교를 수용했는가? 그리고 그 성격은 무엇인가 하는 것을 말씀해 주시면 고맙겠습니다.

강희정 : 왜 백제가 불교를 수용했는가? 제가 불교사 전공이 아니라 불교사 전공하신 선생님들께 여쭤보고 싶은데, 선택의 여지가 있었을까를 먼저 여쭤보고 싶습니다. 백제에 선택의 여지가 있었을까? 물론 백제사를 하시는 선생님들이 계속 적극적으로, 주체적으로 했다고 말씀을 하시는데 저는 그게 상당히 조금, 과연 그랬을까 하는 생각이 좀 들거든요.

좌장 최연식 : 그냥 흐름 속에서 저절로 이루어진 것이라고 보신다는 거죠?

강희정 : 네.

좌장 최연식 : 그렇다면 제가 처음 지명을 잘못한 것 같습니다. 그러면 그 옆에 계시는 조경철 선생님이 생각하시는 '백제가 왜 불교를 수용했는가?' 하는 문제에 대해서 말씀을 해 주시죠.

조경철 : 강희정 선생님께서 맨 처음에 질문을 어떻게 하셨죠? '선택할 수 있었을까?' 그랬죠? 저는 역사에서 나오는 모든 현상은 선택이라고 생각합니다, 어느 나라든지. 그게 왜 그러냐면 종래에 한국의 불교 수용을 바라봤을 때 우리는 선택할 수 없다고 하는 게 일본 학자의 견해였어요. 그러니까 중국 황권을 뒤에서 업고 있었기 때문에 감히 받아들이는 측면에서는 그것을 거절할 수 없었다. 그래서 고구려

도 전진이 줬기 때문에 거절할 수가 없어서 귀족 간에 갈등이 없었고 백제에 전해졌을 때도 중국에서 전해졌기 때문에 갈등이 없었는데 반면 신라는 중국에서 전해지지 않았기 때문에 갈등이 있었다. 그다음에 백제에서 일본에 불교를 전해줬을 때는 백제 왕권이 준 것이 아니기 때문에 일본 나름대로 선택했다, 소아씨와 물부씨가. 그런데 물론 강희정 선생님께서 그런 취지로 질문을 하지는 않았을 텐데 저는 강희정 선생님께서 어떤 형태로든지 과연 선택할 수 있었을까. 그렇게 이야기했을 때 상당히 당황했습니다.

전체적인 흐름으로 보면 중국에서 유교가 있고 도교가 있고 불교가 들어왔으면 당연히 우리나라에 불교가 들어오죠. 그다음에 서학이 서양에서 유지되고 그다음에 국제 정세 속에서 서학도 마찬가지로 그러면 선택의 여지가 있었을까? 저는 이런 쪽은 좀 관점의 차이라고 생각하는데 그러한 흐름 속에서 우리가 캐치할 것은 왜 383년이 아니고 384년이었느냐? 왜 잘 나가는 근초고왕 때가 아니고 침류왕 때였느냐? 불교를 받아들인 나라의 사정을 설명하면서 불교 수용을 설명해야만 그 이후에 불교의 전개 방향까지 결정하게 된다는 거죠. 만약에 선택할 수 있었을까? 그러면 그다음에 불교의 전개 과정도 선택의 여지가 없었다고 밖에 설명할 수가 없는 게 아니냐? 저는 그래서 그렇게 말씀을 하시는 것에 대해서 불만이 있고요.

왜 받아들였을까? 마찬가지로 그것은 저는 세계적으로 전반적인 흐름이라고 생각합니다. 그러니까 나라가 혼자 살 수는 없잖아요. 주변국과 교류를 해야 하고 그다음에 상대적으로 문화적으로 우월한 나라에 대해서는 새로 들어온 사상이나 문화에 대해서 받아들여야 한다고 생각을 합니다. 그런데 언제든지 받아들일 수 있는 것은 아니죠. 여건이 되어야 하고 또 그 여건이 충족됐다고 하더라도 특정한 시기에 그것을 받아들일 만한 어떠한 내적 공간이 마련되어야 한다고 생각을 합니다. 그래서 저는 백제의 불교 수용은 어떻게 보면 가장 왕권이 약했던 침류왕 때 받아들인 거예요. 그래서 어떻게 보면 그다음에 동진 같은 경우를 여러분들이 말씀하셨지만 왕권이 있었느냐? 그렇게 말할 정도로 미비한 거죠. 그랬을 때 백제 왕권도 약했고 그다음에 중국 왕권도 약했는데 백제에서 받아들인 불교가 왕권을 신장시키는 데 기여를 했다고 우리는 보통 이해하잖아요. 그런데 저는 이것을 어떻게 보냐면 저는 불교의 기본적인 속성이 왕권 강화에 유리하다고 생각합니다. 그것을 언제 받아들이느냐에 따라서 어떤 차이가 있지만 언제든지 이것은 왕권과 결부되어 있는 것이고 그다음에 기존의 방식과 다른 방식, 그 부분도 중요하다고 생각합니다. 저는 구체적으로는 침류왕대에, 아까 얘기했지만 침류왕의 어머니는 아이부인이다. 이렇게 나왔거든요. 이게 침류왕대에 아이부인이 나오면 안 되고 침류왕의 아버지인 근구수왕의 부인은 아이부인이다. 이렇게 나오는 게 삼국사기의 일반적인 용례거든요. 그런데 삼국사기에 백제 같은 경우에는 왕비의 이름이 나오지도 않는데 왕비의 이름이 아들 이름과 나온다는 말이죠. 그러니까 이것은 침류왕대에 아이부인의 일정 역할이 있었을 것이다. 그래서 아이부인의 역할을 강조했고.

이것은 조금 추측입니다만, 침류왕이 불교를 받아들인 다음에 죽게 되거든요. 사실 이것을 두고 후대의 권근 같은 사람은 불교를 받아들이면 복을 받는다고 했는데 박복이라고 비난하기도 했지만 그런데 왜 이렇게 죽었을까를 저도 보통 초기에는 정치상황과 결부시켰는데 이게 개인적인 이유, 예를 들어서 병이 들었다거나 그런 이유 때문에 백제 왕실에서는 이 기회를 백제 불교를 받아들일 기회로 삼고, 그다음에 아까도 말씀드린 전진과 동진의 대결이 비수의 전투 이후로 동진의 승리로 끝나자 백제의 입장에서는 동진과 우호 관계를 맺는 차원에서 불교를 받아들인 게 아닌가 저는 그렇게 생각합니다.

좌장 최연식 : 예. 말씀해주신 내용은 원래 제가 질문한 의도와는 차이가 있는 것 같습니다. 저희가 아까 발표에도 나왔습니다만, 불교 수용에 관해서는 주로 왕권 강화의 측면을 강조해서 이야기되어 왔는데 오늘 발표나 토론에서는 왕권 강화에 못지않게 불교 자체의 신이성의 측면에 주목하는 이야기들이 있어서 그에 대해 이야기해보려고 했던 겁니다. 혹시 소현숙 선생님께서 이 문제에 대해서 답을 해주실 수 있을까요?

소현숙 : 저는 이것을 준비하면서 동진불교와 관련된 책을 읽어보았는데, 주로 침류왕 원년 이전, 즉 384년 이전의 동진불교 상황을 봤거든요, 황제들을 중심으로. 그래서 아까 말씀드린 것처럼 간문제와 효무제, 효무제도 384년 이전 단계까지만 말씀드립니다. 그때까지 효무제는 오계도 받았는데, 진서에도 설명이 되어 있습니다. 간문제와 효무제가 승려들을 초치할 때는 강경을 듣기 위해서, 또는 가장 중요한 것은 재이를 없애달라고 할 때거든요. 그러니까 불상사가 일어났을 때 그 재이를 없애주는 것, 그게 왕권에게는 왕권강화와 밀접한 관련이 있다고 생각을 해요. 승려들은 국가적 재난에 대해서 그 재난을 없애줄 인물이었는데, 이런 것들은 실질적으로 화북지역의 불도징하고도 연결된다고 봅니다. 그래서 우리가 동진불교를 귀족불교라고 얘기하는데 실질적으로 침류왕 원년 이전 동진시대

황제들과 불교승려들의 관계를 보면 화북지역의 불도징과 석륵의 관계 등과 크게 다르지 않을 것이라고 하는 점입니다. 당시 침류왕 이전에 재이 기사가 굉장히 많잖아요. 그런 재이를 없애줄 역할을 할 존재로서 신이한 능력을 가졌던 사람이 선발되었던 것 같고요. 그런 의미에서 호승 마라난타가 선발되지 않았을까 합니다. 또 호승 마라난타가 단순한 신이 승려 이상의 어떤 의미를 가지고 있다는 생각이 좀 드는 게 뭐냐면, 당시 마라난타가 와서 5개월 만에 도승이 이루어집니다. 도승이 이루어지려면 율, 즉 계율과 관련된 것에 상당히 능숙한 사람이 필요합니다. 그것에 해박한 사람만이 계단을 만들어서 구족계를 줄 수 있는데, 호승 마라난타는 기본적으로 호승, 즉 천축이든 인도든 서역이든 불교의 본고장 출신이어서 율에도 정통했을 사람으로 추정이 됩니다. 그 이유 중의 하나는 당시 동진 불교계 상황입니다. 당시 동진에서는 여성신도들이 상당히 많았고, 비구니들도 굉장히 많아 유일하게 비구니전이 지금 남아있습니다. 이 비구니전을 보면 그 당시 비구니들 중에도 신이한 능력을 가진 비구니들이 왕실에 기용이 되거든요. 즉 그들이 황권과 밀접한 관련을 가집니다. 또 이 당시 비구니 승단에서 크게 관심을 기울였던 것 중의 하나가 계율이었어요. 그러니까 비구니 승단의 계율에 대한 관심, 그리고 어떻게 계를 받는 게 올바른가라 하는 고민, 그래서 이들이 계속 서역이나 인도에서 오는 승려들로부터 정확한 지식을 얻기 위해 고민하는 내용들이 상당히 많이 나오거든요. 그래서 당시 동진불교계가 그런 부분에 관심이 많았던 거 같습니다. 또 하나 아까 제가 불도징 얘기를 했는데 불도징의 제자가 석도안이잖아요. 도안은 화북에서 내려와 양양에서 머무르지만 축법태와 같은 이들은 모두 동진 도성 건강에서 활동하고 있거든요. 명확한 기록은 없는 것 같은데 어느 학자는 축법태가 효무제에게 오계를 줬다고 설명하기도 하는데, 축법태를 비롯한 도안의 동문들, 그리고 도안은 물론 도안과 관련 있는 사람들이 승려들의 율에 대해 관심이 많았기 때문에 계단을 설립했다고 도선의 『계단도경』에 설명되어 있거든요. 그래서 마라난타가 신이한 능력, 그리고 계율과 관련된 종합적 지식을 갖고 있지 않았을까 추정하구요, 그랬기 때문에 도승도 그렇게 신속하게 이루어지지 않았을까 하는 개인적인 생각을 가지고 있습니다.

좌장 최연식 : 네. 감사합니다. 저도 말씀드렸던 것이 우리가 불교라고 하면 자꾸 왕권강화라는 정치적인 측면만 생각하지만 불교 자체의 특성에도 주목할 필요가 있다고 생각합니다. 그것이 불교가 갖는 신이성, 우리가 신이성이라고 하면 마치 늘 있는 것처럼 생각하기 쉽습니다만, 불교가 기존의 다른 토착신앙이라든지 이런 것과는 다른 뭔가 특별한 신이성이 있었기 때문에 그러한 하나의 종교 문화로서 수용되었을 가능성이 있으므로 거기에 대해서도 우리가 조금 주목할 필요가 있지 않나 하는 관점에서 문제제기를 했던 것이고 소현숙 선생님께서 잘 말씀을 해 주셨습니다. 지금 말씀과 관련해서 사실 저도 의문이 가는 게 있었습니다. 말씀하신 것처럼 곧바로 5개월 만에 10명을 도승度僧 했다고 하는데 이것도 우리가 쉽게 '그냥 그랬나 보다.'라고 생각할 수 있지만 사실은 불교의 관점에서 보면 도승이라는 게 그렇게 함부로 할 수는 게 아니거든요. 일정한 형식 등을 갖추어야 하는데 그것이 과연 마라난타라고 하는 한 사람의, 마라난타가 율사라고 하더라도, 그것이 가능한 것인가. 그래서 아까 길기태 선생님의 발표문에 보면 흥미로운 내용이 있었는데 이

것은 오히려 새로 만들었다기보다는 국가가 이것을 관리한다. 즉, 사도私度라든지 하는 민간의 불교를 국가가 공식적으로 관리한 것이라는 말씀을 하셨어요. 그래서 혹시 길기태 선생님께서는 마라난타가 오기 이전에 백제에서 그 이전에 민간에 어떤 불교적인 모습이 있었는지. 즉, 사도승私度僧 같은 것이 있었다는 생각을 하셨던 것인지 그것을 여쭤보고 싶습니다.

길기태 : 저는 백제가 불교를 수용하는 관점을 어떻게 봤느냐면, 예를 들면 도가나 유가 같은 경우가 수용될 때 그것이 수용됐다는 표현을 안 쓰거든요. 그런데 유독 불교는 수용했다는 표현을 쓰고 공인했다는 표현을 씁니다. "왜 불교는 수용되고 공인되는가?"라고 생각할 때 그것이 불교가 신神과 관련이 있기 때문에 공인되고 수용되는 것이 아닌가 그렇게 생각했습니다. 예를 들면 유교는 지극히 개인적인 수양의 목적을 위한다고 볼 수 있고, 물론 조상에게 제사를 드리는 부분도 있기는 하지만 말입니다. 그리고 도가라는 것도 청담적인 사상에 의해서 개인의 문제에 깊이 관여하는 것으로 보았을 때, 불교는 어떤 신앙의 문제에 관련하여 보았던 것이 아닌가 합니다. (그런 면에서) 불교가 침류왕대에 공인되기 이전에 백제의 귀족세력들에까지도 불교가 이미 스며들어있지 않았을까 하는 생각을 합니다. 오전 발표에서도 언급했듯이 고구려의 망명 같은 스님이 중국의 지둔스님하고 연결돼서 편지를 교환할 정도로 고구려가 불교를 받아들이고 있었고, 이병호 선생님께서 주시하고 있다는 서북한 지역 즉 낙랑 등의 지역들, 그리고 중국계 성씨들의 역할, 그런 내용들의 여러 가지를 생각해봤을 때 백제는 이미 국가에서 인정하는 승려는 아니라 하더라도 (개별적으로) 활동하는 승려들이

있었고 그 승려들을 통해서 백제는 한성시대에 불교가 점점 확산되는 과정 속에 있었다고 보는 것입니다. 그리고 이러한 문제를 이제는 받아들여야 할 시점이 되었다고 판단되었고 그것이 외교적으로 연결되어서 수용되었다고 보는 것이거든요. 그래서 이제는 국가 차원에서 관료체계로 들어가는 단계를 공인의 단계로 봐야 하지 않을까 하는 생각을 하고 있습니다.

좌장 최연식 : 상당히 흥미로운 말씀인 것 같습니다. 저희가 백제의 불교 수용을 중국과 외교관계를 맺으면서 중국 측에서 전해주었다는 것이 강조가 됐고 그것에 대해서 아까 조경철 선생님도 너무 주체적인 게 부족하다는 말씀을 하셨는데 지금 길기태 선생님처럼 이해를 하면 이미 백제에 불교가 어느 정도 수용되어 있었고, 그것이 전개되던 과정에서 384년의 사건은 주체적으로 뭔가 불교를 새롭게 정비하려고 하는, 그렇게 되면 마라난타의 등장이라는 것도 백제의 요청에 의해서 불교를 공식화하기 위해서 보다 권위 있는 승려를 초청한 것이다, 이런 식으로 봐도 괜찮겠습니까, 길기태 선생님?

길기태 : 저는 이런 면에서 본다면 충분히 마라난타 같은 스님을 백제 쪽에서도 당연히 요청할 수 있다고 보고 있습니다.

좌장 최연식 : 예. 흥미 있는 의견이라고 생각되고요. 백제의 불교 수용 문제도 즉, 이때 불교가 처음 들어왔다는 것이 아니라 그 이전에 존재했던 불교를 백제가 새롭게 정비하려고 하는 차원, 아마 이것은 고구려의 불교 수용도 비슷한 성격이라고 생각됩니다. 앞에서 언급된 것처럼 공인 이전에 중국에서 활동하는 고구려 출신 승려들의 존재

라든지 또는 고구려 지역 내에 불교적 요소 이런 것을 보면 이미 그런 요소들이 있었고 그것을 국가가 어떻게 공식화 하는가 하는 관점에서 그것을 볼 수 있을 것 같습니다.

아까 잠깐 언급됐습니다만 강희정 선생님께서 당시 불교의 성격은 아신왕의 구복교서가 오히려 잘 보여준다고 말씀을 하셨던 것 같아요. 그 점에 대해서 혹시 부연하실 말씀 있으신가요?

강희정 : 저는 지나치게 많은 의미를 부여하는 것에 대해서 조금 부정적인 편입니다. 왜냐하면 우리나라 같은 경우에는 문헌이 너무 적고 특히 백제 한성시기 같은 경우에는 더군다나 그것이 적은 상황이기 때문에 작은 텍스트 하나만 나와도 굉장히 거기에 감격하고 거기를 캐서 어떻게 확대해석할 것인가에 골몰하는 듯한 느낌이 들어서 저는 너무 많이 거기에 의미를 부여하거나 확대해석하거나 하는 부분에 대해서는 조심할 필요가 있다고 생각합니다. 혹시라도 거기에 뭔가 합리적인 설명이 가능하다면 충분히 받아들일 수 있지만 합리적이거나 혹은 객관적인 근거가 없이 이렇다, 저렇다고 단정하는 것은 조금 문제가 있다고 생각합니다. '복을 구하라' 라는 것은 사실 백제만 그랬던 것은 아니고 고구려도 '복을 구하라' 그랬잖아요. 전부 다 불교 초전기에 있었던 일입니다. 전부 초전기죠. '복을 구하라'라고 명을 내린 것 자체가 들어온 지 얼마 안 됐을 때 그런 명이 떨어집니다. 그러니까 위에서부터 내려오는 불교라는 거죠. 밑에서부터 올라가는 불교가 아니라 위에서부터 왕실에서 혹은 귀족 측에서 '불교를 믿어서 복을 구하라'고 내려보낸 거잖아요. 백성들을 교화한다는 의미도 있었겠지만. 그래서 우리나라 불교의, 특히 백제를 포함해서 불교의 기본적인 성격은 '복을 구하라'는 구복불교였

다고 봅니다. 아까 소현숙 선생님도 계속 말씀하셨지만 불도징은 중국에서 굉장히 큰 추앙을 받았잖아요. 그런 식으로 신이한 것을 강조하는 것도 같은 맥락에서 이해되는데요. 어떤 신통한 능력이 있다, 그런데 그게 누구냐? 불교승려다. 그런 관점에서 본다고 한다면 충분히 백성들이 필요로 하는, 원하는 것들을 불교를 믿음으로써 얻을 수 있게 될 것이라는 일종의 프로파간다 같은 것들이 있었을 것이라고 생각을 합니다. 그래서 저는 그것이 오히려 초기 불교의 성격을 단적으로 보여주는 것이 아닌가 생각을 했습니다.

2. 백제 한성기 불교 사찰의 문제

좌장 최연식 : 예. 고맙습니다. 불교 수용과의 관계에서 아까 도승의 문제도 있었습니다만 역시 거기에는 사찰의 문제가 등장하는데요. 사찰을 창건했다. 그러면 당시 한성기의 사찰의 성격도 생각하게 되는데요. 아까 발표에도 나왔습니다. 풍납토성에 있는 유적을 사찰로 볼 수 있느냐? 비록 거기에 탑이라든지 어떤 건물은 없다고 하더라도 당시 사찰의 성격이 꼭 후대의 사찰과 같지 않기 때문에 그렇게 볼 수 있다 이런 얘기들이 나왔는데요. 이병호 선생님께서 한성기의 그런 사찰 유적으로 볼 수 있거나 하는 것에 대해서 이야기를 해 주시면 고맙겠습니다.

이병호 : 네. 한성기의 사찰에 대한 유일한 언급이 제가 아까 발표에서 소개했던 몽촌토성 서남지구의 판축대지에 대한 것입니다. 제가 박순발 선생님의 그 견해에 대해 재미있다고 느꼈던 것은 당시에 여러 건물들이 일정하게 배치된 것이 아니라 목탑 한 채만 존재했을 가능성을 상정했다는 것도 재미있었고, 어쩌면 이게 동시기 중국

의 사정을 머릿속에 둔 견해라는 점에서 사실은 더 흥미롭게 느꼈던 것 같습니다. 그러니까 아까 풍납토성에서의 해프닝에 대해서 언급을 하면서 정말 한성기에 기와집 형태로, 그것도 누층의 목탑이 있었을까 라고 생각을 했다는 것 자체가 저는 놀라웠거든요. 그래서 그런 것이 계기가 되어서 중국 측 문헌 기록 혹은 최근 고고학적 성과를 찾아보게 되었던 점이 없지 않습니다. 어쨌든 서남지구에 대한 재발굴이나 주변에 대한 재조사가 불가피한 측면이 있습니다만, 관련 유구에 대해서 지금까지 우리가 별 생각 없이 파왔던 것들에 대해 새로운 작업가설을 가지고 접근할 수 있는 계기가 되었다고 생각을 하고요. 다른 하나는 결국 이러한 관점에서 보면 중국 초기 사원의 모습은 그럼 어떤 것일까 하는 것인데, 유명한 착융의 부도사浮圖祠의 경우가 또 참고가 될 것 같고, 또 한성기와 관련해서 398년에 북위 평성에 있었다고 하는 불교사원의 모습, 오중탑과 그다음에 기도굴산 및 수미산전. 그리고 강당 및 선당이 있었다고 하는 그 기록들은 어쨌든 4세기 말 무렵 중국에서는 우리가 흔히 오늘날 이야기하는 정연한 가람배치를 가지고 있는 사원이 존재했을 가능성을 생각할 수 있고 또 하나는 운강석굴 상부 사원지에서 나오는 5세기대에 속하는 이런 사원들을 보면서 백제에서도 풍납토성 또는 몽촌토성에서 그와 유사한 것들을 그려볼 수 있다는 점에서 많은 참고가 됩니다. 다만 앞서 논의와 관련시켜 생각해본다면 384년부터 6세기 초까지는 불교와 관련된 유물이나 유구가 거의 존재하지 않는다는 사실 역시 인정할 수밖에 없다는 것도 함께 지적해야 할 것 같습니다. 그러니까 무령왕릉에서 출토된 각종 불교 관련 유물들, 특히 왕비 베개 정도가 되면 확실히 불교적인 요소가 강해졌다고 말할 수 있지만, 그 앞 시기 한성기 말이나 웅진기 초에 불교와 관련된 혹은 불교 사원이라고 이야기할 수 있는 것은 극히 제한적이라는 것도 함께 고려해야만 앞 시기의 384년 단계의 불교 수용 공인 단계의 문제를 좀 더 합리적으로 해석할 수 있지 않을까 생각을 해봤습니다. 일단은 먼저 이렇게 말씀드리겠습니다.

좌장 최연식 : 몽촌토성의 판축지에 대해서 현재 불교 사원이었을 가능성이 제시됐는데 그게 아니라면 어떤 다른 가능성이 있을까요?

이병호 : 도면이 조금 작게 편집이 되어 있습니다만, 2번 판축대지 주변에서 나온 건물지들 혹은 유구들을 보면 적심 건물지 그다음에 연못, 온돌, 문, 저장수혈, 주거지 이런 것들이 있습니다. 1987년인가요, 1989년인가요? 몽촌토성 발굴보고서의 기록을 보면, 당시에는 이것을 불교사원이라고 전혀 생각하지 않았고, 그냥 객관적인 사실만 나열하고 있는데, 보고서 원문을 살펴보면 이곳이 약 10m의 정방형이고 특이하게도 물성이 다른 흙들을 교대로 쌓아서 판축 기법으로 기단을 구축한 것이기 때문에 이 위에 뭔가 중요한 건물이 올라갔을 가능성이 매우 높다는 것까지 서술하고 말았어요. 그런데 그것을 당시 발굴했던 박순발 선생님이 운강석굴의 사례들을 참고하면서 이게 그렇다면 불탑일 가능성이 있지 않냐고 가설을 제시했던 것이고요. 현재로서는 그런 가설 말고는 말하기 어려운 것이, 주변에서 어떤 단서가 될만한 유물 자체가 나온 게 없어요. 그런 점에서…

3. 탑과 불교 사찰의 관계

강희정 : 그것과 관련하여 제가 아까 주경미 선생님과 토론했던 부분하고도

연결이 되는데, 탑이 없이 사원을 지을 수 있는가 하는 것을 한 번 논의해봐야 할 것 같고 건물 내부에 탑을 모신 것들은 제가 생각할 때는 이것이 과연 사원이라고 볼 수 있는가부터 논의가 되어야 한다고 생각해요. 이게 그냥 사당일 수도 있고 개인의 원당일 수도 있고. 그냥 이렇게 목조건물 하나 딱 놓고서 이것이 사원이라고 확정할 수 있는 근거는 사실상 부족하기 때문에 건물 안에 탑을 넣는 방식으로 한성기에 있지 않았을까 라는 추정은 조금 어렵지 않나 하는 생각이 들고, 다음에 또 한 가지 판축했던 그 몽촌토성 내에 있는 그런 부분들 같은 경우에 사실상 중국의 서북변경 지역이라든가 남조지역 같은 경우에 흙으로 토제 탑을 지은 것들이 있죠. 토제 탑 실물이 발견된 것들이 있고 그 당시 중국의 식민지였던 하노이에서도 심심치 않게 발견이 됐거든요. 그래서 그런 형태는 혹시 토축 위에 가능하지 않을까 하는 생각은 할 수 있을 것 같아요. 흙으로 지어서 올리는 것. 우리는 항상 목탑을 먼저 생각하기 때문에 목탑의 가능성을 놓고 본다면 아예 불가능하지만 그런 토제 탑 같은 경우는 혹시 가능하지 않을까 싶습니다.

좌장 최연식 : 지금 말씀과 관련해서요. 그러니까 당시 사찰의 성격이나 이런 것도 있습니다만, 강 선생님 생각에는 사찰의 필수 구성요소로 탑이 꼭 있어야 한다는 거죠?

강희정 : 당연히 탑이 있어야 한다고 생각합니다. 탑이 없으면 그것은 사찰이 아닙니다.

주경미 : 아니에요, 선생님. 이전에 동남리사지 발굴이나 이런 것을 하면서

탑이 없는 가람지가 있냐는 질문이 있어서 제가 잠깐 『낙양가람기』에 있는 사찰들을 분석해봤는데요. 그때 이미 낙양에 있었던 절 중에 상당수가 탑이 없는 사원이었어요. 그다음에 일반 가옥을 개축해서 지은 집들도 많아서 지금 원당이나 사당 같은 것들을 절로 볼 수 있느냐라고 얘기했을 때 절의 기본 구성은 승려죠. 저는 그게 더 중요하다고 생각을 해요. 승려의 거주공간이 가장 처음에 정사였고 이 정사로 시작이 된 사원이 있어야 하기 때문에 사람이 사는 공간이 먼저라고 생각을 하거든요. 그리고 탑이 없는 사찰 문제는 북조시대 때부터 기록에 나오고 있기 때문에, 탑의 유무로 사찰 여부를 이야기할 수는 없다고 생각을 합니다.

좌장 최연식 : 그와 관계에서 저도 한 말씀을 드리면, 보통 저희가 공부할 때 일본불교사에서 일본에서 탑을 만든 대형가람이 만들어지기 전에는 아까 주경미 선생님이 말씀하신 것처럼 귀족들의 집을 바꾸어서 집 안에 불상 정도를 모시고 봉안하는 불당형 사원 이런 얘기도 하거든요. 강희정 선생님, 거기에 대해서 말씀을 해 주시죠.

강희정 : 그것은 가능하죠.

좌장 최연식 : 예. 그러니까 그것을 사찰로 볼 수 있느냐, 없느냐.

강희정 : 사찰로 이야기를 한다면 그것이야 가능하겠죠. 그렇지만 국가에서 지으라고 했을 때 그런 사찰이 그렇게 가능한가? 저는 그게 상당히 의심이 되고, 그 다음에 아까 『낙양가람기』의 기록 역시 저는 마찬가지라고 생각을 합니다. 그 전에 제가 드리려고 했던 말씀은 사원

건설에서 승려가 가장 필수적인가? 저는 아니라고 생각을 해요. 왜냐면 인도 같은 경우에 스투파 있는 곳에 승방지 없는 곳도 많거든요. 물론 인도불교가 다르기 때문이라고 말씀을 하신다면 드릴 말씀은 없지만 승려가 있어야 승가가 형성이 되니까 그것은 맞죠. 하지만 승려가 없이도 불교는 굴러갈 수 있고요. 그게 운영이 되려면 스투파가 필수적인 조건이라고 생각을 합니다. 더더군다나 왕실에서 관여한 사찰이라고 한다면 탑이 있어야 하겠죠. 그러니까 백제에서 또는 신라에서 수나라 가서 인수사리를 받아왔잖아요. 사리가 없으면 탑을 지을 수 없기 때문에 그랬던 것 아닌가요?

좌장 최연식 : 재미있는 얘기가 됐습니다. 지금 문제 삼는 것은 한성기 백제의 불교 수용 초기 기록에 나오는 침류왕대에 만든 사찰의 성격인데, 그 사찰의 규모라든지 성격이 어땠을 것인가 하는 것인데, 거기에 대해서 강희정 선생님께서는 어쨌든 국가가 만든 사찰이니까 적어도 탑이 있는 형식을 갖춘 것일 것이라고 말씀해주셨습니다. 거기에 대해서 이병호 선생님은 어떻게 생각하시는지요?

이병호 : 예. 주경미 선생님이 말씀하신 동남리사지의 사례나 낙양가람기의 사례는 이미 우리가 생각하는 탑이나 불전이 갖추어진 사원을 만든 이후의 문제이기 때문에 구분해서 보아야 한다는 것이고요. 어쨌든 수용 초기 단계에 우리가 어떤 것을 사원이라고 할 수 있을까 할 때 일본의 사례들이 저는 굉장히 좋은 참고가 된다고 생각해요. 그러니까 사카타데라坂田寺 같은 경우에도 처음에는 초가집이었다가 나중에 이것이 본격적인 사원으로 개축되기도 하고요. 그다음에 미륵석상 같은 것이 백제에서 오니까 그냥 그 석상만을 안치하

는 곳도 있고요. 그래서 일본에서 이런 것들을 구분하기 위해서 일부러 아스카데라에 대해서 본격적인 가람이라는 용어를 쓰거든요. 그래서 저는 본격적인 가람 이전 단계의 한성기에는 탑 혹은 불전만 존재하는 혹은 어떤 귀족의 저택을 개조해서 예배당 정도로 쓰는 것이 있을 수 있지만 다음에 이야기하게 될 대통사야말로 그런 점에서 '본격적인'이라는 수식어를 반드시 쓰게 되지 않을까 생각을 했습니다.

좌장 최연식 : 그러니까 이병호 선생님은 아직 한성기에는 그런 형식을 갖춘 사찰의 존재를 상정하기 어렵다는 견해인 거죠?

이병호 : 현재 추정할 수 있는 것이 기와 말고는 방법이 없거든요. 현재 우리가 한성기의 불교를 이야기하거나 그다음에 몽촌토성, 풍납토성의 단계에서 뭔가 사원이 있을 것이라고 생각할 때 결국에는 현재 있는 자료만으로는, 금속공예품이나 유구가 아직 없기 때문에 그렇다면 앞서 이야기했던 수면문수막새, 연화문수막새 그리고 몽촌토성에서 나온 논란이 많은 그 연화문수막새. 아주 작죠, 소량이고. 그런데 이것 말고는 우리가 불교를 추정할 수 있는 단서 자체가 없기 때문에 현재로서는 아마 그런 본격적인 가람을 상정하는 게 무리라는 게 제 개인적인 생각입니다.

4. 백제 한성기 고층 목조 건축물 건립과 기와 사용 문제

강희정 : 짧은 질문 하나만 할게요. 몽촌토성기의 성에서 약간 높은 목조 건축물, 기단이라든가 토대라든가 이런 게 발견이 됐나요?

이병호 : 아직은 수혈주거지 위주의 것이고요. 현재 한성백제박물관 백제학 연구소에서 제일 열심히 파고 있습니다.

강희정 : 그러니까 그게 목조 건축물을 높이 지을 수 있는 기술이 있었느냐 하고도 관련이 있을 것 같아서요.

이병호 : 그나마 유일한 힌트가 풍납토성에서 보이는 미래마을인가요? 거기에서 초석을 갖추고 있는 건물지가 확인이 됐어요. 그러니까 기존에는 초석건물지조차 없었거든요. 초석을 갖추고 그다음에 지붕 전체에 전면적인 기와를 장식했을 가능성이 있는 건물지가 발견된 게 그나마 가장 번듯한 기와집이 아닐까 생각합니다.

좌장 최연식 : 혹시 다른 선생님 하실 말씀 있으신가요? 네, 조경철 선생님.

조경철 : 제가 원래 질문을 드리려고 했는데 여러분들이 질문을 한 것과 관련이 있어요. 과연 한성시기에 이것이 절 터라고 할 만한 유적이 발견될 가능성이 있을까. 저는 그게 좀 회의적이라고 생각해요. 저도 초기에는 한성시기에는 불상을 모셔놓는 정도, 적어도 마라난타 당대에는 그 정도를 건물에 간판을 단다든가 아니면 새로 모습을 한다든가 해서 승려가 거주하고 그 안에서 예배공간을 갖출 정도를 가지고 절을 창건했다는 정도로 이해하는 게 맞지 않을까. 후대에 예를 들어서 내전분수승이라고 신라에 나오잖아요. 그 안에 승려가 거처하는 궁궐공간이 있었겠죠. 그런데 그것보다는 나름대로 격을 갖추어서 궁성 가까운 데 또는 궁성 안에 건물을 짓고 불상을 모셔놓고 절이라고 했을 것 같기 때문에 기존의 건물지와 과연 다

른 게 나올까? 예를 들어서 기와 같은 것이라든가 그런 것으로는 판명을 할 수 없을 거 같고요.

이병호 : 예. 그래서 저도 똑같은 고민을 했고요. 저도 조경철 선생님처럼 생각을 했어요. 연대적인 측면에서, 연구자들마다 조금씩 차이가 있으니까요. 그런데 한성기의 여러 기와 중에서 풍납토성에서 나온 수면문수막새라고 하는 것의 연대가 어떻게 되느냐면 우연히 그것이 384년 불교 전래의 연대와 상관성을 갖는다는 거죠. 그러니까 남조로부터 불교가 전래됐다고 하는 그 기록과 수면문수막새의 등장시기가 4세기 후반으로 매우 근접하기 때문에 그냥 단순히 우리가 지레짐작으로 그런 정도로 소규모적인 건물이 있었을 것이라고 생각하는 것은 아직은 판단을 보류해야 한다는 게 제 개인적인 생각입니다.

조경철 : 탑이라든가 이런 격식을 갖춘,

이병호 : 왜 이렇게 말씀드리는 것이냐 하면 기와만이 현재 우리가 추정할 수 있는 거의 유일한 작은 단서이기 때문에 그 기와를 지붕 위에 올릴 수 있는 건축기술 그리고 토목기술까지 갖추어졌는지를 생각해야 하고, 이것은 마치 우리가 아스카데라의 건립을 위해 백제 기술자 집단이 건너간 것처럼 그때 동진에서 그냥 단순히 승려만 온 것이라고 단편적인 기록이 남아 있지만 그 이후에 지속적인 기술 지원과 같은 뭔가 있었을 가능성도 열어두어야 한다는 것이 남조계 수면문 수막새 기와가 주는 힌트라고 생각합니다.

좌장 최연식 : 예. 알겠습니다. 그러니까 현재로서는 어떤 탑이라든지 이런 것을 갖춘, 또는 높은 건물을 갖춘 유적은 확인할 수 없지만 가능성으로서는 생각해볼 수 있다. 이 정도는 되는 것 같습니다.

그와 관련해서 제가 생각했던 것은 그런 겁니다. 사찰을 만든다고 하는 것도 지금은 건물이라고 하는 관점에서만 관심을 갖는 것 같습니다만, 불교 자체의 입장에서 보면 불교에서 사찰의 입지라고 하는 곳이 있지 않겠습니까. 이게 제대로 받아들였다고 한다면 기본적으로 도회지, 어떤 번화한 곳이 아닙니다. 특히 승려들의 수행의 공간이라고 하는 것을 전제한다면 그 입지를 과연 풍납토성이나 몽촌토성 같은 왕성 안에 있었다고 볼 수 있는 것인지.

이병호 : 그것은 아까 제가 발표에서도 이야기했지만 문헌기록에 명확히 한산 불사라고 표현이 되어 있다는 거죠. 그런데 385년의 한산 불사 이전에 한번 더 한산이 나오는데 371년 근초고왕대에 이도한산의 한산이 나온다는 거죠. 그 이도한산의 한산을 많은 백제사 연구자들은 몽촌토성으로 비정하고 있고 거기에 아신왕이 태어난 곳이라는 것도 부연되고 있기 때문에 한산의 위치에 관해서는 어쨌든 별다른 이견이 있습니다. 다만, 풍납토성보다 조금 더 늦게 만들어진 몽촌토성으로 이도하고, 거기에 10여 년 뒤에 이 내부에 불사를 세운 것으로 보는 것이 현재까지의 자료로서는 충분히 상정할 수 있다고 생각합니다.

좌장 최연식 : 예. 알겠습니다. 다른 분들 이야기해 주실 분 있으신가요? 예. 말씀해 주시기 바랍니다.

주경미 : 그래도 한성기를 좀 더 많이 얘기해야 하니까요. 이것은 비교종교학적 측면에서의 이야기이긴 하지만요. 카톨릭이 처음 우리나라에 들어왔을 때는 성당이 없었어요. 경당이나 교리당에서부터 시작을 했고, 성당은 나중에 지어지거든요. 그래도 거기가 종교적 공간이었는데, 교리당이라고 하는 데를 보면 대부분 그냥 집이었거든요. 그 안에 아주 작은 성물이 조금 있었을 뿐이고요. 또, 제가 사리신앙을 계속 공부를 해오면서 가장 고민을 했던 부분은 과연 동아시아에 사리가 언제 왔을까라는 부분이었어요. 옛날 문헌을 보면 언제나 유교나 도교 쪽에서 불교에 대해서 가장 욕을 많이 하고 제일 싫어하는 게 오랑캐의 뼈라고 하는 사리거든요. 오랑캐의 썩은 뼈라고 하는 것은 문헌기록에 "호인胡人의 고골枯骨"같은 표현으로 나오는데요. 그런 것들에 대해서 굉장히 거북한 감정이 많이 드는 게 사실이기도 하지만, 동시에 동아시아에서 불교를 받아들일 때 제일 거북하다고 이야기하던 것이 사리였다는 말이에요, 초기에는요. 지금 『고승전』이나 『집신주삼보감통록』과 같은 문헌기록을 보면, 3세기 정도에 사리가 중국으로 전해져서 탑이 세워지기 시작하는데요. 불교가 처음 중국에 전해진 것이 후한後漢 명제明帝(57~75년 재위) 때라고 이야기를 한다면, 불교가 처음 전해지고도 200~300년이 지나야 사리가 들어왔다는 이야기에요. 한반도의 경우를 보면, 요즘이야 고고학적 발굴 결과를 따라서 백제에서도 일찍부터 사리신앙을 받아들였다는 이야기를 하고 있지만, 그 이전에는 문헌기록에 의해서 신라 진흥왕 연간에 처음 사리를 가져왔다는 이야기만 했어요. 문헌기록에서는 신라 진흥왕 연간의 사리 전래 기록만 남아 있으니까요. 그럼 왜 진흥왕만 중요하게 기록한 것이었을까요? 한편으로는 백제 불교에서도 한성기에 과연 사리라는 존재를 알기는 했

을까라는 질문도 하고 싶거든요. 이런 점과 관련해서, 과연 마라난타가 백제에 가져왔다는 불교의 정체는 과연 뭘까요? 그에 대한 이야기를 먼저 해야 하지 않나 싶은 거예요. 석가모니를 믿으라고 이야기했던 건지. 아니면 불법승 삼보를 믿고 귀의를 해라, 그리고 규율을 따르고 수행해라. 이런 것이 당시 불교였다면, 그런 것을 받아들여야 할 목적이 백제인들에게 과연 뭐가 있는지 그것도 문제가 될 것 같고요.

강희정 : 호승인데 말은 통했을까요?

주경미 : 그것도 궁금했어요. 호승胡僧인데, 정말 이 사람들이 강경講經은 어느 나라 말로 했을까요? 아까 한자 언어를 가지고 우리가 대통이 뭐니 이런 말을 했는데요, 사실 아까 강 선생님하고 잠깐 얘기를 하는데 "대통"을 산스크리트어로 바꾸면 뭐가 될까요?

좌장 최연식 : 대통은 아직 아니니까요. 마라난타의 경우에는 호승이지만 중국에서 건너온 사람이니까 그렇고요.

5. 백제 한성기 도림의 성격

이제 한성기 도림의 성격에 대해서 이야기해보시죠.

조경철 : 도림을 백제사에 끌어들인 게 사실은 저인데, 구체적으로 논증을 거친 것은 아닙니다. 발표문에서 얘기한 것처럼 어떤 일반론적인 성격인데 저는 남조와 북조, 제가 중국 불교는 잘 모르는데 석가모니한테 두 가지, 왕자로서의 싯다르타가 있고 깨달음, 붓다로서의

석가모니가 있는데 이 두 개는 동전의 양면처럼 왔다 갔다 하는 것 같아요. 그런데 전반적으로 남조에서는 깨달은 부처로서의 석가모니 기능이 강하다면 북조에서는 왕자로서의 석가모니의 기능이 강해서 왕권과 보다 더 밀착할 수 있는 여건을 갖추고 있지 않았나. 물론 그게 혼용되어 있지만요. 그래서 제가 고구려를 왕즉불이라고 넓은 범주에서 얘기한 것은 일단 그런 일반론에 기댄 것이고 실제로 보면 고구려 같은 경우 아까도 얘기했지만 평양에 구사를 창건하거든요. 그러니까 아홉 개의 절을 구사라고 하면 그냥 세우지는 않았을 것이고 제 생각에는 가운데에 하나하고 팔방에 하나씩 세웠을 것 같은데 어떠한 왕을 중심으로 한 구도를 표현하기 위해서 구사를 지은 것 같고. 그것과 엮어서 숭신불법구복崇信佛法求福이라는 교서를 발표하거든요. 그러니까 그게 구사 창건하고 법을 믿으라고 하는 것과 서로 엮이는 거고 그다음에 저는 영락이라고 하는 연호를 사실은 불교 국가인 전량이 썼던 영락이라는 연호에서 따왔다고 생각하는데 그래서 저는 광개토왕의 불교적 성격을 전륜성왕적 성격으로 파악을 했습니다. 그다음에 『삼국유사』에 보면 요동성 육왕탑이라고 나오잖아요. 『삼국유사』에서 일연은 이 육왕이 동명성왕이라고 얘기하지만 전후 상황으로 보면 그것은 맞지 않는 거고 저는 광개토왕을 상징하는 것이다. 그게 요동에서 발견되는 것 아니겠습니까. 그래서 저는 광개토왕을 상정하고 그다음에 장수왕도 광개토왕의 업적을 이어받아서 구사가 있는 평양으로 천도를 했죠. 그다음에 정릉사라는 절이 있지 않습니까. 이 정릉은 평양으로 천도하면서 국내성에 있던 동명성왕의 능을 옮기고 또 그 능의 능찰로 보통 정릉사를 지었다고 하는 거죠. 어떠한 일련의 이러한 고구려 불교의 성격이 기존에 백제에서 보여주었던 불교의 성격과는 조금 다르다는 거죠. 그래서 아마 도림은 이러한 고구려의 불교적 성격을 알고 또 사실 도림이 자원을 했잖아요. 누가 백제로 내려가서 백제를 혼란스럽게 할 사람? 그래서 승려를 사실은 장수왕 입장에서는 첩자로 이용한 거죠. 그러니까 이것은 기존의 왕즉불이라고 왕권에 보다 더 밀착된 불교적 성격이었고, 고구려가. 그다음에 도림 같은 경우 자발적으로 나서서 백제로 넘어왔기 때문에 아마 도림이 개로왕한테 건의했던 여러 사항 중에는 이러한 불교가 북조 분위기의, 고구려의 이런 분위기의 불교가 전달됐을 가능성이 있지 않았을까. 그렇게 글을 써본 적은 있습니다.

좌장 최연식 : 네. 도림을 통해서 고구려 불교적인 요소가 전해졌을 것이라고 지금 말씀을 하신 거죠. 혹시 여기에 대해서 보완적인 말씀을 하실 분 계실까요?

길기태 : 예. 도림이라는 존재는 개로왕대의 고구려 불교를 이해하는 승려로 봐야 할 것같습니다. 도림이 장수왕의 지원을 받아 백제로 내려올 때 개로왕이 도림을 받아들이고 있잖아요. 그러면 도림이 어떠한 첩자로서 왔다면, 승려가 아닌 첩자로서 왔으니까 파계하고 왔을 것으로 글의 뉘앙스에는 보입니다. 그렇다 하더라도 개로왕의 입장에서는 도림의 존재에 대해서는 전혀 모르고 있지는 않았을 것이라고 생각합니다.

또 하나 백제가 고구려 불교에 대해서 이미 많이 알고 있었을 것이라는 거죠. 그렇기 때문에 고구려 불교의 성격 그리고 동진, 마라난타를 통해 받아들였던 백제 불교의 성격이 개로왕대에 이르러서 고구려 불교의 필요성이 좀 더 부각되었을 것이고, 그렇기 때문에 도림이 백제로 내려오는 데 있어서는 그렇게 큰 장애는 없었다고 생각을 합니다. 다만 도림이 통치행위에 관여하면서 이루어졌던 일들이 백제의 정치사에서 그렇게 좋은 영향을 미치지 못했기 때문에 그렇게 도림이 매도되는 경향도 있지만 불교적인 측면에서 봤을 때는 백제사회에 고구려 불교를 이식시킬 수 있는 존재로 볼 수도 있지 않을까 하는 게 제 생각입니다.

좌장 최연식 : 그렇기는 한데 그 문제에 대해서는 도림이 승려였다는 것은 맞지만 도림이 실제 백제에 왔을 때 그 사람이 승려로서 받아들여졌는가의 문제도 있다고 생각을 합니다. 특히『삼국사기』에 보면, 물론 설화적인 이야기이지만, 바둑을 두고 그렇게 함으로써 개로왕을 다른 곳에 유흥에 탐닉하게 했다고 하는데 사실 바둑이라고 하는 것은 계율상으로 승려들이 하면 안 되는 거죠. 그러니까 지금 길기태 선생님도 도림이 내려올 때 승려로 왔는지 파계를 하고 환속했는지 불명확하다고 했습니다만, 또 그것은 너무 우리가 불교를 자꾸 국왕과의 관점에서만 바라보는데 이미 침류왕대에 어쨌든 사찰이 만들어지고 도승을 했다고 한다면 이미 불교공동체라고 하는 것이 존재하는 것이고 백제 불교 공동체의 개개의 승려가 아니라 한성기 백제에서의 불교 공동체 위상 또 그들과 국가와의 관계라든지 이런 차원이 있기 때문에 과연 이 도림이라고 하는 사람이 내려왔을 때 백제의 기존의 불교공동체는 그 사람과 어떤 관계에 있었을까 하는 문제도 생각할 필요가 있다고 생각이 됩니다. 물론 저희가 자료가 없기 때문에 알 수 없지만 너무나 그동안 특히 고대의 불교에 대해 국왕과 승려 이런 관점에서만 이해해 왔는데, 사실 불교라고 하면 불교 자체의 공동체 승단의 성격, 기능 또 그들의 발언권

이런 문제도 봐야 하지 않을까 생각합니다.

6. 백제 웅진기 대통사 창건 배경과 그 위치

이제 웅진기로 넘어가겠습니다. 웅진기는 계속 얘기가 나왔던 대통사의 문제를 간략하게, 아까 조경철 선생님께서 대통사와 관련된 여러 가지 문제점들 그리고 선생님의 생각 이런 것들을 말씀해 주셨으니까 그것에 대해서 다른 분들의 이야기를 좀 듣고 넘어가겠습니다. 먼저 대통사의 창건 배경. 대통이라고 하는 것이 어디서 왔는가도 관계가 되겠습니다만, 그에 대해서 의견을 들어보고 싶습니다. 소현숙 선생님께서 말씀해 주실까요? 대통사의 창건 배경이라고 하는 것.

소현숙 : 『삼국유사』의 기록에 의하면 527년에 양무제를 위해서 대통사를 건립했다고 되어 있잖아요. 그래서 우리가 보통 이 대통사가 대통이라는 연호와 관련되는 이유를 바로 527년 창사이기 때문에 찾는 거거든요. 양무제가 대통으로 연호를 바꾼 해가 527년이니까. 즉 대통사를 연호와 연관시킬 수 있는 중요한 이유는 그게 대통 연간이라고 하는 점이거든요. 아까 조경철 선생님께서는 대통사가 동태의 반어이고 그냥 지은 것이라고 얘기를 하셨지만 그 당시 대통이라고 하는 단어가 양나라에서 어떻게 쓰이고 있었는가. 그 양나라 때의 문헌을, 그러니까 선생님이 아까 백제에서 도대체 법왕이 어떤 의미로 사용되고 있었느냐라고 물으신 것처럼 대통이라고 하는 단어가 양나라에서 어떻게 사용되고 있었는가를 볼 필요가 있습니다. 그리고 대통이 동태의 반어인데, 그렇다면 '동태=대통'이라는 의미도 거의 유사하게 갖고 있거든요. 반어라는 것은 뜻도 비슷

해야 하는 것이기 때문에. 동태라고 하는 것은 그간 제가 많이 얘기를 했지만, 서로 반대되는 것의 화합이라고 하는 측면이 굉장히 크거든요. 동태는 교태하고 거의 같은 말이거든요. 상하동태처럼, 위아래가 크게 화합한다는 뜻이고, 그것을 가지고 대통이라는 반어를 만들었습니다. 당시 양무제 시대에 대통의 단어 사용 용례를 보면, 선생님은 대통전을 만들었다고 말씀을 하시며 '크게 통한다'는 뜻으로 말씀하셨는데, 주로 동전과의 관계만 찾으셨더라고요. 그런데 대통이라는 말이 동태사와 관련되어 있다면 그게 불교적으로 당시에 어떻게 쓰였는가 볼 필요가 있습니다. 제가 조사를 해보니까 대통이라는 말이 대도大道, 대승 등의 의미와 굉장히 유사하게 쓰였거든요. 양무제는 대승적 통치를 하겠다고 했는데, 그러니까 민중을 교화하는 등 대승불교적 통치를 이념으로 하고 있었기 때문에 그런 정치이념과 관련된 연호라고 생각이 되고요. 연호라는 게 잘 아시겠지만 아무렇게나 정하는 게 아니잖아요. 상당히 정치적인 의미를 두고 있기 때문에 동태사의 창건과 함께 대통으로 연호를 바꾼 것은 동태사의 창건 목적과 거의 유사하다고 저는 생각을 합니다. 대승적 불교통치를 하겠다고 하는 선언적 의미가 대통이라는 연호로의 바꿈이고, 그런 상황을 성왕도 알았을 것으로 생각합니다. 왜냐면 동태사의 건립과 함께 대통이라는 연호로 바뀌었기 때문에. 그래서 저나 다른 선생님들이 말씀을 많이 하시는 것처럼 성왕의 경우에도 돌아가신 부모님을 추복하면서 거기에 더해 자신의 통치 안정과 관련된, 양무제를 추종하는 의미에서의 대승적 불교통치의 시행, 대통사의 창건은 그런 선언이 아니었을까요. 저는 그렇게 보고 싶습니다. 이게 대체적으로 많은 분들의 생각인 것 같아요.

좌장 최연식 : 마지막에는 부모의 명복 말씀도 하셨는데요. 아까 조경철 선생님께서는 부모가 죽은 상중에 중국 황제를 위한 사찰을 건설했겠느냐고 말씀하셨는데, 지금 말씀하신 것은 중국 황제를 위한 것이기도 하지만 역시 그 사찰은 죽은 부왕의 명복을 비는 사찰의 성격도 가질 수 있다. 이렇게 다의적으로 볼 수 있지 않을까 생각됩니다. 아까 길기태 선생님께서도 동태사의 위치를 그런 관점에서 무령왕과 뭔가 관련해서 볼 수 있다는 입장이었던 것 같아요. 혹시 보완하실 게 있으신가요? 대통사의 창건 배경이랄까 기능에 대해서요.

길기태 : 대통사가 위치한 지역이 왕궁에서 무령왕릉으로 가는 길목이라는 것입니다. 무령왕릉으로 가는 길에 대통사를 들러서 예배를 본다든지 그런 과정을 거쳐서 무령왕릉으로 갈 수도 있는 것입니다. 또 하나는 대통사가 위치한 지역이 제민천 건너편이라는 점입니다. 그리고 왜 제민천 건너편에 있고, 봉황산 아래에 무령왕릉 쪽이 아니라 왕궁이 보일 수 있는 위치에 대통사를 위치하게 했는지 그 부분을 동시에 생각해본다면 결국 소현숙 선생님도 말씀하셨고 저도 그렇게 생각하고 있지만 이 대통사라는 사찰이 중국 양무제가 창건한 동태사와 유사한 성격에서 우리가 접근해야 하지 않을까 그렇게 생각합니다. 그렇기 때문에 대통사를 우리가 너무 연호냐 아니면 『법화경』의 대통지승여래인가 하는 것에서 탈피해서 봐야 하지 않을까 하는 생각입니다.

좌장 최연식 : 그러니까 사찰의 이름은 일단 논외로 하더라도 사찰 자체의 위치나 이런 것을 통한 기능을 먼저 좀 밝혀야 하고 그것은 양무제의 동태사와 비슷한 기능을 볼 수 있다는 말씀을 하셨습니다. 또 아까

이와 관련해서 소현숙 선생님께서는 부모의 명복을 비는 사찰로서, 또 무령왕릉까지 이어지는 그런 식으로도 좀 확장해볼 수 있다고 말씀하셨습니다. 그런데 그렇다면 왜『삼국유사』기록에는 양무제를 위해서라고만 언급이 됐을까요? 그 부분에 대해서 지금 말씀하신 두 분 선생님 혹시 특별히 말씀이 없으신지요? 없으시군요. 동태사의 기능 문제와 관련해서 규모라든지 또는 백제 불교사 또는 사원사의 위치는 아까 이병호 선생님께서 말씀해 주셨습니다. 그리고 조금 전에도 제대로 본격적인 사찰은 대통사로 봐야 한다는 말씀을 해 주셨는데 그 부분에 대해서 조금 더 보완 말씀을 해 주시면 좋겠습니다.

이병호 : 네. 대통사의 위치에 대해서 첨언을 하면 먼저 앞서 언급한 것처럼 제민천 서쪽에 위치하는 것처럼 많은 사람들이 생각하고 있는데 단편적이지만 재미난 기록이 그 제민천과 금강이 만나는 지대에 아마 큰 홍수가 났던 것 같고 그 이후에 국가에서 웅진교를 개설하고 있었습니다. 그리고 그 이후에 서쪽 일대에 대통사를 건립하고 있어서 공산성 내부에서 왕성과 서쪽 일대로까지 시가지가 확장되는 것과도 관련시켜 볼 여지가 있는 것 같습니다. 대통사의 경우에 아직 건물지에 대한 조사가 단 하나도 없었기 때문에 더 이상의 추론은 어렵습니다만, 지금까지 나온 197-1번지, 204번지, 205번지, 176번지 일대에서 나온 단편적인 자료들을 보면 거기에서 앞서 이야기가 된 기와류, 소조상 말고도 무령왕릉에서 출토된 벽돌과 동일한 문양을 가진 문양전이 함께 출토되고 있습니다. 그런 점에서 거기에서 나온 기와 중에 가장 빠른 것은 아마 무령왕릉의 문양전의 연대와 상관성이 있다고 생각할 수밖에 없고요.

그리고 대통을 그러면 대통사로 볼 것이냐 연호로 볼 것이냐. 논란이 있습니다만, 저는 기와에 찍힌 그 대통은 연도 말고 다른 것을 생각하기 어렵다는 겁니다. 그것을 대통사로 볼 것이냐 말 것이냐 그것은 별개의 문제예요. 하지만 적어도 그 원형의 스탬프는 적어도 연호다. 그것을 부정하고는 더 이상 논의의 진전이 없다. 그것에 동의하지 않는다고 그러면 저는 더 이상의 얘기가 어렵다고 생각을 합니다.

그리고 제가 이 대통사의 건립을 본격적인 백제 사원 가람의 시작이라고 하는 이유는 거기에서 나온 기와류가 사비기에 나온 왕궁영역인 부소산성이나 관북리 일대뿐만 아니라 나머지 사원들에 나오는 것과 비교했을 때 거의 동일한 제작기술을 보여주고 있고 암키와, 수키와, 암막새까지도 다 동일하다는 것입니다. 그리고 특히 주목되는 것이 15점 정도 되지만 불에 탄 소조상이 있는데 결국에는 다른 사례를 비춰봤을 때 이 소조상은 목탑 혹은 금당에 봉안되었을 가능성을 상정할 수 있다. 그런 점에서 뭔가 번듯한 기와집이 정연하게 배치된 본격적인 사원이라고 가능하지 않을까 하는 것을 말씀드리고 싶습니다.

소현숙 : 반죽동 유적에서 나온 소조상도 소성 흔적이 있는 거예요, 부여 것처럼?

이병호 : 그것은 쉽지 않습니다. 왜냐면 정림사지의 경우에는 세 점 정도에서 유약의 흔적이 확실하게 보여요. 그래서 이것은 구웠구나. 그리고 유약을 입혔기 때문에 어쨌든 낮은 온도로도 테라코타처럼 소성했구나 하는 것을 알 수 있는데, 이 부분의 경우에는 얼굴은 남아

있는 부분은 거의 없고 다 내면만 있는 것들이 많고 그다음에 실제로 남아 있는 것들에도 유약의 흔적은 보이지 않습니다. 그런 점에서 이것은 판단이 조금 어렵습니다. 이것만 가지고는요.

좌장 최연식 : 대통사가 말씀하신 것처럼 본격적인 가람이라고 한다면, 그런데 이것은 웅진기 후기잖아요. 그러면 웅진기 초기의 사찰은 마치 한성기와 비슷한 수준이었다고 볼 수 있을 것인지 아니면 다른 사찰의 가능성이 있는 건지요?

이병호 : 그래서 결국 추정할 수 있는 단서라고 하는 것들이 공주 지역에서 발견된 수막새들이 어느 곳에서 출토되었나 하는 것인데요. 잘 아시는 공산성 내부 그다음에 정지산 유적 그리고 대통사 이외에 아주 소량이기는 합니다만, 서혈사지라는 곳 그리고 수원사지라는 곳에서 또 주미사지라고 하는 곳에서 그리고 계룡산 자락에 있는 신원사지 정도에서 한두 점 정도가 나왔어요. 그런데 신원사지 자료가 굉장히 재미있는데, 왜 재미가 있냐면 문양은 분명히 한성기에 보이지 않는 독특한 문양을 가지고 있고 그 문양이 특히 연꽃무늬 가운데 줄이 가 있는 남조 스타일의 연꽃무늬 줄을 가지고 있는데 그것을 수키와를 접합시킬 때 제작하는 제작기술은 오히려 한성기에 유행하던 스타일, 풍납토성이나 몽촌토성에 보이는 제작기술을 보이고 있습니다. 그런 점에서 이 신원사 기와는 조금 더 빨랐을 가능성도 배제할 수 없다고 생각합니다. 다만 딱 한 점이에요. 그래서 더 이상을 추정하기는 어렵지만 어쨌든 수원사지의 경우에도 문헌기록은 있지만 아주 단편적인 딱 2분의 1밖에 안 남았거든요. 이런 것을 보면서 과연 이 한 점을 어떻게 해석해야 하나? 대부분의 유구

나 대부분의 유물들, 기와들은 다 통일신라 그리고 고려·조선인데 이 한 점만 나온 수막새를 과연 우리는 어떻게 해석할 것인가 하는 문제는 남아 있지만 어쨌든 기대를 해봅니다.

7. 백제의 소조상과 그릇에서 유약 사용 문제

강희정 : 질문 하나 해도 될까요? 저는 소성에 계속 관심이 있었는데 아무래도 이병호 선생님이 직접 조사를 하셨을 테니까 잘 아실 듯하여 한번 여쭤보고 싶은데 유약이 자연유 상태의 유약인지 채색유인지가 조금 궁금하고 채색유일 경우에 혹시 온도라든가 아니면 성분 같은 것으로 봤을 때 아까 유리 얘기도 했지만 납이 많이 섞여 있었는지 그게 좀 궁금해요.

이병호 : 정확한 수치는 기억이 안 납니다만, 부여박물관에서 그것에 대한 데이터를 보고서에 제시한 것으로 알고 있어요. 그런데 자연유하고 구분된다는 게 사실은 저도 참 문외한이지만 고백할 수밖에 없는 게 제가 먼저 정림사지의 소조상 중에 유약이 있다는 게 제가 쓴 게 아니고요, 김영원 선생님이 도자사 논문을 쓰시면서 정림사지 자료를 소개하고 있더라고요. 제가 그것을 보고 깜짝 놀라서 이게 한 점밖에 거기에는 제시가 되지 않았지만 세 점이 동일한 틀에 찍혀져 있는데 세 점 다 유약이 동일하게 확인되었고요. 그다음에 아까 언급하셨지만 남경 종산의 상정림사 유적에서 소량이지만 소조상들이 나왔고 그중의 한 점에서 아주 균일하게, 물론 얼굴의 4분의 1밖에 안 남았지만 거기에 균일하게 유약이 발려 있는 사례로 확인했기 때문에, 그리고 그게 황갈색이었습니다. 그래서 둘 다 동일한 모습이어서 뭔가 관련성이 있지 않을까 이런 생각을 했던 것

입니다.

강희정 : 그러면 그 녹유가 녹유라고 생각되는 유약이 발린 소상이 세 점이 나온 것의 연대를 대략 어느 정도로 보시나요?

이병호 : 같다고 생각합니다. 봉보주상이 나온 것과 동일한 태토, 동일한 소성온도를 보이기 때문에 창건기라고 생각을 하고 저 개인적으로는 정림사지의 창건 시기를 사비천도 직후라고 보기 때문에 6세기 중엽 이전이라고 생각을 하고 있습니다. 그리고 앞서 이야기했지만 반죽동 일대에서 나온 소조상을 보면서 약간 의외였다고 생각을 하는 것이 거기에서 나온 소조상의 태토나 소성도가 사실은 남경의 전 연흥사지에서 나온 것과, 제가 봤을 때는 가장 유사했어요. 그리고 정림사지 중에서 중형소상의 색깔 등과 유사했기 때문에 연대적으로 꽤 상통한다고 생각을 했던 것입니다.

강희정 : 제가 잘 몰라서 그러는데 이것은 주경미 선생님이 잘 알 것 같은데, 유약을 바를 수 있는 기술이 있었다고 한다면 그릇에서는 왜 안 나올까요?

이병호 : 그릇도 생각보다 많이 나와요.

강희정 : 직접 구운 게요?

이병호 : 그럼요. 웅진기의 미륵사지 녹유서까래기와가 나오기 이전에 벼루, 토기 이런 것에서 생각보다 많이 나옵니다. 그래서 저는 이 541년

의 녹유를 사실은 이때 뭔가, 아까 541년에 공장, 화사가 왔다면 백제에서 나타나는 새로운 변화가 뭘까? 그중의 하나가 저는 이 녹유 기술이 아닐까 하고 생각을 해본 적이 있습니다.

강희정 : 네. 감사합니다.

8. 백제 웅진기 왕궁의 위치와 대통사

좌장 최연식 : 네. 지금 그 대통사와 관계에서 대통사가 그 전과는 확실히 격이라든지 이런 게 다르다는 말씀이었고 지금 그밖에 웅진기 사찰로 추정할 수 있는 것들을 말씀하셨습니다만, 서혈사라든지 수원사, 주미사, 신원사 이것들은 다 왕성의 외곽이지 않습니까. 그런 공간의 문제에서도 확실히 이질적이라고 생각이 됩니다. 그리고 아까 말씀하신 것처럼 왕궁과 바로 마주보는 곳이라든지 그런 것은 아까 한성기 사찰도 이야기하셨습니다만, 역시 한성기 사찰의 성격이라든지 위치가 어땠을까 하는 문제에도 시사하는 바가 있다고 생각됩니다. 그렇게 본다면 대통사는 명칭은 별도로 치더라도 역시 당내 남조, 특히 양에서의 동태사 이런 것들이 상당히 뭔가 시사하는, 기존의 사찰과는 굉장히 질적으로 다른 것으로 볼 수 있지 않을까 생각이 됩니다.

이병호 : 네. 웅진기 연구에서의 제일 큰 논란이 왕궁이 어디에 있었나 하는 부분이죠. 그러니까 공산성 안에 있었다고 주장하는 사람과 성 바깥에도 있었다고 주장하는 사람. 그런데 성 바깥에 있었다고 그러면 거기에 대한 가장 일반적인 추정은 산성시장인데 그 시장 너머가 바로 대통사입니다.

좌장 최연식 : 서로 마주보는 곳이죠?

이병호 : 그렇죠. 그런데 문제는 이 시장이 조선시대에도 많이 이용됨으로 인해서 사실 웅진기의 생활 흔적이 아직까지 나오지 않고 있어요. 그러다 보니까 더 이상의 논의 자체가 어려워지고 있습니다. 기대하고 있습니다.

좌장 최연식 : 네. 대통사의 여러 성격에 대해서 알아봤습니다.

9. 대통사의 명칭과 『삼국유사』 원종흥법의 기록 문제

이제 대통사라는 명명이 어떤 의미를 갖느냐 하는 건데 여기에 대해서는 아까 조경철 선생님께서 많은 말씀을 해 주셨어요. 그러니까 대통이 『삼국유사』 기록처럼 양무제를 위한 사찰이니까, 물론 『삼국유사』에서도 그것이 연호라고 이야기하지는 않는 거죠. 다만 상황상 그렇다면 양무제의 연호가 아니겠는가 하고 추정하는 것이지만 조경철 선생님께서는 꼭 그렇게 볼 수는 없다. 설혹 그렇다고 하더라도 역시 『법화경』에 나오는 대통지승불이라고 하는 것이 백제왕실의 정통성과의 관계에서 중요했던 것이 아니냐는 말씀을 하셨습니다. 이것은 사실은 논의해서 답이 나올 수는 없다고 생각하고요. 오히려 그런 두 가지 관점을 저희가 다 수용할 필요가 있고 특히 오히려 더 중요한 것은 이 대통사의 기능이나 영향 이런 것이 더 중요하지 않은가 생각이 되는데, 그 점과의 관계에서 한 가지 더 궁금한 것은 그런데 왜 『삼국유사』에서는 이것을 법흥왕이 창건했다고 이야기했는가 하는 문제입니다. 혹시 조경철 선생님께서 여기에 대해서 의견이 있으신지요?

조경철 : 예. 사실 대통사에 대한 논의는 많은데 서로 서로 비판만 하지 그 비판에 대한 심도 있는 논의는 해본 적이 없어요. 그래서 저는 오늘 기회를 통해서 제가 잘못 본 게 있으면 시인을 하고 다음에 설명할 수 없는 부분이 있으면 반성을 해서 공부하고 그다음에 저의 견해를 반대하는 쪽 입장에 대한 제 반론을 하고 거기에 대한 합리적인 반론을 들으면 받아들이고 그럴 생각이었습니다. 그래서 저의 대통사에 대한 기본 생각은 처음에 『법화경』에 의해서 대통사를 지었는데 중국에서 대통으로 연호를 바꾼 거예요. 그러니까 대통으로 중국에서 연호를 바꾼 다음에는 이 대통사의 성격은 두 가지가 되는 겁니다. 하나는 『법화경』에 의한 무령왕릉을 위한 사찰이 되는 거고 하나는 양나라 무제를 위한 절이 되는 거예요. 백제 입장에서도 그것을 부정할 수가 없죠. 저는 그렇게 보는 겁니다. 그런데 반론하는 쪽에서는 “그게 아니다. 『법화경』과는 관련이 없다. 양무제를 위한 절로 세운 거다.” 그렇게 얘기하는 거예요. 그래서 제가 그분들께 질문을 드리고 싶은 거예요. 그렇지만 백제의 성왕이 있지 않습니까. 성왕이라는 이름이 있어요. 성왕이라는 이름이 있었을 때 중국에서 대통으로 연호를 바꿨습니다. 중국의 여러 대통의 의미도 알고 있겠고 백제에서도 나름대로 알아봤겠죠. 그럴 때 제 의견에 반론을 하시는 분들은 백제의 성왕이 성왕이라는 이름을 썼고 대통이라고 하는, 연호로서 대통을 받아들였다고 했을 때, 대통사라는 절이 있을 때 성왕과 대통은 연관성이 없다. 저는 연관성이 있다고 생각을 하는데, 그럼에도 없다고 생각하시는지. 아니면 한 발 더 양보해서 위덕왕이 위덕이라고 하는 시호를 받지 않습니까. 그때도 시호에 대한 논의가 있었겠죠. 그때도 백제에서는 위덕이라든가 성왕이라든가 대통은 『법화경』 화성유품과 관련이 없을 것이

다. 그렇게 이해하시는지요? 그다음에 뒤에 보면 지적이라는 인물이 나오거든요. 그런데 저는 기본적으로는 백제의 성왕이라는 이름이 있었고 대통이라는 연호가 있었을 때는 『법화경』에 나오는 그 구도를 알았을 것이라고 생각을 합니다. 그래서 제 의견에 반대하는 분들은 이 『법화경』과 관련해서 대통 그다음에 사택지적, 위덕 그다음에 성왕 등 백제사에 나오는 이러한 용어들이 『법화경』 화성 유품과 관련이 없다고 보시는지를 여쭤보고 싶습니다.

좌장 최연식 : 저는 사회자입니다만, 제 생각을 말씀드리면 오늘 토론을 통해서 사실은 좀 더 폭넓게 볼 수 있고, 아까 조경철 선생님께서도 그 관계에 대해서 설명을 자세히 하셨기 때문에 또 당시에 『법화경』이 중요한 경전이었기 때문에 그런 지식을 공유하고 그런 정보를 공유했을 것이라고 생각을 합니다. 그 명칭을 들으면 당연히 연상이 됐을 것이라고 생각을 합니다. 그렇기 때문에 또 오늘날은 그것만을 전문적으로 하는 것이 아니기 때문에 두 가지, 그러니까 너무 그동안 양자택일적인 게 아니라 아까 조경철 선생님도 얘기를 하셨잖아요. 다 같이 두 가지의 측면이 있을 수 있다는 정도로 그 문제에 대한 이야기를 여기서 했으면 합니다.

조경철 : 사실 더 중요한 문제는 아까 『삼국유사』 기록을 어떻게 이해할 것이냐 하는 것입니다. 그런데 사실은 유감스럽지만 대통사 관련 기록에 대해서 의문을 제기한 분이 없었습니다. 당연하게 생각을 했는데 저는 이 부분을 보면서 『삼국유사』에 대한 많은 회의가 들었어요. 특히 또 일연스님에 회의가 많이 들었습니다. 뭐냐면 대통사의 관련 기록을 법흥왕의 또 다른 업적으로 강조하기 위해서 집어넣은

거거든요. 대통 원년 정미에 양제를 위해서 웅천주에 절을 짓고 대통사라고 했다. 그런데 이것은 물론 일연스님의 말씀이 아니죠. 국사를 인용한 거죠. 그래서 이것을 객관적으로 인용했다고 생각이 드는데 일연스님이 쓴 각주에 보면 설명을 달았어요. '웅천은 공주다. 신라에 속했다.'그런데 이렇다고 한다면 일연스님이 이것을 믿고 있었다는 겁니다. 이게『삼국유사』의 착간이 아니고 일연스님은 이 사실을 믿고 있었다는 거예요. 대통 원년에 웅천주에 양제를 위해서 대통사를 지었다는 겁니다. 그러면서 웅천은 공주이고 때는 신라 때인데 정미년은 아닐 것이다. 왜냐면 앞에 얘기했잖아요. 이차돈의 순교 등등이 있어서 중대통 원년에 지었다. 그래서 일연스님은 과연 이 대통사라고 하는 절 자체를 알고 있었는가. 그냥 대통사라고 하는 절 이름에서 대통이, 불교사에서 대통 원년은 유명하잖아요. 양무제가 사신하고 달마가 중국에 들어온 해니까. 그러니까 이 대통사라는 말만 보고서 양무제를 위해서 지은 절이다. 그렇게 이해되는 것 아니냐. 이렇게 문제가 많은『삼국유사』기록을 단지 이 법흥왕이 아니라 성왕이 지었다는 것만으로 이 모든 것을 인정하면서 백제 불교사 전체를 설명하는 것은 사료비판을 너무 (안이하게) 생각하는 것이 아닌가 하는 생각을 합니다.

좌장 최연식 : 그래서 제가 질문을 드렸습니다만, 조경철 선생님은 법흥왕과 관련된 것은 기록 자체에 문제가 있다. 이것은 받아들이기 힘들다는 의견인 거죠? 혹시 다른 선생님들은 어떤 생각을 하고 계십니까? 혹시 길기태 선생님, 이것이 신라 불교에 관한 부분에 대통사가 언급이 되었는가 하는 문제에 대한 의견이 있으신지요?

길기태 : 이 부분에 대해서는 제가 특별하게 다른 의견을 가지고 있지는 않습니다. 다만 조경철 선생님께서 이 부분에 대해서는 언급해 놓으셨고, 제가 조경철 선생님의 의견에 대해서 반론을 제기한다든가 그런 것은 아닙니다.

좌장 최연식 : 혹시 소 선생님도 이 문제에 대해서 특별히 의견이 없으세요? 제가 전에 간단하게 언급했는데 이 기록 자체가, 조경철 선생님은 사료 자체의 문제라고 말씀을 하셨습니다만, 저는 나름의 근거가 있었던 게 아닌가 생각을 합니다. 특히 『국사』를 인용하기도 하고 원종흥법이라고 하는 신라불교에 관한 부분에서 이야기 한 것을 보면 나름의 근거는 있었던 것 같습니다. 즉, 신라 자체의 전승에 법흥왕대에 대통사를 창건했다고 하는 전승이 있었던 것 같은데, 그것을 어떻게 해석할 것인가의 문제입니다. 저는 이 시기에는 백제와 신라의 관계가 우호적이었고 또한 동시에 백제가 신라와 함께 양과 교류하는 상황이었던 것을 고려하면 사실 대통사 창건에 신라 측의 협조가 있었던 것이 아닌가. 그래서 어떤 공동의 기획이나 프로젝트로서 대통사가 창건되었다고 해석할 수 있지 않을까 이런 생각을 했던 적이 있습니다. 그래서 문제를 제기해봤는데 다른 분들은 별로 이런 문제에 관심이 없으신 것 같습니다.

조경철 : 저도 선생님의 그 논문을 봤는데요. 이 기록을 너무 우호적으로 해석해주시는 것 아닙니까? 예를 들어서 고창 선운사 같은 경우 진흥왕이 창건했다고 나올 텐데 그러면 그 기록도 어떤 형태로든 신라에서 관여가 있어서 그렇게 해석할 수는 없지 않습니까.

좌장 최연식 : 그래도 여기에서 적어도 『삼국유사』 편찬자가 『국사』를 인용했다고 했을 때, 물론 그 『국사』가 어느 자료인가가 문제가 되겠습니다만, 그래도 그 정도는 일단 신뢰한다든지 그 자료가 무언가 근거를 가지고 되지 않았을까 이런 차원에서 해석할 필요가 있지 않을까. 이런 생각을 했던 겁니다. 그렇지 않다면 말씀하신 것처럼 이 사료가 완전히 엉뚱한 사료가 되는 거죠. 지금 얘기한 백제에 중요한 사찰이 왜 신라에서 이야기되고 있는가라고 하는 부분이요.

조경철 : 일연 스님이 각주를 달았지 않습니까. 이 각주는 어떻게 이해를 해야 합니까? '웅천의 공주다. 그때는 신라에 속했기 때문이다.'

좌장 최연식 : 그렇게 생각을 한 거죠, 일연 스님이. 기록에 그렇게 나오니까.

조경철 : 그러면 지금 『삼국유사』를 쓰신 분이 일연 스님이잖아요. 그런데 527년이면 불교사에서 중요한 연대 아닙니까, 아까도 말씀드렸지만. 그런데 그때 수도가 백제인데 그때 신라에 속했다고 또 얘기를 했어요. 마지막 줄에 보면 '未暇及於他郡立寺也'라고 그랬잖아요. 타군에 절을 세울 겨를이 없었다고 했으니까 이때 공주를 신라 땅으로 알고 있는 거잖아요.

좌장 최연식 : 그렇죠.

조경철 : 이것을 어떻게 이해해야 합니까?

좌장 최연식 : 잘못된 이해죠.

조경철 : 『삼국유사』에 보면 잘못된 이해가 많은데, 『삼국유사』를 쓴 사람이 이 정도로 이 부분에 대한 감각이 없는데 유독 대통 원년 정미에 이것만 맞다고 얘기하면서 백제사 전체를 대통사의 체계로 엮어서 설명하는 게 과연 이 사료에 근거한 것으로서 맞느냐는 거죠.

10. 백제 불교에서 고구려적 요소

좌장 최연식 : 예. 알겠습니다. 일단 거기까지 하고 다음 문제로 또 넘어가 보겠습니다.

다음 문제는 오늘 발표나 토론에도 나왔습니다만, 백제 불교에 의외로 특히 사비기 또 최근에는 웅진기에 고구려적 요소가 많이 등장하고 있다. 그런데 이것을 어떻게 해석할 것인가 하는 것이 발표나 토론에서도 문제가 됐던 것 같습니다. 그래서 이 부분에 대해서도 저희가 한 번 검토를 해볼 필요가 있을 것 같습니다. 혹시 이 문제도 이병호 선생님이 구체적으로 백제 불교, 특히 한성기 이후에 나타나는 고구려적 요소의 대표적인 모습들에 대해서도 말씀을 해 주시고 그 해석 방법에 대한 견해도 말씀을 해 주시면 좋겠습니다.

이병호 : 네. 사비 천도 이후에 제가 아까 언급했던 기와, 토기, 건물지 이것 말고 특히 사람들이 약간 의아해했던 것 중의 하나가 능산리 동하총에서 왜 고구려 계통, 물론 최근에는 남조 계통이라고 보는 사람도 있지만 왜 이런 사신도 벽화가 나오나, 그런 측면 그리고 특히 능산리사지를 발굴하면서 능산리사지 최하층에서 굉장히 고구려 토기의 특징이라고 알려진 암문이 그려져 있는 토기들이 수십 점이 발견되는 현상에 주목을 했습니다. 그렇게 해서 자료를 모으다 보니까 고구려 토기가 특정 지역에만 있는 게 아니고 굉장히 여기저

기서 나오고 있더라. 그렇게 토기류뿐만이 아니라 온돌이나 연가, 굴뚝이죠. 이런 것들도 고구려의 집안이나 평양 지역에서 확인되는 것과 거의 동일한 형태가 나온다는 게 아니라 상층 문화가 아니라 기층문화라고 할 수 있는 주생활이나 식생활과 관련된 자료에서 고구려의 영향이 보인다는 측면에 주목을 했던 거고. 그런데 조금 더 자료를 모아 보니까 특히 6세기를 전후한 시점부터는 조금씩 나타나는 게 아니냐 하는 생각을 하고 있고 거기에서 힌트를 얻어서 한강유역 쟁탈전 속에서 나오는 포로들 혹은 사람들의 교환 속에서 이런 기층문화의 고구려적인 요소가 나온 것이라고 지금까지는 이해해왔어요. 그런데 최근 연구에 따르면 그것이 중앙부에서는 분명히 6세기 초부터 나타나는 것이 확인이 되지만 사실 또 시각을 조금 더 넓혔더니 해안 지역이나 수로가 있는 교통의 요지라고 할 수 있는 곳들은 5세기대에도 이미 그런 토기들이 여기저기서 확인이 되더라는 것을 최근에 밝혀냈습니다. 그렇다고 한다면 사실은 그것이 특정 시기의 특정 지역만의 문제는 아닐 수도 있겠다는 생각을 최근에 하게 됐습니다. 오히려 한성기 말에 이미 고구려와 국경을 접하면서 서로 영향 관계에 있었는데 지금까지의 자료만 가지고 봤을 때는 웅진기에 일시적인 단절이 있었다고 생각했지만 그것은 오히려 단절이 아니라 연속성이었는데 우리가 지금까지 그 자료를 확보하지 못했기 때문에 오해하고 있었던 것이 아닐까 이런 생각을 하게 됐고요. 그러면서 사원의 문제 그리고 고분의 문제 그리고 금속공예품의 문제에서도 고구려의 특징적인 귀걸이나 혹은 문양을 가진 것들이 능산리사지나 이런 곳에서 나온 연구성과가 있었던 것 같습니다. 그래서 이런 것들이 있기 때문에 결국에는 과거의 우리는 고구려적인 것, 백제적인 것, 신라적인 것이 완벽하게 단절적이고 구분 가능한 것으로 이해했지만 사실은 이미 6세기대가 되면 기층문화 속에서는 구분이 어려울 정도로 점점 뒤섞여지고 있다. 특히 불교라는 것은 중국에서 들어온 외래 불교인데 과연 어느 정도 그 속에서 특징을 추출해낼 수 있을까? 오히려 공통점이 더 많은 것은 아닐까 하는 생각을 해야 한다고 저는 생각을 하고 있습니다.

좌장 최연식 : 지금 말씀하신 것은 그러니까 백제가 한성기 시대에 이미 고구려와 밀접한 교류가 있었고 그런 요소가 남아 있다가 다시 새롭게 부각된다는 말씀입니까, 아니면 웅진천도 이후에도 고구려와의 문화적 교류가 있었다고 하는 건가요? 어떻게 보는 것이 옳을까요?

이병호 : 아직은 이제 막 자료가 증가하고 있는 상황이라서 단정적으로 말하기는 어렵습니다만, 처음에 왜 이 문제가 제 관심에 들어왔느냐면 저의 경우 대통사지에서 나온 지두문이 있는 암막새 이것을 어떻게 해석할 것이냐? 과거에는 군수리사지에서 밖에 나오지 않았던 이 지두문 암막새를 어떻게 해석할 것인가에 대해서 고민했는데 처음에 논문을 쓸 때는 남조에도 지두문 암막새가 소수지만 나오더라. 그래서 역시 이것은 남조적인 영향으로 보아야 한다고 생각했는데 더 자세히 보다 보니까 이 지두문 암막새가 문양 모티브는 지두문이지만 사실은 그것을 만든 안쪽의 암키와의 제작기법은 전형적인 백제적 기와의 모습을 보여주고 있더라. 그리고 그 지두문 암막새라고 하는 것은 북위와 고구려에서 더 먼저 그리고 압도적으로 많이 나오고 있어, 남조에서 나오기는 하는데 그 경우 6세기대까지 소급될 수 있는 자료는 매우 미약합니다. 대부분은 6세기 말 이후의 자료들이에요. 그래서 가능성 자체를 배제할 수는 없지만 이 지

두문 암막새는 북조, 고구려 계통 속에서 이해를 해야 하는데 그렇다면 이것은 갑자기 들어온 것이냐 아니면 지속적인 교류 속에서 있었던 것으로 보아야 하는 것인가 하고 생각을 할 때 거기에 보이는 남조 혹은 백제 스타일의 통쪽와통이 있는 암키와에 이런 지두문이 있었다고 한다면 사람의 이주에 의한 직접적인 영향보다는 기존에 있었던 어떤 모티브들을 활용한 것으로 보아야 하는 것 아닌가 하는 게 최근의 제 생각입니다.

좌장 최연식 : 예. 그 시기에 고구려하고 무슨 문화적 교류를 직접 상정하는 것보다는 그 이전의 유산이 남아 있었던 것으로.

이병호 : 한성기 기와 제작기술의 일부가 웅진기에 다시 재현되는 것이고 새로운 기술과 융합되는 것이 아닌가 하고 현재는 이해하고 있습니다.

좌장 최연식 : 예. 혹시 이 문제에 대해서, 특히 백제 불교에 나타난 고구려적인 요소, 영향에 대해서 다른 선생님들 말씀하실 것이 있으신지요. 없으신 것 같군요. 그러면 다음 주제로 넘어가겠습니다.

11. 백제 웅진기 겸익에 대한 기록 문제

웅진기의 불교와의 관계에서는 길기태 선생님 발표문에 나오는 겸익의 문제가 중요한 것 같습니다. 겸익이라고 하는 사람이 기록만으로 보면 굉장히 중요한 백제 불교의 특성이라고 할까 그런 건데 그것을 어떻게 볼지 이야기를 했으면 좋겠습니다. 길기태 선생님께서 정리하셨고요. 조경철 선생님께서는 겸익을 어떻게 이해하는지 말씀해 주시기 바랍니다.

조경철 : 사실 겸익에 대한 기록이 이능화의 『조선불교통사』, 그게 20세기에 쓰여진 기록이라 과연 이것을 얼마나 믿어야 할 것인가는 상당히 문제라고 생각합니다. 그런데 사실 기존에 특별한 사료 비판 없이 있는 사실로 믿고 논의를 너무 많이 진행시켰어요. 거기에 나온 홍륜사를 신라의 홍륜사와 비교를 시키는가 하면 미륵신앙이라든가 여러 가지로 그것을 가지고 진행을 시켰습니다. 그래서 저는 이 부분은 조금 절제를 해야 하지 않느냐. 저는 기본적으로 그런 생각입니다.

좌장 최연식 : 절제를 한다면 어느 정도를 생각하시나요?

조경철 : 그러니까 그 기록이 있다는 정도로만 이야기하고 거기에서 한 단계 더 진행시켜서 이것을 신라의 홍륜사의 성격하고 백제의 홍륜사의 성격을 서로 비교해서 이런 것이라든가 그다음에 계율, 율종과 관련해서 미륵신앙이라든가 이런 데까지 논의를 더 진행시키는 것은 자제를 해야 하지 않는가. 그런데 겸익이 워낙 자료가 없으니까 여러 가지를 이용한 것은 사실인데 저는 개인적으로 이 겸익이라는 자료를 정말 이용하고 싶어서 백제불교사를 하는 사람으로서 이것을 어떻게 20세기의 기록인데 이것을 증명할 수 있을까. 항해술이라든가 이런 것으로 증명하거나 그 당시에 이런 베트남이라든가 이런 곳과 교역이 있기 때문에 충분히 겸익이 왔다 갈 수 있다는 설명 정도는 너무 상황론적 근거이기 때문에 좀 어렵지 않느냐. 그래서 제 나름대로 해본 것은 이 겸익의 기록을 어느 정도 방증할 수 있는 자료는 관륵이라고 하는 스님이 624년에 승단을 만들면서 일본 왕한테 올린 글에 보면 백제 불교의 전래와 관련된 내용을 언급하고

있거든요. 그래서 종래 일본인 학자들은 그 관륵의 말에 근거해서 백제의 불교 수용이 한성기가 아니라 웅진기라고 하던 분도 있었는데 저는 그 관륵이 했던 이야기가 율을 정비하기 위한 목적에서 글을 올렸기 때문에 불교에 관련된 이야기는 율의 관점에서 봐야 한다. 그래서 웅진시기에 불교가 수용된 게 아니라 웅진시기에 율이 정비되었다는 것을 보여주는 자료다. 그러면 웅진시기에 율이 정비됐다는 것은 미륵불광사 쪽의 겸익 기록 아니냐. 그래서 일본서기 기록의 그것을 율로 해석할 수 있다면 어느 정도 인용할 수 있겠다는 정도이지, 그래서 그 기록을 어느 정도 믿을 수도 있겠다는 정도로 제시할 뿐이지 그 겸익 기록을 가지고 논의를 진행시키는 것은 저는 조금 자제해야 한다고 생각합니다.

좌장 최연식 : 이 문제에 대해서 혹시 다른 선생님 하실 말씀 있으신가요? 예. 길기태 선생님.

길기태 : 겸익과 관련된 기록은 조금 전 조경철 선생님께서 말씀하신 것처럼 일제강점기에 나온 기록일 뿐인데요. 그 기록에 대해서 이제까지 우리가 거의 신뢰하는 논문들이 많이 나왔습니다. 저는 겸익과 관련된 기록에서 주목했던 게 계율인데 사실 위덕왕대에 아까 이병호 선생님께서 인용하신 자료 중에 대별왕사에 파견할 때 제일 먼저 나오는 부분이 율사입니다. 율사가 먼저 나오는데, 왜 율사가 먼저 나올까라고 생각을 한번 해봤습니다. 율사가 먼저 나온다는 얘기는 백제에서는 계율이 그만큼 중요시 됐던 부분이 아닐까 생각해볼 수 있다면 그 겸익과 관련되는 내용도 거기에서 파생되어서 생각할 수는 있겠다. 저는 이 정도까지 겸익이 인용되어야지 더 이상의 진

척은 어렵지 않을까 싶습니다. 이도학 선생님 등 여러 선생님들께서 겸익과 관련된 기록이 믿을 만하다고 말씀들을 해 주셨지만, 일단 그 내용들을 좀 더 신뢰하기 위해서는 그보다 더 진전된 논의들이 나와야 한다고 생각합니다. 그래야만 겸익 관련 기록들을 우리가 논문을 쓰면서 인용할 수 있고, 그것이 백제 불교사에서 전면으로 내세울 수 있지 않을까 생각하고 있습니다.

좌장 최연식 : 네. 감사합니다. 저도 이 자료에 대해서는 제가 다른 논문에서 간단하게 언급한 적도 있습니다만, 이 자료의 가장 큰 문제점은 그런 것 같아요. 말씀하신 것처럼 이 자료가 길기태 선생님의 발표문에도 있습니다만, 어떻게 보면 과거 70년대 이래로 백제 불교의 성격을 특징짓는 데 상당히 중요한 역할을 했던 것 같습니다. 그래서 백제의 불교는 계율이 중요하다고 하고, 계율과 관계된 것들이 백제 불교에서 강조된 것도 이 자료가 상당한 영향을 미쳤던 것으로 생각이 됩니다. 그런데 이 자료에서 가장 중요한 것은 인도에 유학해서 5부 율문을 다 가져왔다고 하는 것인데, 그것은 동아시아 불교사 전체 흐름에서 봤을 때 굉장히 중요한 사건이라고 생각됩니다. 왜냐면 당시 4~5세기 이래로 중국 불교에서도 가장 중요한 과제 중의 하나가 계율의 문제, 인도의 계율을 어떻게 하면 정확하게 수용하고 이해할 것인가, 이런 것이 당나라 초까지도 굉장히 중요한 문제였는데, 이 5부의 율을 가지고 왔다고 하면 사실은 중국에도 전해지지 않은 율이 들어오게 된 것입니다. 그렇다고 한다면, 만약에 이게 사실이라고 한다면, 중국에서도 당연히 이에 대한 관심을 가질 수밖에 없는 것이고 또 백제와 중국의 불교 교류를 보면 백제 측에서 이것을 중국에 전해 주지 않을 이유가 없는 상황인데 그

런 것이 중국 측 기록에 전혀 보이고 있지 않고 또 여기서 번역을, 또 사실은 그와 관계해서도 번역의 문제도, 옛날에 불전 번역이라고 하는 것은 상당히 많은 인력이라든지 이런 것들이 소요되는 것이니까 이것이 사실이라고 하면 이것은 72권, 혹은 36권이라고 했습니다만, 이런 정도의 번역을 할 수 있는 불교계라고 한다면 그 수준은 상당하다고 봐야 하거든요. 그러니까 이런 것을 어떻게 받아들이는가에 따라서 백제 불교에 대한 이해 자체가 달라지게 됩니다. 이것이 사실이라고 한다면 이것은 단순히 백제만의 문제가 아니라 동아시아 전체에 상당히 중요한 사건이어야 합니다. 그런데 그것이 아무런 흔적이 남아 있지 않다고 하는 것에서 이 자료의 한계가 있는 것이 아닌가 이런 생각을 했던 적이 있습니다.

그리고 지금 길기태 선생님께서 577년에 일본에 불교를 전할 때 율사가 첫 번째에 나온다. 그만큼 백제의 율이 중요했기 때문에 관계되는 것이 아닌가 하고 말씀을 하셨는데 역시 마찬가지로 당시 불교계에서는 그만큼 율이 가장 중요했다고 생각을 합니다. 왜냐면 불교계의 성격이라든지 이런 것이 정상적으로 돌아간다고 하는 것을 입증할 수 있는 것이니까 또 아까도 나왔던 득도해서 승려를 만든다고 하는 것도 승려가 어떻게 존재하는가, 이런 것이 사실 당시 불교계의 가장 큰 문제였기 때문에. 물론 백제가 일본에 율사를 파견할 정도의 실력이 있었던 것은 맞지만 그러나 그것을 겸익 자료에 나오는 정도의 높은 수준이라고 보는 것은 조금 과대한 게 아닌가 하는 생각을 해봤습니다.

12. 부여 정림사지 석탑과 익산 미륵사지 석탑의 건립 시기 문제

다른 말씀이 없는 것으로 알고 시간이 30분밖에 남지 않았는데 이제 겨우 사비기에 들어가게 되는데 사비기와 관계에서는 아까 논의가 됐던 것 중에 사비기에는 많은 사찰들이 만들어지는데 특히 현재 논쟁 중의 하나가 바로 정림사지 석탑과 미륵사지 석탑의 선후 문제라는 것이 언급됐습니다. 그래서 이 문제에 대해서도 아까 발표와 토론에 있었습니다만, 그래도 다시 한 번 이야기를 하면 좋을 것 같습니다. 이 문제는 이병호 선생님의 이야기가 충분히 얘기가 됐으니까 강희정 선생님의 견해가 있으신지요? 없으시면 주경미 선생님 아까 토론에서도 언급하셨습니다만 이병호 선생님 얘기에 대해서 혹시 다른 이야기 있으신가요?

주경미 : 네. 정림사지 석탑과 미륵사지 석탑의 문제는 계속 여쭤보셔서 몇 번 따로 답변을 드렸는데요. 저는 정림사에 원래 목탑이 있었고 석탑이 나중에 세워진 것이라고 보고 있어요. 그래서 목탑의 창건기는 조금 이를 수 있지만, 현존하는 석탑은 그보다 늦은 시기이고, 미륵사지 석탑의 건립 다음에 세워진 것이라고 보고 있어요. 미륵사지는 중앙에 목탑이 먼저 세워졌고, 양쪽 석탑이 그 다음에 세워진 것이고 서석탑이 7세기 전반으로 확인되었죠. 정림사지 석탑이 미륵사 서석탑보다 앞에 세워진 것이 아닐까라는 이야기가 종종 논의되고는 있지만, 여러 가지 양식으로 봤을 때에 저는 정림사지 석탑이 그래도 뒤에 세워진 것 같다고 생각합니다.

좌장 최연식 : 역시 석탑은 미륵사가 선행하는 것으로.

주경미 : 예. 왜냐하면, 미륵사지 석탑의 경우에는 발굴조사에 의해서 사리장엄구가 발견된 중심주 아래 기단부에서도 성물로 추정되는 불발佛髮

(붓다의 머리카락, 혹은 나발)이나 불조佛爪(붓다의 손톱)에 해당하는 유물들이 나왔고요. 가장 중요한 사리는 탑의 중심주 안에 봉안되어 있었어요. 그리고 지금은 탑 윗부분이 사라져서 확인되지 않지만, 아마도 탑 윗부분에도 사리공이 있었을 가능성이 있죠. 그런데 정림사탑의 경우에는 그런 게 없이 그냥 사리공이 탑의 맨 위에만 있거든요. 그렇게 탑 윗부분에만 사리공을 만드는 형식은 중국에서도 당나라 초기 이후에야 등장하는 "천궁天宮" 구조에 해당하는 것이고요, 나중에는 통일신라 석탑에서도 이런 구조가 같이 가게 되죠. 물론 정림사지도 탑의 하부가 어떻게 구성되어 있는지 우리가 아직까지 조사를 안 해봤으니까 잘 모르겠지만요. 현재까지 알려진 탑의 구조로 봤을 때에는 정림사탑이 훨씬 간단해진 형식입니다. 그래서 저는 탑의 형식이나 사리공의 배치방식 등이 미륵사 석탑보다 정림사탑이 좀 더 늦은 시기에 해당한다고 생각합니다.

좌장 최연식 : 네. 알겠습니다. 아까 이병호 선생님 발표에서는 논란이 여전히 있다고 했습니다만, 적어도 오늘 여기 오신 분들은.

조경철 : 제가 오전에 못 와서 그러는데 이병호 선생님은 석탑에 관한 한 미륵사가 더 이전이라고 보는 거죠?

좌장 최연식 : 네.

조경철 : 저는 사실 석탑에 대해서는 모르는데 미륵사 석탑을 목탑처럼 만들었을 때 이점이 저는 그것이라고 생각해요. 구조상 사리를 참배할 때 목탑은 안에서 참배하고 석탑은 밖에서 참배하잖아요. 그런데

미륵사는 석탑이면서 안에서 참배할 수 있어요. 안에서 참배했다는 의미는 정상적으로 참배했다는 얘기는 아니고 안으로 들어가서 탑을 돌 수 있다고 하는 겁니다, (몸을) 구부려서 이렇게. 그래서 저는 미륵사 석탑을 목탑 양식으로 지은 것은 물론 선행양식도 있지만 정림사탑과 같은 탑이 만들어진 다음에도 석탑을 목탑처럼 만들어서 안으로 들어가서 사리를 참배할 수 있는 형태의 목탑 형식의 석탑도 석탑이 만들어진 다음에 후대에 만들어질 수 있지 않은가. 그런 생각을 하고 있거든요. 사리를 안치한 이 미륵사라고 하는 절의 성격도 그렇고. 그래서 제가 생각하는 게 전혀 가능성이 없는 얘기인지. 탑을 전공하신 분들한테 여쭤보고 싶었어요.

좌장 최연식 : 그 미륵사 탑은 그러니까 규모라든지 양식적으로 보면 더 고古시기인 것 같지만 거기 기능을 생각하면 오히려 나중에도 만들어질 수 있는 게 아니냐 이런 문제제기를 하셨는데 주경미 선생님, 혹시 하실 말씀 있으신가요?

주경미 : 저도 탑은 잘 모릅니다. 그런데 목탑 안으로 들어가서 탑 내부의 중심주 주위를 돌 수 있게 만든 구조는 사실 불교 문화권에서 일찍 시작되었습니다. 인도와 중앙아시아의 석굴사원에서부터 시작된 구조가 목탑으로 전용된 구조로 보아야하는 것이라서요. 물론 사리공양을 위한 사리전의 등장으로 탑 내부를 돌 수도 있고 외부를 돌 수도 있는 구조가 나오기도 합니다만, 기본적으로는 탑 내부를 들어갈 수 없는 구조로 다시 바뀌게 되는 것은 당대 즈음이 아닐까 합니다. 중국에서도 정림사탑처럼 사리공이 탑의 맨 위에만 있는 천궁天宮 구조는 초당대 정도에 시작된 것으로 보고 있습니다. 사실 미륵

사지 석탑은 사리장엄구가 발굴되기 전까지는 저희도 그 안에 사리가 봉안되어 있는지도 몰랐잖아요. 그 석탑 안에 사리가 봉안되어 있을 것이라는 생각은 아무도 안 했던 것이죠. 그런데 그 탑 안에 들어가 보신 적이 있는지 모르겠는데요. 거기에 들어가면 무조건 고개를 숙여야 해요. 그래서 저는 그 탑에서 사리가 처음 나왔을 때, 무슨 생각을 했냐하면, 그 탑의 구조는 무조건 사리를 모르는 사람도 사리를 공양하게 되어 있는 구조로 만들었다는 것이었어요. 그러므로, 탑의 바깥을 보면서 돌게 되어 있는 정림사탑과 같은 구조는 그 다음 시대에 나오는 형식이라고 생각해요. 조경철 선생님께서는 탑 내부가 막힌 탑이 먼저 나오지 않겠느냐는 이야기를 하시는데요. 인도에서는 내부가 막힌 탑이 먼저 나오는 것이 맞지만, 중국에서는 조금 다른 거 같아요. 돌을 가져가다 구축해서 쌓는 석탑은 아무래도 중국의 영향을 받았을 가능성이 크고요. 중국에서도 처음 나오는 석탑들은 내부가 개방되어 있는 경우가 많아요. 특히 수대의 사문탑四門塔〈그림 20〉과 같은 석탑이 먼저 나오고, 그 다음에 안에 못 들어가고 천궁이 있는 탑이 나오는 것이 당대 초기이거든요. 이렇게 탑의 형식이 바뀌는 이유 중 하나는 초기에는 탑 안에 사리를 넣어 놓고 들여다 볼 수 있게 하려는 사리친견舍利親見 목적이 있었지만 점차 사리를 보여주지 않고 사람 손에 닿지 않게 감추어 놓는 것과 관련이 있을거 같아요. 미륵사지 석탑의 경우에는 기본적으로 사리를 친견할 수는 없는 구조로 만들어졌지요. 정림사지 석탑은 탑 꼭대기에 사리를 한 번 넣으면 사람들이 거기에 다시 올라가서 꺼내는 게 쉽지는 않은 구조로 바뀐 것인데요. 지금이야 뭐 쉽게 올라간다고 쳐도, 옛날에는 그 탑의 꼭대기에 올라가는 것 자체가 힘든 것이니, 한번 탑 위에 봉안하면 사리가 그 안에 있다는 것을 알기는 하지만 아무도 손댈 수 없는 곳이고요, 사리가 봉안된 곳 자체도 사람 눈높이가 아니라 높은 허공 같은 곳으로 띄워 올려 놓는 것이라서, 사리 봉안의 개념 자체가 크게 변했다는 생각이 들어요. 탑의 건축방식, 즉 석조 부재의 결구 방식이나 구조 같은 것도 미륵사지 석탑보다 훨씬 간략해진 부분이 많고요. 그래서 이런 저런 점으로 봤을 때에, 정림사지 석탑을 미륵사지 석탑보다 먼저 만들었다고 보기는 어려운 부분이 있다고 생각합니다.

강희정 : 그렇죠. 석재의 결구 방식 자체가 미륵사가 좀 더 origin에 가깝기 때문에 그렇게 보기는 조금 어려울 것 같고 제가 아까 문의를 했을 때 조금 빼먹은 게 있었는데 정림사에서 나온 것으로 보이는데 부여박물관에 전시되어 있는 소형소상 가운데 제가 볼 때 곤륜노의 머리라고 생각되는 것들이 있더라고요. 그래서 혹시 그것에 대해서 곤륜노의 머리가 나온다는 것 자체가 사실상 시대적으로 늦춰져야 한다고 볼 수가 있을 것 같은데 직접 조사를 하셨을 이병호 선생님은 어떻게 보시는지 궁금합니다.

〈그림 20〉 사문탑. 동위시대 창건, 수대 중수. 중국 산동성 역성현(歷城縣) 신통사(神通寺) 소재. 높이 10.4m. (사진 : 주경미)

이병호 : 그 조그마한 소조상이 곤륜노라고 하는 것은 허영욱 씨가 논문을 썼어요, 이미. 곤륜노에 대한 글을 쓰면서 그것을 인용했어요. 그런데 저는 사

실은 그런 도상에 대해 잘 알지 못했고 나중에 논문을 보면서 알았던 것이고요. 어쨌든 정림사지 소조상이 가지고 있는 특징이 어떤 것일까 하고 생각을 했을 때 뒷면에 대한 인식이 없다는 게 저는 굉장히 중요한 관찰 포인트라고 생각했어요. 그러니까 능산리사지 단계나 그 이후에 나오는 소조상들은 다 어떻게든 아주 간결하지만 뒷면에는 표현하려고 하는 것들이 있는데 정림사지 단계의 소형소상이나 중형소상들은 다 앞부분에만, 정면관 위주의 상들이 있었기 때문에 이런 것은 연대적으로 더 빨리 볼 수 있지 않을까 그런 생각을 했던 것입니다.

강희정 : 그것은 환조로 되어 있지 않나요?

이병호 : 그러니까 중국의 도용 제작의 전통과 관련시켜 봤을 때 웅진기에 해당하는 북위 단계의 도용들은 한쪽 면만 보이다가 동위 단계에 가면서 두 개가 합범을 이용하고 있는 현상이 확인되거든요.

강희정 : 그런데 중국에서는 곤륜노는 당대에 들어가야 나오거든요.

이병호 : 그런데 일부 정림사지 소조상 안에서도 시기가 분명히 다르겠구나 하는 것도 섞여 있습니다.

강희정 : 그래서 그 두 가지 가능성을 볼 수가 있는데 곤륜에 대한 기록 자체는 중국에서는 이미 권발흑신卷髮黑身이라고 나오기 때문에 머리가 꼬부라진 것들은 분명히 그쪽이라고 인식을 하고 있었거든요. 그래서 그것을 액면 그대로 백제에서 조형했을지 아니면 중국의 모

델을 따라서 이것을 만들었을지. 사실 조금 두 가지가 가능은 하다고 생각을 합니다. 그런데 이것을 곤륜노라고 본다면 그런 형태의 흑신, 검은 몸의 사자는 전부 당대, 600년대에 들어서야 나오는데 사실 불가능한 것은 아니죠. 다만 정림사의 소상들의 연대를 time span이랄까 이런 것을 굉장히 넓게 봐야 하지 않을까 하는 생각이 조금 듭니다.

이병호 : 일부 소조상이 분명히 제작기술이나 이런 게 다른 것들이 섞여 있는 것은 확실합니다. 그런데 선생님처럼 디테일하게 그런 상들을 비교하지는 않았고요. 가능성이 있다고 생각하고 다시 한 번 찾아보겠습니다.

조경철 : 죄송합니다만, 그러면 정림사탑이 639년에서 660년 사이에 만들어졌다는 거죠? 그러면 사리가 나온 것은 서탑 아닙니까. 그럼 동탑을 나중에 만들었을 것 아니에요. 그러면 동탑은 서탑하고 똑같게 만들었겠죠. 상식적으로 생각하면. 대칭이니까요.

좌장 최연식 : 그것은 미륵사지.

조경철 : 그러면 만약에 미륵사 동탑과 정림사탑을 비교했을 때 양식을 가지고 서로 선후를 비교할 수는 또 없는 거 아니에요. 그러니까 예를 들어서 미륵사 서탑이 만들어지고 정림사탑이 만들어지고 그다음에 동탑이 만들어졌다면,

이병호 : 그렇게 생각하지는 않죠.

조경철 : 아니, 그것은 모르는 거죠.

이병호 : 그것은 완벽하게 선생님 자의적으로 생각하신 거예요.

조경철 : 제 취지가 뭐냐면 서탑이 세워지고 정림사탑이 언제 세워진지는 모르죠?

이병호 : 모르죠.

조경철 : 모르죠. 그러면 만약에 가정이라고 하면 정림사탑이 만약에 641년에 세워지고 동탑이 645년에 세워졌다면, 그거야 모르는 거죠. 어떻게 세워질지는 지금 동탑이 세워진 배경을 모르니까. 그럴 때는 서로 양식으로 선후 관계를 비교할 수가 없다는 거죠.

강희정 : 그것은 양식이 아니고 결구 문제이기 때문에 제작기술에 관한 문제입니다.

조경철 : 동탑이 대칭으로 만들어졌으니까 결구 방식을 똑같이 해서 만들지 않았을까요?

이병호 : 그렇지는 않죠. 질문의 의도가 뭔지 명확히 말씀해 주세요.

조경철 : 질문의 의도가 미륵사의 서탑하고 정림사탑의 선후를 얘기할 때 양식으로 비교하든 결구로 비교하든 정림사탑이 뒤에 만들어졌다는 것 아니에요? 그러니까 미륵사 탑이 먼저 만들어졌다는 것 아니에요?

이병호 : 저는 그렇게 생각합니다.

조경철 : 그런데 동탑은 아직 안 만들었잖아요.

이병호 : 그러니까 그것은 모르잖아요, 선생님. 뭐가 궁금하신지 질문해 주세요.

조경철 : 그러니까 전대의 양식이 후대에도 나올 수 있지 않을까. 복고 형식으로.

좌장 최연식 : 그 문제는 굉장히 전문적인 것 같으니까요.

강희정 : 짧게 말씀을 드릴게요. 후대에 나올 수 있어요. 후대에 나올 수 있는데 후대에 더 복잡하게 만들고 싶을까요?

13. 백제 불교의 남조적 성격과 북조적 성격

좌장 최연식 : 예. 죄송합니다만, 거기까지 하겠습니다. 이것은 전문적인 분들이 하시고요. 시간이 이제 얼마 남지 않았습니다만, 제가 꼭 이야기해보고 싶은 게 있습니다. 아까 상당히 재밌는 내용의 토론이 있었는데요. 백제 불교를 남조 중심으로 우리가 다 이해했는데 거기에 북조적인 요소를 다시 볼 필요가 있다는 얘기가 나왔습니다. 그래서 그 문제가 얘기됐으면 좋겠습니다. 강희정 선생님하고 주경미 선생님이 그런 말씀들을 하셨던 것 같아요. 두 분이 생각하시는 북조적인 요소 그리고 그런 어떤 역사적인 배경 이런 것까지 말씀을 해 주시면 좋겠습니다.

주경미 : 저는 백제 불교를 계속 남조와만 연결시키는 게 문제라고 생각합니다. 그리고 언제나 남조 불교가 항상 더 우수하고, 북조 불교는 남조의 영향을 받았다고 생각하는 것도 문제입니다. 이전에는 선비족鮮卑族 중심인 북위北魏를 비롯한 북방 유목민족의 불교문화나 다른 모든 문화가 모두 한족漢族의 나라인 남조보다 뒤떨어진다고 생각하는 것이 일반적이었습니다. 그래서 문화 교류에 있어서도 그 구도 자체가 언제나 남조가 우선시되고, 그 다음에 북조가 영향을 받았고, 그래서 북위 불교조각에서 중국화된 복식이 등장하는 것도 모두 남조에서 먼저 나오고 북조에 영향을 주었다고 이야기해왔었습니다. 그렇지만 실제로 최근에는 북조지역에서 너무 다양한 유물들이 계속 발견되고 있는데 비해서, 남조쪽에서도 계속 조사를 해보고는 있지만 도자기를 제외하고는 북조 출토 유물들을 능가하는 유물들이 그다지 많이 나오고 있지 않아서요. 과연 정말 남조 문화가 북조 문화보다 더 우수하다고 말할 수 있는지 모르겠어요. 물론 정신적, 혹은 사상적으로 남조 문화가 우수하다고 할 수 있을지는 모르겠습니다만요. 도의적道義的으로나 사상적으로 남조가 북조보다 우수할는지는 모르겠지만, 적어도 지금까지 발견된 물질문화적 자료들로 보면, 돌을 다룬다든지 금속공예나 유리공예와 같은 사치품을 만들어내는 기술은 북조가 남조에 비해 전혀 뒤떨어지지 않고 있어요. 오히려 더 우수한 부분도 있고 국제적 교류 양상도 훨씬 폭넓은 부분이 많죠.

그다음에 아까 도자기의 유약 문제가 나오긴 했지만, 이번 부여박물관과 한성백제박물관에서 개최했던 탁발선비의 문화 특별전에서 보면, 사마금룡司馬金龍(?~484)의 무덤에서 이미 북조에서 만든 유약을 입힌 도기들이 나왔음이 확인되었거든요〈그림 21〉. 북조에

〈그림 21〉 기마인물도용. 북위 5세기. 사마금룡묘 출토.

도 시유도기施釉陶器가 없었던 것이 아니었고, 그것도 상당히 괜찮은 것들이 있었던 것이죠. 그런데 그 부분에 대해서는 지금까지 우리가 몰랐던 거에요. 왜냐하면 북위의 수도였던 평성平城(현재 산서성 대동) 지역의 생활문화나 불교문화에 대해서 잘 몰랐으니까요. 특히 평성지역의 북위시대 고분들이 본격적으로 발굴되기 시작한 것은 2000년대부터거든요. 그래서 지금 새로운 유물들이 나오기 시작하면서, 최근에는 북위의 평성 지역에서 이미 4~5세기경부터 상당한 문화가 발전했고, 중앙아시아 지역과 교역을 많이 하면서 간다라와 중앙아시아 지역의 문화들이 북위 선비족들에게 굉장히 많이 들어와서 큰 영향을 미쳤다고 보고 있습니다. 그래서 북위에서 중국과 중앙아시아와 선비의 문화가 합쳐졌다는 견해가 최근 학계에서 대두되고 있기 때문에, 백제가 과연 남조하고만 교류를 했다고 보는 지에 대해서는 다시 한번 검토해야 한다는 의도로 말씀을 드린 거에요.

좌장 최연식 : 예. 그것을 역사적 배경에서 우리가 어떻게 이해할 수 있을 것인가.

주경미 : 예. 제가 최근에 쓴 논문에는 백제와 북위의 관계에 대한 이야기가 좀 나오는데요. 특히 무령왕릉에서 출토된 유물들을 연구할 때에 이들이 불교적인 것인가 아닌가에 대한 기존의 논의에서는 모두 남조 문화와의 관계만을 검토해왔습니다. 그런데 제가 보기에는 실

제로 무령왕릉 출토품에는 북위시대 운강석굴에서 나오는 거의 모든 모티브들이 다 나오고 있어서요. 불교라는 종교에 대한 이해가 다소 다르기는 할지 모르겠지만, 일단 백제 무령왕릉에 보이는 미술사적 또는 조형적 특징과 같은 것들은 북조 불교, 즉 북위의 수도 평성 지역의 석굴사원에 조형화된 불교 미술과의 관련성이 더 많이 보이고 있습니다.

한편, 문헌 기록에서는 백제와 북조와의 교류 기록이 별로 없다고 오랫동안 이야기해왔지만, 역시 부여 왕흥사지 목탑지에서 사리장엄구가 출토되면서부터는 왕흥사지에서 나오는 유물들의 성격이 북조의 불탑이나 불교 문화와 관련된 것이 워낙 많았다는 것을 확인하게 되었습니다. 그래서 최근에 저는 백제와 북위의 관계에 대한 연구를 계속 해왔는데, 이러한 연구는 모두 고고학적 발굴 유물과 현존 유물들을 대상으로 진행된 것이었습니다. 이런 점에서 본다면, 그동안 우리가 너무 백제를 부족한 현존 기록에만 의지해서 해석해온 것이 아닐까라는 생각이 듭니다. 그래서 백제는 남조와만 교역을 했고 남조 영향만을 받았고 남조의 봉작만을 받았다고 생각해온 게 아닌가 싶은 거예요.

아까 조경철 선생님께서 『삼국유사』의 일연이 "웅진도 신라 땅이라고 썼다"는 이야기를 하셨는데, 그도 그럴 수 밖에 없는 것이 일연은 고려시대 사람이잖아요. 『삼국유사』도 결국 고려시대 사람이 쓴 것이니, 그 앞 시대엔 통일신리사대의 기록만 보고 썼을 가능성이 크죠. 그 전 시대의 기록이 뭐가 틀렸는지 모르면서 일연은 통일신라의 땅이었으니 "그 당시에는 신라 땅이었지"라고 잘못 생각하는 거잖아요. 그런 식으로 현존 기록들 중에는 일종의 역사적 오류가 있는 것을 잘 모르는 상태에서 그냥 전승되어서 내려오는 기록들을 모아 놓은 것이기 때문에, 우리가 기록들을 잘못 보거나 잘못 이해했던 것이 아닐까 라는 생각을 하고요. 마지막으로 그렇게 기록을 잘못 보기 시작한 제일 중요하고 큰 오류의 시작은 바로 일제강점기였다는 이야기를 저는 하고 싶은 거에요.

좌장 최연식 : 예. 알겠습니다. 다음으로 강 선생님.

강희정 : 우선 절대적으로 백제를 이야기할 때는 한족 중심주의적인 태도가 굉장히 큰 영향을 미쳤고 지나치게 그런 방향으로 끌고 가다 보니 모든 논의를 거기에만 초점을 맞춰서 이야기를 해왔는데 사실상 중요한, 특히 불교와 관련해서 중요한 유물들은 거의 사비기에 집중되어 있고 사비기라고 하면 사실상 중요한 유물들이 6세기 중엽 이후라고 보이는데 그 시기는 이미 중국에서 남조가 쇠락할 대로 쇠락한 시기죠. 그래서 오히려 그 시기에 나오는 유물들을 놓고 남조를 말하기는 사실 미술사 입장에서는 굉장히 서걱거린다고 할까, 맞지 않는 느낌들이 굉장히 많았습니다. 그리고 무엇보다도 중요한 것은 당연히 북조가 부자였잖아요. 북조가 훨씬 부자였기 때문에 북조의 유물이 더 많고 풍부한데 계속 남조랑 연결을 하다 보니 북조와의 관련성 자체가 흐리게 보이는 것이고 아예 없다는 것을 전제로 하고 연구를 출발하는 경향이 있어요. 그래서 그런 부분에 대해서 조금 더 주의를 할 필요가 있고 다만 한 가지 불교 미술과 관련해서는 산동지역과의 관련성이라든가 그다음에 고구려를 통해서 들어온 북조 미술의 영향 같은 것들에 대해서 좀 더 주목해서 그것을 좀 더 구분해가면서 연구를 진행해야 하지 않을까 싶습니다.

좌장 최연식 : 예. 소현숙 선생님께서도 말씀해주시죠.

소현숙 : 남조하고 굉장히 밀접하게 교류를 했던 것은 사실이고요. 567년 위덕왕대에 들어와서 북제 및 북주와 교류를 했거든요. 제가 보기에는 어떤 문화가 새로운 문화를 받아들이면서 변화해 가는 데는 좀 시간이 걸리거든요.

그 다음에 또 하나 문제가 뭐라고 생각하냐면, 과연 남조적 요소가 무엇이고 북조적 요소가 무엇일까 하는 점이에요. 왜냐면 남북조시대에도 동위하고 양나라는 거의 매년 사신을 교환했거든요. 그래서 우리가 생각하는 남조적 요소와 북조적 요소가 무엇일까 하는 점을 고민해봐야 할 것 같다는 생각이 들고요. 우리가 과거 북조적 요소로 보았던 것들, 비록 지금은 우리가 남조적 요소라고 이야기 하지만 예전 우리나라 미술사학계는 모든 백제의 유물들을 대부분 용문 등 북조와 비교했잖아요. 호류지 삼존상도 용문석굴과 비교를 해왔거든요. 그러다가 남조적 시각을 가진 일본의 학자들이 등장하면서 한족 중심적인 시각으로 변해갔던 것 같아요. 그런데 저는 이게 아무리 편파적인 것처럼 보인다고 할지라도 우리가 알고 있는 역사적 사실을 중시해야 할 필요는 있다고 보고요. 그리고 금방 말씀하신 것처럼 북조라고 하는 것, 즉 사비시기 6세기 후반쯤 가면 이미 북조와의 교섭들이 굉장히 활발했기 때문에 북조적 요소가 들어올 것이라는 생각이 들어요. 그런데 과연 그 북조적 요소가 무엇일까 하는 점은 같이 고민해봐야 한다고 생각합니다.

아까 이병호 선생님이 얘기를 하셨지만, 고구려적 요소 같은 종류의 문제인데요. 저는 삼국시대의 미술을 하면서 항상 삼국 불교 미술에서 무엇이 고구려적 요소이고 어떤 게 백제 미술이고 어떤 게 신라 미술일까하는 의문을 갖고 있습니다. 왜냐면 우리나라 국보 78호와 83호를 가지고 지금도 국적논쟁을 많이 하시잖아요. 그래서 국적이 자꾸 바뀐단 말이죠. 이런 것들을 봤을 때 그런 문제에 대해서 고민을 해봐야 하지 않느냐. 그러니까 어떤 게 신라적인 것이고 어떤 게 백제적인 것이냐는 거죠. 특히 불교 미술의 경우에. 아까 기와 같은 경우는 제작기법이 다른데요. 사람이 교류를 했기 때문에 각 요소들이 굉장히 혼융되어 있었을 텐데. 남북조시대도 마찬가지인 것처럼 말이죠. 지금 우리가 너무 남조 것을 강조해왔다고 얘기를 하셨는데, 저는 이게 하나의 시대 분위기인 것은 맞는 것 같아요. 옛날에는 북조를 강조하다가 남조를 강조하게 되었고, 그러다 '아니다. 이제 북조도 봐야 한다.'고 하는 분위기라고 보고요. 그 분위기가 저는 틀리다고 생각하지는 않거든요. 그렇다고 우리가 남조와 백제의 교류가 밀접했다는 것까지 부정해서는 안 된다고 생각을 해요.

강희정 : 저도 그 점에 동의를 하는데 다만 불교미술 같은 경우에는 시대가 좀 더 내려가니까 무령왕릉이다 이러면 100% 남조의 영향을 말할 수밖에 없고 그게 당연한 건데 불교미술에 관한 한 그렇지 않은 것들이 많기 때문이고 그 다음에 아까 어느 것이 북조적이냐, 남조적이냐, 혹은 고구려적이냐 이렇게 말씀하셨을 때 예를 들어서 갑인명 광배는 관북리 등에서 광배편들이 발견되지 않았다면 절대적으로, 아마 80% 이상 고구려 것이라고 생각을 했을 거예요. 그런데 계속해서 백제지역에서 발굴이 되다 보니 이것이 백제일 가능성이 매우 높아지는 거죠. 저는 그런 면에서 봤을 때, 이 갑인명 광배에 있는 화불 같은 것은 사실상 굉장히 고구려적인 요소라고 생각을 했

거든요. 왜냐면 화불이 아주 입체적이잖아요. 그런 것들은 신묘명 금동삼존불 같은 데서 볼 수 있는 화불과 같거든요. 그래서 고구려와도 연결이 되기 때문에 사실상 갑인명 광배의 국적을 말하기가 어려운 것이고, 또 그와 관련해서 백제 불교와 불교문화에 대해서 저는 지나치게 정치적인 해석에 몰입하지 않았으면 좋겠다는 생각이 듭니다. 왜냐면 불교라고 하는 것 자체가 당시에는 신문물이고 신문명이기 때문에 그것과 함께 전해지는 굉장히 많은 물질문화적인 요소들이 전해졌는데 그런 것들이 사실상 굉장히 도외시되어 왔거든요. 예를 들어서 제가 좋아하는 향이라든가 향로라든가 이런 것들은 그 전에 백제 사람들이 모르던 것들이잖아요. 백제 사람들이 그 전에 모르던 것들이 새롭게 불교와 함께 도입된 물건이고 물품이고 물질이기 때문에 그런 것들에 대해서 앞으로 관심을 좀 더 기울여야 하지 않을까 싶습니다.

좌장 최연식 : 네. 지금 말씀하신 것들이 약간 차이도 있습니다만, 정리되는 면이 있는 것 같습니다. 우리가 백제 불교를 이해할 때 한때는 남조를 모르던 시기에서 또 너무 남조로 갔다가 그에 대한 반성이 되고 있다는 것이고 또 하나는 역시 시대적인 문제겠죠. 백제가 남조의 영향을 받았다고 하는 것은 특히 양과의 관계가 중요했던 것이고 양이 몰락한 이후의 상황은 또 다른 상황이 될 수밖에 없는 것이라고 생각합니다. 다만 역시 그런 자료, 특히 백제 불교에 관해서 어쨌든 남조와 관계된 것은 여러 가지가 보이는데 북조와 관계된 것들이 구체적으로 보이지 않는 것들이 현재 우리가 그 역사적 배경이나 이런 것들을 어떻게 이해할까 하는 문제인 것 같습니다. 앞으로 더 밝혀야 할 것 같습니다.

14. 백제 불교와 동남아시아

시간이 얼마 남지 않았습니다. 마지막으로 오늘 토론에서 역시 제가 주목했던 것이 강희정 선생님께서 동남아 불교의 영향을 간단하지만 언급하셨어요. 그래서 그 문제에 대해서도 보완하시면서 특히 그런 영향이 있을 수 있었던 역사적 배경 같은 것을 말씀해 주시면 고맙겠습니다.

강희정 : 일단 그것은 아직까지 확실하게 말씀을 드릴 수는 없지만 다들 백제사 하시는 분들이 잘 아시는 대로 부남(푸난)이라든가 곤륜에 대한 기록이 『일본서기』에 나오기 때문에 그런 가능성들은 이미 이도학 선생님을 비롯해서 많이 말씀을 하셨죠. 그러나 저는 그것에 단지 그치는 것이 아니라 가령 예를 들면 이 당시에 교지(하노이)가 중국 영토였기 때문에 교지를 통해서 중국으로 들어가거나 교지로 나온 승려들이 많이 있었거든요. 그래서 예를 들면 『모자이혹론』의 모자牟子 같은 사람도 사섭 시기에 하노이에서 활동을 했다는 말이죠. 그런데 이 사섭이라는 사람은 또 원래 산동 출신이에요. 그래서 그런 식으로 보면 추측일 수 있지만, 어딘가 계속 연결이 되는 듯한 느낌을 받거든요, 시대적으로 조금 더 위이지만. 그 외에도 강승회康僧會라든가 지강양접支疆梁接이라든가 이런 사람들이 오나라나 그 후에 서진·동진으로 계속 들어갔어요. 그래서 그런 것들을 생각해 본다면 백제와 중국 남조와의 관계 속에서 남조에 미친 인도에서 동남아를 통해서 들어간 불교의 영향도 우리가 생각을 해볼 수가 있고요, 또 예를 들어서 양무제 같은 경우에 건강에 부남관扶南館을 설치했잖아요. 그리고 부남(푸난)에서 승려를 불러다 한문으로 경전을 번역하게 했단 말이죠. 그런데 그런 것들을 놓고 본다면 양나

라의 불교라는 게 상당히 복합적일 가능성이 많이 있는데, 우리는 계속 여산 혜원 등의 불교만 이야기를 하고 있어서 폭넓게 양나라의 불교에 대해서도 공부할 필요가 있다는 생각이 듭니다.

좌장 최연식 : 예. 그러면 동남아의 영향이라고 하는 부남과의 관계가 좀 더 주목되는 것 같습니다. 그런데 아까 발표에 나왔던 보화리 석불 같은 경우는 조금 시기가 더 많이 내려가잖아요. 구체적으로 그 보화리 석불에 동남아적인 요소가 보인다고 하셨는데, 그것은 역사적 배경을 어떻게 설명할 수 있을까요?

강희정 : 역사적으로 어떤 문헌이나 이런 게 없기 때문에요.

좌장 최연식 : 그런데 당시의 교류 상황이 어땠을지요?

강희정 : 양식적으로 본다면 일단 백제의 다른 석불들에 비해서 좀 더 체구가 좋고, 환조잖아요. 백제의 석불이 예산 사면불을 빼면 마애불, 그리고 익산 연동리 불좌상인데, 연동리 석불보다 사실 뒷 시기로 보인다는 말이죠. 연동리도 대략 600년 전후 이렇게 놓고 본다면 이 보화리는 양식적으로 그것보다 훨씬 더 후대의 성격을 강하게 보여주고 있고 오히려 신라 가흥리 마애불에 가까운 둥근 환조성을 보여주고 있어서 통일 직후나 통일 전후가 아닐까 하는 생각이 듭니다. 최근 들어서 백제 지역에서는 계속 마한 등에서 이룬 바다를 통한 교류를 많이 이야기하고 있기 때문에 앞으로 자료가 조금 더 보완이 된다면 좀 더 적극적으로 연결을 해볼 수 있지 않을까 하는 생각도 듭니다. 물론 그 일본서기 얘기와 같이요.

소현숙 : 선생님은 산동과의 관련성은 조금 적어 보인다고 말씀을 하시고.

강희정 : 산동 상들이 너무 날씬해서요.

소현숙 : 하체가 약하다고 그렇게 얘기하셨는데 동남아의 양식과는 어떨까요?

강희정 : 동남아에서는 제가 말씀을 드렸듯이 사실상 7세기 전후에 동남아에서 이런 편단우견상들이 계속 많이 발견이 되고 있는 중입니다. 그러니까 그 통로로 본다면 베트남 남부, 그 다음에 캄보디아, 말레이반도 이런 쪽에서 계속 7세기 전후 편단우견상들이 발견되고 있는데 상대적으로 스리랑카 쪽에서는 이른 시기의 불상이 나오지 않고 편단우견의 원류라고 하는 아마라바티나 그쪽 인도 중남부 지역에서도 3세기 이후에는 나타나지 않거든요. 그래서 오히려 이쪽에서 이주한 인도계 사람들의 후예들이 동남아 지역에서 만들지 않았을까 하는 생각이 듭니다. 왜냐면 그쪽 같은 경우에 사지 발굴 같은 것을 통해서 대략 7세기 정도 조각으로 보고 있기 때문에 시기적으로는 보화리 불입상과 사실 비슷하거든요. 그래서 약간 연결할 수 있는 가능성이 있지 않을까 생각을 했습니다.

좌장 최연식 : 예. 한편으로는 오히려 사비기 6~7세기에 들어가게 되면 남조와의 교류는 상대적으로 위축되는데 오히려 동남아적인 요소가 등장하는, 그러면 그것은 남조를 통한 교류라기보다는 다른 차원에서 생각해봐야 하겠죠.

저희가 예정된 시간이 다 됐습니다. 그래서 백제 불교의 수용과 전파를 다루기에는 못 다룬 것이 훨씬 많다고 생각합니다만 오늘 특히 세 분의 선생님이 발표하고 거기에 또 세 분의 선생님이 토론하신 내용들 중에 논의될 만한 주제들 중심으로 저희가 살펴봤던 것 같습니다. 당연히 미진한 것은 많이 있다고 생각합니다만, 오늘은 저희가 모든 것을 시원하게 다룬다기보다는 우리가 현재 어떤 것을 알고 있고 또 어떤 것을 모르는지 또 어떤 것을 알아야 하는지 하는 것이니까 오늘 내용을 토대로 이에 대한 관심과 연구가 더 많아지면 좋겠습니다. 아쉬운 것은 사실은 저희가 많이 다룬 것 같습니다만, 실제 백제의 불교인 또는 백제의 불교사상 이런 것들을 오늘 다루지 못했습니다. 자료적으로도 한계도 있었습니다만, 또 시간적 문제도 있었고, 그런 점이 어떻게 보면 특히 신라 불교사와 비교할 때 그런 점이 차이가 날 것 같습니다. 신라 불교에서는 어쨌든 신라 불교인, 불교 사상 중심의 서술인데 백제는 아직 그렇게 되지 못하고 있다는 점을 아쉽게 생각하면서 그런 정도로 우리가 더 풍부하게 이야기하는 날이 오기를 기대하면서 오늘 백제 불교의 수용과 전파 종합토론을 마치도록 하겠습니다. 발표자 선생님, 토론자 선생님 또 방청해 주신 여러분들 감사합니다. 이상 마치도록 하겠습니다.

휘보(총 목차)

백제학연구총서 쟁점백제사 1

백제, 누가 언제 세웠나(Foundation of Baekje)

- 백제의 건국시기와 주체세력

총론

백제학 연구 현황과 과제(노중국)

주제제안

백제의 건국 연구 현황과 과제_백제사 이해의 새로운 방향(신형식)

주제발표

백제, 언제 세웠나_문헌학적 측면(양기석)
백제, 언제 세웠나_고고학적 측면(박순발)
백제, 누가 세웠나_문헌학적 측면(김영심)
백제, 누가 세웠나_고고학적 측면(임영진)

종합토론

좌장 노중국 **토론** 양기석 · 박순발 · 김영심 · 임영진 · 최병현 · 주보돈 · 권오영

Ⅰ. 백제, 누가 세웠나

- 건국자와 시조
- 시조묘와 종묘제
- 구태와 고이왕
- 온조와 구태
- 건국설화의 형성 배경
- 낙랑계 유물의 분포
- 마한의 무덤
- 예계 문화의 고고학적 특징
- 부여계와 고구려계
- 구태묘와 동명묘
- 지배세력의 계보의식
- 비류의 역할
- 혈연과 출자
- 석촌동의 분구묘들
- 중도유형 문화와 분구묘

Ⅱ. 백제, 언제 세웠나

- 우태와 비류
- 국가의 기준 - 성
- 국가의 발전단계
- 몽촌토성을 쌓은 시기
- 즙석분구묘와 적석총
- 석촌동고분군의 노
- 삼한의 소국들
- 『삼국지』 동이전의 백제국
- 백제국의 형성
- 아직도 다양한 해석

백제학연구총서 쟁점백제사 2

근초고왕 때 백제 영토는 어디까지였나(Territorial Expansion of Baekje) - 백제의 영토확장

주제제안

백제의 영토확장에 대한 몇 가지 검토(노중국)

주제발표

백제의 동북방면 진출_문헌적 측면(임기환)
백제의 동북방면 진출_고고학적 측면(심재연)
백제의 서남방면 진출_문헌적 측면(강종원)
백제의 서남방면 진출_고고학적 측면(서현주)

종합토론

좌장 이현혜 · 임영진 **토론** 이성주 · 백승옥 · 노중국 · 임기환 · 심재연 · 강종원 · 서현주

Ⅰ. 영역의 기준과 지배방식

1. 영역의 개념과 기준
- 영역의 개념 - 영역의 기준·명찰론
2. 지배방식
- 지배방식의 유형 - 직접지배·간접지배
- 영향권·세력권
3. 영역과 지배방식의 고고학적 지표
- 5가지 고고학적 지표 - 성곽
- 무덤 - 취락
- 위세품 - 토기

Ⅱ. 백제의 영역 확장

1. 『삼국사기』 백제본기 초기 기록의 영역 확장 기사
- 영역 확장 기사의 연대
- 패하·주양·웅천의 위치
2. 백제의 북부지역 진출
- 패수·열수·대수의 위치
3. 백제의 동부지역 진출
- 말갈 기사의 해석
- 화천 원천리 유적
4. 백제의 남부지역 진출
- 벽골제 축조 - 고사부리성 축조
- 풍납토성 초축 연대 - 완주 상운리 유적
- 영산강 유역 -『일본서기』 신공기 49년조 기사
5. 근초고왕 때 백제의 영토는 어디까지였나

백제학연구총서 쟁점백제사 3

한성백제의 왕궁은 어디에 있었나(Structure of Hanseong, the Capital of Baekje)
- 한성의 도시구조

주제제안

한성백제 왕도 연구의 현황과 과제(이형구)

주제발표

백제 왕궁과 풍납동토성(이도학)
한성백제 왕궁의 구조와 풍납토성(신희권)
백제 한성의 실체와 몽촌토성(여호규)
몽촌토성을 통해 본 백제 왕궁의 실체(권오영)

종합토론

좌장 양기석 · 임영진 **토론** 차용걸 · 박순발 · 심광주 · 김기섭 · 이도학 · 신희권 · 여호규 · 권오영

Ⅰ. 문헌 자료로 본 백제의 초기 도성
1. 백제 초기 도성의 위치
- 하북위례성과 하남위례성의 위치
2. 백제 초기 도성의 명칭과 위치
- 위례성·한성·한산·한산성·북한성
- '이도한산'의 성격

Ⅱ. 고고학 자료로 본 백제의 초기 도성
1. 용어 검토
- 도·도성·왕성 - 성·곽·성원·성장
- 원·궁원
2. 백제 한성시기 주요 성곽의 분포
- 이성산성 - 아단성
- 광주고읍 춘궁리·하남 교산동
3. 백제 한성시기의 도성
- 하북 위례성 - 고대 도성의 구성요소
4. 풍납토성의 도성 구성
- 궁전 - 제의시설 - 도로시설
5. 몽촌토성의 도성 구성
- 지상 건물지·성토대지 - 목책
- 외성 - 적석시설 - 무덤
6. 풍납토성과 몽촌토성의 축조 시기
7. 백제 한성시기 왕궁의 위치

Ⅲ. 백제의 초기 도성 관련 남은 문제

백제학연구총서 쟁점백제사 4

백제의 왕권은 어떻게 강화되었나(Establishment of State Power in Baekje) - 한성백제의 중앙과 지방

주제발표

백제 국가의 형성과 발달 과정을 둘러싼 중요 쟁점(이현혜)
한성 백제의 중앙집권화 정도에 대한 연구의 평가(박현숙)
고고자료에 투영된 한성백제의 중앙과 지방(이한상)
백제 한성도읍기 중앙과 지방의 성립과 지방통치(노중국)
백제 한성기의 지방도시(박순발)

종합토론

좌장 임기환 **토론** 강현숙 · 권오영 · 노중국 · 박순발 · 박현숙 · 이한상 · 이현혜 · 이희준 · 전덕재

종합토론 1부

Ⅰ. 문헌 자료 연구성과 정리
1. 연맹왕국과 귀족국가의 개념
- 3~4세기대 각 국의 지배 복속 관계
- 부와 부체제
2. 한성백제 중앙과 지방에서의 부
- 고고자료를 통해서 본 부
- 3~4세기 정치발전단계와 부체제

Ⅱ. 문헌과 고고자료의 조화 모색
1. 위세품 사여를 통한 중앙과 지방과의 관계
2. 한성백제의 중앙과 지방관계를 보여주는 고고자료

종합토론 2부

Ⅲ. 주요 쟁점사항
1. 한성백제의 영역
- 삼국사기 초기 기록의 해석과 영역
- 고고자료의 분포 범위와 정치체의 영역
2. 한성백제의 영역지배
3. 중앙에서 지방으로의 위신재·위세품 사여
- 문헌기록상 중앙집권화의 지표
- 피장자의 성격과 위세품 및 위신재
- 금동제 위세품의 사여 연대
- 위신재의 출토 상태와 성격
4. 고구려의 왕권 강화 사례

Ⅳ. 객석 질문

백제학연구총서 쟁점백제사 5
백제의 성장과 중국(The Growth of Baekje and China)

주제발표

3세기 이전 마한백제의 성장과 중국(윤용구)
고고자료로 본 낙랑·대방군과 마한제국(정인성)
4세기~5세기 초엽 백제의 대중교섭 양상(여호규)
고고자료로 본 한성백제와 양진, 십육국의 대외교섭(조윤재)

종합토론
좌장 김기섭 **토론** 강종훈 · 김무중 · 김병준 · 성정용 · 여호규 · 윤용구 · 정인성 · 조윤재

종합토론 1부

I. 백제의 성장과 중국과의 관계
1. 발표 내용 논평과 비판
- 3세기 이전 마한백제의 성장과 중국
- 백제 지역 출토 중국계 외래유물의 기원과 편년
- 백제 관련 중국 문헌자료의 해석과 적용
- 백제와 고대 중국과의 관계를 보여주는 고고자료
2. 중국 사료에 나타난 백제의 성장 과정
3. 백제 지역 중국계 외래유물의 출토 양상과 해석
4. 고대 중국의 교역과 주변민족 통제 방식

종합토론 2부

II. 백제의 고대 중국 사행로와 교역품
1. 백제의 대중국 사행로
2. 백제 마구의 변천과 중국과의 관계
3. 백제의 중국자기 이용 방식과 의미
4. 백제 지역 마구의 기원과 변천 양상

III. 객석 질문과 총평

백제학연구총서 쟁점백제사 6

한국사 속의 백제와 왜(Baekje and Wa in Ancient Korea)

주제발표

4세기말~5세기초 백제와 왜의 관계(홍성화)

5세기 백제계 도왜인-곤지계를 중심으로(정재윤)

왜에 남겨진 백제 문물(서현주)

백제에 남겨진 왜의 문물(김낙중)

종합토론

좌장 주보돈 **토론** 박현숙 · 이근우 · 우재병 · 홍보식 · 홍성화 · 정재윤 · 서현주 · 김낙중

종합토론 1부

Ⅰ. 발표내용 논평과 비판

1. 4세기 말~5세기 초 백제와 왜의 관계
- 『일본서기』 사료의 비판
- 칠지도 제작 연대와 배경
- 광개토왕릉비의 백제와 왜
- 목만치를 통해 본 백제와 왜의 관계

2. 백제와 왜의 문물 교류 양상
- 백제와 왜의 교역 물품
- 고분의 피장자 문제와 문물의 선별 수용 양상

종합토론 2부

3. 왜 5왕을 중심으로 본 백제와 왜의 관계

Ⅱ. 문헌자료를 통해 본 백제와 왜의 관계

1. 인명과 장군호를 통해 본 백제와 왜의 관계
2. 곤지와 동성왕 무령왕을 중심으로 한 백제와 왜의 관계

Ⅲ. 고고자료를 통해 본 백제와 왜의 관계

1. 한반도와 일본열도 고고학 자료의 용어 문제
2. 부안 죽막동 제사유적 출토 자료의 계통
3. 고고자료에 근거한 백제와 마한의 구분
4. 영산강 유역 고분의 계통

Ⅳ. 객석 질문과 총평

백제학연구총서 쟁점백제사 7
백제와 요서지역(Baekje and Liaoxi)

주제발표

백제 요서진출설의 연구와 역사교육-국사 교과서 서술을 중심으로(임기환)

고고학적으로 본 요서(遼西)지역(박순발)

16국시대 요서(遼西)의 인구 증감과 전연(前燕)·후연(後燕)·북연(北燕)의 대응(최진열)

백제 '요서진출설'의 문헌적 검토(윤용구)

4세기 전반 백제군(百濟軍)의 요하(遼河) 일대에서의 활동에 관한 기사의 검토(강종훈)

종합토론

좌장 노중국 **토론** 노태돈 · 양기석 · 오영찬 · 홍승현 · 임기환 · 박순발 · 최진열 · 윤용구 · 강종훈

종합토론 1부

Ⅰ. 발표 내용과 비판

1. 고고학적으로 본 요서지역

- 용어 및 개념 설정의 문제
- 삼연지역 발견 고구려 · 부여계 유민의 흔적
- 동이교위부와의 장거리 교역 가치

2. 16국시대 및 전연 · 후연 · 북연시대의 요서지역
3. 백제 요서진출 관련 사료 해석
4. 4세기 전반 요하 일대에서의 백제군 활동

- 4세기 전반 백제의 성장 정도 검토
- 『남제서』의 동성왕 표문 해석과 『진서』의 입전 체제

종합토론 2부

Ⅱ. 백제와 요서지역의 관계

1. 용어 설정 및 교과서상 서술에 대한 문제 제기
2. 백제 요서진출의 시간적 범위
3. 문헌자료를 통해 본 백제의 요서 진출
4. 백제 요서진출의 공간적 범위
5. 백제와 요서지역의 관계 해석

Ⅲ. 백제 요서진출설 관련 쟁점에 대한 제언(교과서상 서술 문제 등)

Ⅳ. 객석 질문과 총평

백제학연구총서 쟁점백제사 8

개로왕의 꿈, 대국 백제(King Gaero's Dream toward the Great Baekje)

기조발제

백제 개로왕에 대한 역사적 평가(양기석)

주제발표

백제 개로왕대의 대외관계(김수태)
개로왕대의 정국의 동향과 체제정비(김영심)
한성도읍 후기 백제 묘제의 전개양상(이남석)
개로왕대 한성의 도성 경관과 토목공사(신희권)

종합토론

좌장 노태돈 **토론** 노중국·여호규·문안식·김무중·양정석·양기석·김수태·김영심·이남석·신희권

종합토론 1부

I. 발표 내용과 비판
1. 백제 개로왕대의 대외관계
- 백제와 고구려, 신라의 관계
- 백제와 왜, 송, 북위의 관계
2. 백제 개로왕대의 지방통치 방식
3. 한성도읍 후기 백제 묘제의 전개양상
4. 한성의 도시 경관과 토목공사

종합토론 2부

Ⅱ. 백제 개로왕대를 바라보는 시각
1. 개로왕에 대한 평가
2. 왕·후제에 대한 이해
3. 백제의 대외관계
4. 백제 한성기의 고분 양식
5. 백제 한성기 도성, 궁성, 왕성 문제

백제학연구총서 쟁점백제사 9

백제의 성장과 낙랑 · 대방(The Growth of Baekje and Lelang · Daifang)

기조발제

백제의 성장과 낙랑, 대방의 관련성(권오영)

주제발표

낙랑 역사의 전개와 백제(권오중)

中國系 인물의 百濟 유입과 활동 양상(김창석)

백제 한성기 횡혈식고분의 발생과 낙랑 · 대방의 묘제(조윤재)

백제 토기 · 와전문화의 발달과 낙랑 · 대방(정인성)

종합토론

자문 노중국 **좌장** 박순발 **토론** 윤용구 · 김기섭 · 김무중 · 성정용

종합토론 1부

I. 발표 내용과 비판

1. 백제의 건국세력과 낙랑군 남부도위
2. 백제의 건국과 대방군의 위치
3. 백제 토기의 발달과 군현계 문물
4. 낙랑 · 대방과 말갈
5. 고흥(高興)의 역사 기록, 서기(書記)의 문제
6. 환령지말(桓靈之末)과 조묘기술집단
7. 낙랑 고분의 동장 기법과 산초법(散草法)
8. 낙랑 인물의 백제 이동 문제

종합토론 2부

II. 백제와 낙랑 · 대방

1. 백제 한성기 기와 제작기법과 낙랑
2. 백제 한성기 기와의 문양
3. 총평
4. 객석 질문

백제학연구총서 쟁점백제사 10

한성백제사 다시보기(Reviewing the Issues on Hanseong-Baekje History)

주제발표

다시 보는 한성백제사(노중국)
'한성백제사' 연구의 진전을 위한 몇 가지 提言(주보돈)
백제 한성기 도성과 묘역의 문제(박순발)

컨퍼런스

백제, 누가 언제 세웠나(임영진)
한성백제의 왕궁은 어디에 있었나 -한성의 도시 구조-(신희권)
근초고왕 대 백제영토는 어디까지였나(강종원)
백제의 성장과 낙랑 · 대방(조윤재)
백제의 성장과 중국(윤용구)
한국사 속의 백제와 왜(정재윤)
백제의 왕권은 어떻게 강화되었나(박현숙)
백제와 요서지역(임기환)
개로왕의 꿈, 대국백제(양기석)

종합토론

좌장 노중국 **토론** 임영진 · 신희권 · 강종원 · 조윤재 · 윤용구 · 정재윤 · 박현숙 ·임기환 · 양기석

컨퍼런스 1부

Ⅰ. 논평과 전망
1. 백제, 누가 언제 세웠나
2. 한성백제의 왕궁은 어디에 있었나
3. 근초고왕 때 백제의 영토는 어디까지였나

컨퍼런스 2부

Ⅱ. 논평과 전망
4. 백제의 성장과 낙랑 대방
5. 백제의 성장과 중국
6. 한국사 속의 백제와 왜

컨퍼런스 3부

Ⅲ. 논평과 전망
7. 백제의 왕권은 어떻게 강화되었나
8. 백제와 요서지역
9. 개로왕의 꿈, 대국 백제

백제학연구총서 쟁점백제사 11

백제, 한성에서 웅진으로(Baekje, From Hanseong to Woongjin)

기조발제

백제의 정도(定都)와 천도(遷都)(박순발)

주제발표 I

1. 백제 웅진 천도의 역사적 배경(김영관)
2. 웅진 천도 전후 정황과 공주의 위상(이훈)
3. 백제 웅진 도성의 구조와 성격(여호규)
4. 공주 공산성(公山城)을 둘러싼 몇 문제(서정석)

종합토론

좌장 노중국 **토론** 박순발 · 김영관 · 이훈 · 여호규 · 서정석 · 정재윤 · 김영심 · 서영일 · 이현숙

종합토론 1부

Ⅰ. 발표 내용과 비판

1. 백제 웅진 천도의 역사적 배경
2. 웅진 천도 전후 정황과 공주의 위상
3. 백제 웅진 도성의 구조와 성격
4. 공주 공산성(公山城)을 둘러싼 몇 문제

종합토론 2부

Ⅱ. 백제 웅진 천도의 배경

1. 왜 공주를 선택하였나
2. 공주로 내려올 때의 교통로
3. 천도 전 공주의 상황

Ⅲ. 웅진 도성의 구조

1. '왕성', '왕도', '도성' 용어의 개념
2. 천도 후 웅진 왕궁의 위치
3. 공주 대통사와 시가 구조
4. 마무리

백제학연구총서 쟁점백제사 12

백제 웅진기 왕계와 지배세력

(King's lineage and ruling forces during the Baekje Woongjin period)

기조발제

백제 웅진도읍기 왕계와 지배세력(노중국)

주제발표 I

1. 일본 사료로 본 백제 웅진시기 왕계(박재용)
2. 중국 사료에 나타난 백제 웅진기 왕계 문제(임기환)
3. 문헌으로 본 백제 웅진기 지배세력(강종원)
4. 고고자료로 본 백제 웅진기 지배세력(이현숙)

종합토론

좌장 양기석 **토론** 노중국·박재용·임기환·강종원·이현숙·홍성화·윤용구·정재윤·권오영

종합토론 1부

Ⅰ. 발표 내용과 비판

1. 일본 사료로 본 백제 웅진기 왕계 문제
2. 백제 웅진기 왕계 자료의 검토
3. 문헌으로 본 백제 웅진기 지배세력
4. 고분자료로 본 백제 웅진기 지배세력

종합토론 2부

Ⅱ. 백제 웅진기 왕계 문제

1. 곤지에 대한 문제
2. 모도·여도·문주와 여대·모대·말다·동성 문제
3. 중국 사서에서 모대 시기에 웅진으로 천도한 기록에 대한 문제
4. 곤지, 동성왕, 무령왕의 관계

Ⅲ. 한성 함락 후 웅진으로 남래한 귀족 문제

Ⅳ. 객석 질문

백제학연구총서 쟁점백제사 13

백제 웅진기 영역과 지방통치

(Territory and Local domination during the Baekje Woongjin period)

기조발제

백제 웅진기 지방통치 연구 현황과 과제(정재윤)

주제발표

1. 백제 웅진시기 지방통치의 구상과 운영의 실제(김영심)
2. 백제 웅진기 북동쪽 영토와 지방지배(양시은)
3. 백제 웅진기 영토 개척과 지방지배 - 동쪽을 중심으로- (곽장근)
4. 백제 웅진기 금강·만경강 유역 지배방식(서현주)

종합토론

좌장 박순발 **토론** 정재윤 · 김영심 · 양시은 · 곽장근 · 서현주 · 노중국 · 김병남 · 김낙중 · 강종원

종합토론 1부

Ⅰ. 백제의 정치형태와 지방지배

1. 한국 고대의 영역 지배 관련 용어 정리 : 연맹왕국과 부체제
2. 지방통치의 정의와 백제의 지방관 파견 시기 문제
3. 왕 · 후제와 담로제 문제
4. 성주, 도사 문제

종합토론 2부

Ⅱ. 담로제의 고고학적 증거

1. 담로의 중앙 파견 문제와 석실분 유입, 토기, 성곽, 제의시설
2. 금동관 등 위세품과 지방통치 문제

종합토론 3부

Ⅲ. 담로제의 여러 모습

1. 담로 규모의 대 · 중 · 소 차이
2. 통합된 모습에 대한 고고학적 증거 문제
3. 백제의 장군호, 왕 · 후, 막부제와 담로의 관계 문제
4. 백제 웅진기 영토에 대한 고고자료

종합토론 4부

Ⅳ. 총정리

백제학연구총서 쟁점백제사 14

백제 웅진기 외교관계와 인식
(Foreign Relations of Baekje Woongjin period and their Perception by Neighboring Countries)

기조발제

웅진도읍기 백제의 이웃 나라에 대한 인식과 대외정책(노중국)

주제발표

1. 5세기~6세기 전반 신라의 대외정책과 백제(전덕재)
2. 고구려는 웅진 도읍기의 백제를 어떻게 보았을까(이정빈)
3. 대가야와 웅진기 백제의 외교 관계와 상호 인식(김낙중)
4. 왜에서 바라본 백제 웅진기 외교관계와 인식(이재석)

종합토론

좌장 노중국 **토론** 전덕재 · 이정빈 · 김낙중 · 이재석 · 박현숙 · 위가야 · 이동희 · 홍성화

종합토론 1부

Ⅰ. 발표 내용에 대한 지정 토론

1. 5세기~6세기 전반 신라의 대외정책과 백제
2. 고구려는 웅진 도읍기의 백제를 어떻게 보았을까?
3. 대가야와 웅진기 백제의 외교관계와 상호인식
4. 왜에서 바라본 백제 웅진기 외교관계와 인식

종합토론 2부

Ⅱ. 백제가 이웃 나라들을, 이웃 나라들이 백제를 어떻게 인식하였나?

1. 『삼국사기』 본기 각각의 전거자료 문제
2. 고구려가 백제를 속민으로 보는 인식에 대한 백제의 대응 논리
3. 백제가 신라를 보는 시각에 대한 신라의 대응 논리
4. 백제가 가야를 보는 시각에 대한 가야의 대응 논리
5. 백제가 왜를 보는 시각에 대한 왜의 대응 논리

Ⅲ. 500년대 무령왕 시기 가야를 둘러싼 백제와 신라·왜 관계

Ⅳ. 가야는 왜 중국 남조와의 교류를 한 번으로 끝냈는가?

Ⅴ. 객석 질문

백제학연구총서 쟁점백제사 15
무령왕릉 다시보기
(Reviewing the Tomb of King Muryeong)

주제발표
1. 백제 왕실 칭호의 검토(박윤선)
2. 백제 무령왕과 왕비의 상장례(이장웅)
3. 무령왕릉은 왜 벽돌로 만들었나?(조윤재)
4. 무령왕릉의 유물은 무엇을 말하는가?(권오영)
5. 무령왕릉 출토 중국 자기의 용도와 산지 고찰(신 준)

종합토론
좌장 노중국 **토론** 박윤선 · 이장웅 · 조윤재 · 권오영 · 신 준 · 임기환 · 강원표

종합토론 1부
Ⅰ. 송산리 고분군에 대한 개략적인 이해
1. 공주 송산리 고분군 7기와 서울에 있던 고분군과의 연계성
2. 무령왕릉은 왜 전축분으로 만들었는가
3. 송산리 5호분, 6호분, 29호분과 무령왕릉의 선후 관계
4. 고분의 위치와 도성과의 관계

Ⅱ. 백제 무령왕릉 관련 금석문에 나타난 왕실의 칭호
1. 무령왕릉 묘지석에 나오는 제후적 '왕'과 천자적 '붕' 용어의 문제
2. 무령왕비의 칭호에 대한 문제
3. 무령왕에 대한 칭호의 문제
4. 태자와 세자의 칭호 문제

Ⅲ. 무령왕릉을 통해 본 백제의 상장례
1. 중국의 3년상과 백제의 3년상의 차이
2. 무령왕과 왕비의 빈 장소
3. 무령왕릉 봉토 자락에서만 한 점 발견된 토기 문제
4. 고구려 등의 상장례 모습을 통해 본 백제 상장례의 모습

Ⅳ. 전축분 축조 문제
1. 무령왕 이전과 이후의 왕 무덤도 중국적 예제적 질서에 의해 만들어졌나
2. 무령왕릉을 설계한 것은 양나라의 기술자인가 백제의 와박사인가
3. 512년에 만들어진 벽돌은 어디에 어떻게 쓰였나
4. 남조 전축분의 벽화와 송산리 6호분의 사신도 및 무령왕릉
5. 무령왕릉 명문전의 의미

종합토론 2부
Ⅴ. 무령왕릉 부장품
1. 무령왕릉 출토품 중 신라산, 가야산, 금송 이외의 왜국산이 있는지
2. 동남아시아산 부장품은 어떻게 들어왔는가
3. '부장품'과 '착장품' 용어 문제
4. 부장품 중 영동대장군, 백제 사마왕을 상징적으로 보여주는 물품이 있는가
5. 백제 왕실 무덤의 목관에 일본산 금송이 사용된 이유
6. 묘지석과 진묘수
7. 중국제 자기와 철제 오수전은 부의품인가 교역품인가
8. 중국제 자기 안에 담았을 물건은 무엇인가

Ⅵ. 청중석 질문
1. 무령왕과 왕비의 3년상은 27개월인가 28개월인가
2. '등관대묘(登冠大墓)'의 해석 문제
3. 무령왕릉 금제관식 문양과 남북조

Ⅶ. 무령왕릉에 보이는 장제의 모습이 이후에 이어진 것은 무엇인가

Ⅷ. 2021년 무령왕릉 발굴 50주년 기념을 위한 제언

백제학연구총서 쟁점백제사 16
삼국사기 초기 기록, 어디까지 믿을 수 있나
(The early records of the samguksagi, How much can you be trusted?)

기조발제

『삼국사기』 초기 기록 연구의 흐름과 문제점(노중국)

발표문

1. 『삼국사기』 초기 기록의 이해 방식(이강래)
2. 『삼국사기』 초기 기록의 주요 쟁점에 대한 의견(연민수)
3. 『삼국사기』 초기 기록의 해석 문제(정재윤)
4. 『삼국사기』 초기 기록에 접근할 때 고려해야 할 몇 가지 문제(강종훈)
5. 『삼국사기』 초기 기록의 해석에 대한 의견(여호규)
6. 『삼국사기』 초기 기록에 대한 관점(박현숙)

종합토론

사회 김기섭 **토론** 노중국 · 이강래 · 연민수 · 정재윤 · 강종훈 · 여호규 · 박현숙

종합토론 1부

1. 『삼국사기』의 특징
2. 『삼국사기』 백제본기의 초기 기록
3. 『삼국사기』 고구려본기의 초기 기록
4. 『삼국사기』 초기 기록의 신라와 백제 건국 연대
5. 『삼국지』 동이전과 『삼국사기』 초기 기록, 『삼국유사』 왕력 비교

종합토론 2부

1. 백제의 마한 병합 시점 문제
2. 2~3세기대 백제와 신라의 전쟁기사 문제
3. 백제의 영역 변천과 마한 병합 문제
4. 『삼국사기』의 왕실 계보 문제
5. 『삼국사기』 고이왕조의 6좌평 · 16관등 설치 기사 문제

종합토론 3부

1. 『삼국사기』에 가야사가 빠진 이유
2. 『삼국사기』 초기 기록의 사료적 가치
3. 고고학 자료로 본 3세기 『삼국사기』와 『삼국지』
4. 고고학계에 대한 제언
5. 청중 질문

백제학연구총서 쟁점백제사 17

백제는 부여를 계승하였나
(Is There Any Inheritance between uyeo and Baekje?)

주제발표

부여 문헌사 연구의 쟁점과 백제의 부여 계승의식(이승호)
부여 고고학의 쟁점(유은식)

발표문

1. 부여와 백제의 계승성 연구에 대한 제안(권오영)
2. 백제의 부여 계승론에 대한 제언(송호정)
3. 백제는 부여를 계승하였나(이종수)
4. 부여와 백제 : 신화에서 실체적 고고학 연구를 위한 몇 가지 제언(강인욱)

종합토론

좌장 윤용구 **토론** 이승호 · 유은식 · 송호정 · 권오영 · 이종수 · 강인욱

종합토론 1부

1. 토론자 소개
2. 부여와 주변의 지형
3. 부여 관련 단행본 소개
4. 기록에 나오는 부여의 존재 및 고조선과 부여의 관계
5. 유라시아 대륙 전체 문화에서 부여의 문화사적 의미
6. 부여의 기원과 서단산 문화의 성격
7. 부여의 영역과 국가 형태
8. 부여 동명신화와 고고학 자료
9. 북부여, 동부여 문제
10. 부여와 옥저의 물질 문화
11. 부여의 왕권과 국가 형태

종합토론 2부

1. 부여의 물질 문화
2. 부여 계통 유물(동병철검, 동복) 문제와 라마동 고분군의 금동 가면
3. 부여의 쇠퇴와 후기 왕성 위치 문제
4. 백제는 부여를 계승하였나(부여의 동병철검과 토광묘 계승 문제)
5. 마무리

백제학연구총서 쟁점백제사 18
백제는 언제 섬진강 유역으로 진출했는가
(When did Baekje advance into the Seomjin River basin)

주제발표

섬진강 유역의 백제와 가야 - 고고자료를 중심으로 -(김낙중)
백제의 섬진강 유역 진출(정재윤)

토론문

1. "백제는 언제 섬진강 유역으로 진출하였나" 토론문(곽장근)
2. "백제는 언제 섬진강 유역으로 진출하였나" 토론문(박현숙)
3. "백제는 언제 섬진강 유역으로 진출하였나" 토론문(위가야)
4. "백제는 언제 섬진강 유역으로 진출하였나" 토론문(성정용)

종합토론
좌장 권오영 **토론** 김낙중 · 정재윤 · 곽장근 · 박현숙 · 위가야 · 성정용

종합토론 1부

1. 한국고대사에서 섬진강 유역이 갖고 있는 의미
2. 가야란 무엇인가
3. 4~5세기 섬진강 유역의 고대 정치체
4. 마한 영역의 세분화 필요성과 백제가 섬진강 유역에 진출하는 방향
5. 『일본서기』 현종기에 나오는 기생반숙네 기사 중 임나 부분 문제와 백제가 섬진강 유역에 진출하는 방향, 기문이 원래 백제의 옛 땅이라는 의미
6. 기문의 위치를 섬진강 중상류로 비정하는 고고학적 증거
7. 섬진강 유역 대형고분(말무덤)의 성격과 영산강 유역 석실과의 관계

종합토론 2부

1. 섬진강 유역에서 정치체 혹은 정치 권력의 발생을 보여주는 물질적 증거는 무엇인가
2. 섬진강 유역 고대 정치체의 실상
3. 「양직공도」의 방소국 문제
4. 상·중·하 기문 문제
5. 고령 대가야의 정치적 발전 수준과 백제와의 관계
6. '○○계'로 표현되어 있는 물질문화는 어떠한 역사적인 상황을 반영하는가?
7. 섬진강 유역을 상 · 중 · 하류로 나눌 때 사서에 등장하는 정치체와의 관계
8. 섬진강 유역과 영산강 유역의 비교
9. 백제와 대가야에게 섬진강 유역이 가지는 의미

백제학연구총서 쟁점백제사 19
백제는 언제 영산강 유역으로 진출했는가
(When did Baekje advance into the Yeongsan River basin)

주제발표

문헌 중심으로 본 영산강 유역 고대사회와 백제 - 그간의 논의와 제언 -(강봉룡)
영산강 유역에서의 백제와 마한 - 고고자료 중심으로 - (서현주)

토론문

1. "백제는 언제 영산강 유역으로 진출하였나" 토론문(홍성화)
2. "백제는 언제 영산강 유역으로 진출하였나" 토론문(김영심)
3. "백제는 언제 영산강 유역으로 진출하였나" 토론문(박중환)
4. "백제는 언제 영산강 유역으로 진출하였나" 토론문(임영진)
5. "백제는 언제 영산강 유역으로 진출하였나" 토론문(이영철)
6. "백제는 언제 영산강 유역으로 진출하였나" 토론문(김낙중)

종합토론

좌장 정재윤 **토론** 강봉룡 · 서현주 · 홍성화 · 김영심 · 박중환 · 임영진 · 이영철 · 김낙중

종합토론 1부

1. 문헌 부분 지정 토론
    1) 『삼국사기』 백제본기의 온조왕대 마한 병탄 기사
    2) 『삼국사기』에 나오는 탐모라와 침미다례, 탐라 문제
    3) 「양직공도」의 방소국과 『일본서기』 문제
    4) 영산강 유역 "옹관 고분 사회" 용어 문제와 동이 마한 신미제국
    5) 이와이磐井의 난 문제
2. 고고학 부분 지정 토론
    1) 영산강 유역 일본식 전방후원형 고분(장고분) 문제
    2) 5~6세기 서남해안 왜계 고분 문제
    3) 금동관과 금동신발 문제
    4) 영산강 유역 취락 유적 문제
    5) 영산강 유역 토기 문제

종합토론 2부

1. 백제의 영산강 유역 진출 시기
2. 백제의 영산강 유역 지배 방식
3. 무덤을 통해 본 영산강 유역과 백제
4. 영산강 유역의 취락과 방어 시설
5. 영산강 유역 고대사회에 대한 생각
6. 유튜브 시청자 질의에 대한 답변